"十三五"国家重点出版物出版规划项目

中国经济治略丛书

中国区域经济增长效率集聚与地区差距研究

——基于空间经济学视角的理论与实证分析

Research on the Agglomeration of
Regional Economic Growth Efficiency
and Regional Disparity in China

An Empirical and Theoretical Analysis Based on the Perspective of Spatial Economics

仇娟东　著

中国财经出版传媒集团

经济科学出版社
Economic Science Press

图书在版编目（CIP）数据

中国区域经济增长效率集聚与地区差距研究/仇娟东著．
—北京：经济科学出版社，2018.1
（中国经济治略丛书）
ISBN 978 - 7 - 5141 - 9043 - 4

Ⅰ.①中…　Ⅱ.①仇…　Ⅲ.①区域经济 - 经济增长 -
区域差异 - 研究 - 中国　Ⅳ.①F127

中国版本图书馆 CIP 数据核字（2018）第 029940 号

责任编辑：王　娟　张立莉
责任校对：郑淑艳
责任印制：邱　天

中国区域经济增长效率集聚与地区差距研究
——基于空间经济学视角的理论与实证分析
仇娟东　著

经济科学出版社出版、发行　新华书店经销
社址：北京市海淀区阜成路甲 28 号　邮编：100142
总编部电话：010 - 88191217　发行部电话：010 - 88191522
网址：www. esp. com. cn
电子邮件：esp@ esp. com. cn
天猫网店：经济科学出版社旗舰店
网址：http: //jjkxcbs. tmall. com
北京季蜂印刷有限公司印装
710×1000　16 开　15 印张　250000 字
2018 年 6 月第 1 版　2018 年 6 月第 1 次印刷
ISBN 978 - 7 - 5141 - 9043 - 4　定价：56.00 元
（图书出现印装问题，本社负责调换。电话：010 - 88191510）
（版权所有　侵权必究　举报电话：010 - 88191586
电子邮箱：dbts@ esp. com. cn）

本书受以下项目资助：

宁夏高等学校一流学科建设（理论经济学学科）资助项目（项目编号：NXYLXK2017B04）

开放战略与区域经济自治区人文社会科学重点研究基地

宁夏高校优秀青年教师培育基金（项目编号：NGY2016070）

宁夏大学优秀学术著作出版基金

序

2017 年 5 月，经宁夏回族自治区教育厅、财政厅批准，理论经济学获批宁夏回族自治区一流学科建设项目，成为自治区立项建设的 18 个一流学科之一。理论经济学一流学科设计了 4 个学科发展方向：开放经济理论与政策、财政金融理论与政策、人口资源环境与可持续发展、消费者行为理论与政策。学科发展方向适应当前及未来国家与地方经济建设和社会发展需求，在人才培养、科学研究和社会服务等方面形成鲜明特色。

理论经济学一流学科建设目标是：根据中国特色社会主义经济建设的现实需求，坚持马克思主义为指导，借鉴现代经济学发展的成果服务于中国实践。通过五年建设，一是基本达到理论经济学一级学科博士学位授权点申请基本条件，二是在第五轮学科评估中，理论经济学教育部学科排名显著上升。为实现该建设目标，主要采取如下措施：第一，创造良好的工作环境和学术环境，积极引进人才，培育研究团队成长，积极申报人才和创新团队项目；第二，紧密围绕学科发展方向，瞄准对学科发展具有前瞻性、长远战略性的重大理论及现实问题开展研究；第三，建立跨学科、跨部门的开放型科研组织形式，营造既能有效促进协同攻关，又能充分发挥个人积极性的科研氛围，形成团队合作与自由探索相结合的管理机制；第四，开展国际国内合作研究和学术交流活动，形成有影响的学术高地。

理论经济学一流学科自获批以来，凝聚了一支结构合理、素质良好、勤奋敬业的研究团队，凝练了精准的研究方向，正在开展较为系统、深入的研究，拟形成一批高质量系列研究成果。经理论经济学一流学科编委会的精心组织、认真甄别与仔细遴选，确定了《中国区域经济增长效率集聚与地区差距研究》《村级互助资金与扶贫贴息贷款的减贫机制与效应比较研究》《资产扶贫理论与实践》等 12 本著作，作为理论经济学一流建设学科首批系列学术专著。

系列丛书遴选与出版过程中，宁夏大学经济管理学院成立了"宁夏回族自治区西部一流建设学科理论经济学文库编委会"，编委会成员以高度负责的态度对此工作给予了大力支持，在此表示感谢（编委会名单附后）。

系列丛书的出版，凝结了宁夏大学经济学人的心血和汗水。尽管存在诸多不足，但"良好的开端就是成功的一半"，相信只要学者们持之以恒，不断耕耘，必能结出更加丰硕的成果。

系列丛书的出版，仰赖经济科学出版社的鼎力支持，承蒙经济科学出版社王娟女士的精心策划。现系列学术著作将陆续面世，衷心感谢他们的真诚关心和辛勤付出！

系列丛书的出版，希望求教于专家、同行，以使学科团队的研究更加规范。真诚欢迎专家、同行和广大读者批评指正。我们将努力提升理论和政策研究水平，引领社会和服务人民。

附件：宁夏回族自治区西部一流建设学科理论经济学文库编委会

顾问：陈志钢　史清华　范子英

主任：杨国涛

副主任：高桂英　黄立军　张会萍

委员：（以姓氏笔画为序）

马晓云　马艳艳　仇娟东　王雅俊　东　梅　冯　蛟

石　荣　朱丽娅　陈军梅　陈清华　杨彩玲　杨韶艳

杨国涛

2017 年 12 月于宁夏大学

前　言

改革开放40年来，我国经济快速增长，经济社会面貌大为改观，国内外学术界称这种现象为"中国奇迹"。然而，与这种快速变化相伴随的是我国经济活动空间布局的深刻变化，区域经济"块状"特征的形成、地区差距的扩大和经济增长效率的地理集中便是该变化中凸显出的重要问题。由此而来的问题便是：第一，地区差距与经济增长效率地理集中现象形成的内在机理是什么？第二，区域经济的"块状"分布和经济增长效率的地理集中，二者近乎相同的空间布局仅仅是偶然体现，还是它们之间有着必然的联系？第三，经济增长效率的地理集中、区域经济增长的"块状"分布和地区差距的形成这三个现象均与地理或空间因素相关，由此产生的问题使地理因素在这三者的形成中究竟起着什么作用？本书便在引入了动态性的空间经济学视角下分析了这些在经济增长过程中形成的、在空间中体现的重要经济问题。具体的，本书按照以下思路安排研究内容：

第一部分，提出问题与文献回顾，包括本书中的第1章、第2章。第1章主要介绍研究目的与研究意义，界定了经济增长效率和地区差距的概念，说明了本书的研究思路、内容、方法与技术路线，并指出了可能的创新与不足。第2章主要从地区差距、经济增长效率及经济集聚三方面回顾了相关文献，以期为本书寻找恰当的视角与理论支持。

第二部分，理论研究，包括第3章、第4章。第3章主要建立了"分工—外部性—报酬递增—效率集聚—经济增长—地区差距"的总体分析框架,并从理论层面梳理和阐述了具体作用机制。第4章在区分熟练劳动力与非熟练劳动力分工的基础上,重点结合 R&D 活动的作用,运用数理方法分析和证明了经济增长效率集聚的内生形成机制及其与地区差距的作用机理。

第三部分,实证研究,包括第5章、第6章、第7章。第5章在要素与经济非协同集聚视角下分析了地区差距形成的一般过程,结合中国相关年份与地区的面板数据,实证检验了劳动力、资本、技术等要素投入对我国地区差距的影响,并对这些因素的影响方式与我国地区差距的时空分布作了经济地理上的分解。第6章运用 SML 指数法测算了全国相关省级单位的生产率指数和环境技术效率,进而在空间经济学框架下提出了经济关联、知识关联、规模收益和交通运输条件等可能引起经济增长效率集聚的因素,并运用"系统广义矩估计法"对这些因素的作用方向与方式作了实证检验。第7章在运用统计分析和动态分布分析初步判断要素投入、经济增长效率对地区差距贡献份额的基础上,又运用面板单位根检验、面板协整检验和面板误差修正模型等方法直接检验了要素投入、经济增长效率与地区差距的长短期关系,并从分工因素、市场因素与政策因素三方面检验了可能导致地区差距与经济增长效率形成和集聚的深层次原因。

第四部分,结论与政策建议部分,包括第8章。在对研究内容和研究结论简要总结的基础上,给出了我国地区差距治理及我国经济地区重塑的思路与措施。

通过上述分析,得出的结论主要有:(1)分工是经济增长效率集聚及地区差距形成的根源。(2)知识溢出、交通成本对经济增长效率集聚和地区差距具有重要影响。(3)我国区域经济发展水平具有明显的地理集中特征,而要素与经济的非协同集聚是地区差距形成的直接原因。(4)各地区经济增长效率的空间分布具有明显的地理集中性,并且省域经济增长效率提升主要是由技术进步所推动的,而技术效率的作用比较有限;省域经济增长效率表现出一定的趋同和溢出现象。（5）相对于要素投入，经济增长效率是影响我国地区差距更为主要的因素。根据上述分析得出的结论，本书给出的治理我国地区差距的总体思路为：在进一步推动经济集聚的同时，也要为经济及效率的空间溢出做好准备，并通过对各地区"第一自然"的再发现和"第二自然"的再创造实现经济地理的重塑。

CONTENTS 目录

第 1 章

导　　论

1.1　研究背景与研究意义

1.1.1　研究背景

改革开放 40 年来，我国经济快速增长，经济社会面貌大为改观，国内外学术界称这种现象为"中国奇迹"，然而与这种快速变化相伴随的是我国经济活动空间布局的深刻变化。具体来说，我国经济活动空间布局的变化主要表现在地区差距的扩大、区域经济"块状"特征的形成和经济增长效率的地理集中等方面。

第一，中国地区差距的扩大。据相关统计资料[①]，1978～2010 年，上海市和贵州省的人均 GDP 分别为全国各省（市、区）中的最高值和最低值，其中，1978 年、1999 年和 2010 年，上海市的人均 GDP 分别为 2498 元、30805 元和 76074 元，而同期贵州省的人均 GDP 分别为 175 元、2475 元和 13119 元，从而 2010 年上海市人均 GDP 为贵州省该指标的 5.80 倍；考虑到数据的可比性，用 GDP 平减指数（1978 年 = 1）剔除物价因素的影响，1978 年、1999 年和 2010 年，上海市人均 GDP 与同期贵州省该指标的绝对差距分别为 2323 元、8071 元和 11777 元；到 2015 年，天津市与甘

[①]　根据《新中国五十年统计资料汇编》《中国统计年鉴 2011》《中国统计年鉴 2016》计算所得。

肃省的人均 GDP 分别为同期全国各省（市、区）中的最高值和最低值，
分别为 107960 元和 26265 元，前者为后者的 4.1 倍，两者的绝对差距达
到 81695 元；可见，人均 GDP 指标所反映的我国地区差距问题较为严重。
从居民消费水平来看，1978~2010 年期间，上海市和贵州省的居民人均消
费水平分别为全国各省（市、区）中的最高值和最低值，其中，1978 年、
1999 年和 2010 年上海市居民的人均消费水平分别为 442 元、10328 元和
32271 元，而同期贵州省居民的人均消费水平分别为 128 元、1542 元和
5879 元，从而 2010 年上海市居民消费水平为贵州省该指标的 5.49 倍；用
GDP 平减指数（1978 年 = 1）剔除物价因素的影响，1978 年、1999 年和
2010 年上海市与同期贵州省居民人均消费水平的绝对差距分别为 314 元、
2503 元和 4937 元；到 2015 年，上海市和西藏自治区的居民消费水平分别
为全国各省（市、区）中的最高值和最低值，分别为 45815.7 元和
8755.7 元，前者为后者的 5.2 倍，两者的绝对差距达到 37060 元；可见，
居民人均消费水平也反映出了我国地区差距问题的严重性。当然，上述人
均 GDP 指标和居民消费水平指标仅给出了我国地区差距情况的大致态势
与基本轮廓，对于地区差距的具体情况，相关学者基于更为精确的指标和
更为科学的方法研究表明：近年来，我国地区差距问题比较严重（万广
华、陆铭，2005；许召元、李善同，2006；范剑勇，2008；洪兴建，
2010；武鹏、金相郁，2010；彭国华，2015）。

　　第二，区域经济"块状"特征的形成。在我国区域经济增长及地区差
距扩大的过程中，出现了快速增长地区及其周边地区均呈现快速增长、增
长迟缓地区及其周边地区增长均迟缓的现象，从而导致了发展较快和发展
较慢地区分别在地理上的集中，并最终导致了区域经济发展"块状"特征
的形成。具体来讲，相关统计数据表明[①]，1978 年，我国东部、中部、西
部[②]三大地区 GDP 占全国 GDP 的比重分别为 52%、27% 和 21%，而同期
这三大地区人口和国土面积的相应比重分别为 37%、34%、29% 和 11%、
18%、71%，也就是说，1978 年东部地区生产 52% 的 GDP 仅占用了 37%
的人口和 11% 的国土，而最为落后的西部地区以 71% 的国土和 29% 的人

---

　　① 根据《新中国五十年统计资料汇编》《中国统计年鉴 2011》计算所得。
　　② 东部地区包括北京、天津、河北、辽宁、上海、江苏、浙江、福建、山东、广东和海南
11 个省（市）；中部地区包括山西、吉林、黑龙江、安徽、江西、河南、湖北、湖南 8 个省级行
政区；西北地区包括四川、重庆、贵州、云南、西藏、陕西、甘肃、青海、宁夏、新疆、广西、
内蒙古 12 个省（市、区）。由于重庆市在 1997 年才成立，所以未成立之前的相关数据和四川省
一起计算。

口仅生产了 21% 的 GDP；到 2010 年，我国东部、中部、西部三大地区
GDP 占全国 GDP 的比重为 57%、24% 和 19%，而同期这三大地区人口的
相应比重分别为 41%、32%、27%；到 2015 年，我国东部、中部、西部
三大地区 GDP 占全国 GDP 的比重为 56%、24% 和 20%，而同期这三大地
区人口的相应比重分别为 42%、31%、27%；也就是说，相对于 1978 年、
2010 年和 2015 年的数据均反映出我国的经济总量和人口资源有向东部地
区集中的态势，从而在东部地区单位面积土地产出得以提高的同时，人口
密度也得以提高，区域经济地理集中的特征也更为明显。此外，还有学者
对我国区域经济地理集中的特征进行了多视角、更细致的测度，如范剑
勇、朱国林（2002）指出，近年来我国东部、中部、西部三大地区之间的
差距在扩大，而三大地区内部的差距却在不断缩小，从而在东部地区形成
了典型的"富人俱乐部"，在西部地区形成了"贫穷俱乐部"的经济地理
格局；胡鞍钢（2011）根据各省（市、区）的收入水平将我国的地区差
距现状形象地概括为"一个中国，四个世界"，并指出了这"四个世界"
具有从低收入水平地区向高收入水平地区转移的趋势；张宗益、邹畅
（2006）进一步将我国内部地区划分为八大经济区，并经实证测度表明这
些经济区内部发展表现出十分明显的内部群体趋同性，而各经济区之间的
差距有迅速扩大的空间分布特征。综上可见，"块状"特征已成为我国区
域经济空间分布的显著特征。

　　第三，区域经济增长效率的地理集中。尽管经济学对"效率"这一概
念的界定较为复杂，可以肯定的是，该概念反映了经济"集约式增长"的
一面，并与"生产率"有着密切联系，从而我们从经济的集约式增长和生
产率两方面入手便可以勾勒出我国区域经济增长效率的空间分布状况。具
体来说，相关统计数据显示①，2010 年，东部地区以 11% 的土地资源取得
了约 78% 的专利授权，而中部、西部地区分别以 18% 和 71% 的土地资源
仅取得了 12% 和 10% 的专利授权，亦即 2010 年东部地区单位面积土地上
的专利授权数为中部地区的 10.59 倍、为西部地区的 49.92 倍；2015 年，
我国东部、中部、西部地区有效发明专利件数分别为 43.19 万件、9.12 万
件和 5.07 万件，三者所占全国有效发明专利件数的比重分别为 75.27%、
15.89% 和 8.84%；可见，专利授权数指标所反映的技术进步情况存在显
著的地理集中现象。从衡量产品创新情况的新产品销售收入指标来看，

---

① 根据《中国统计年鉴 2011》计算所得。

2010 年东部地区的该指标占全国的比重为 73%，而中部、西部地区所占的比重仅为 17% 和 10%，从而 2010 年东部地区单位面积土地上的新产品产值为中部地区的 6.98 倍、西部地区的 45.80 倍；到 2015 年，我国东部、中部、西部地区规模以上工业企业新产品销售收入分别达到 10.79 万亿元、2.99 万亿元和 1.31 万亿元，占同期全国该指标的比重分别为 71.51%、19.84% 和 8.65%；可见，我国的产品创新明显向东部地区集中，其次为中部地区，产品创新的地理集中现象明显。再从生产率及由此分解出的相关指标来看，傅晓霞、吴利学（2009）对我国 1978~2004 年 28 个省（市、区）经济增长情况的研究表明，我国东部地区技术水平提高很快、中部地区居中、西部地区技术进步率则很低；周晓艳、韩朝华（2009）对 1990~2006 年分省数据的研究表明，东部地区的生产效率最高、中部地区次之、西部地区最低；陶长琪、齐亚伟（2010）对 1987~2007 年我国 28 个省（市、区）全要素生产率及其空间差异的测算表明，东部地区的经济增长效率最高、中部地区次之、西部地区较其他地区粗放；胡鞍钢、郑京海（2008）在考虑环境约束因素后对我国 1999~2005 年 30 个省（市、区）的全要素生产率分析依然表明了技术效率在东部、中部、西部三大地区的"块状"分布格局；而朱承亮、岳宏志（2011）同样考虑了环境约束因素后的研究表明，我国经济增长效率在东部地区、东北老工业基地、中部地区、西部地区依次递减；而田银华、何胜兵（2011）的测算则研究了我国各省级地区的 TFP 增长率在八大经济区的地理分布状况；盖庆恩、朱喜等（2015）也分析了我国全要素生产率的地理集中现象。总之，上述指标和研究均说明了一个基本事实：中国区域经济增长效率存在空间上明显的地理集中现象。

综上所述，空间上的"块状"分布是我国区域经济发展中表现出的明显特征，而由此造成的地区差距问题也成为我国经济发展、社会稳定和政治变革的重要影响因素，因此如何"深入实施西部开发、东北振兴、中部崛起和东部率先的区域发展总体战略，创新区域发展政策，完善区域发展机制，促进区域协调、协同、共同发展，努力缩小区域发展差距"① 是我国未来一段时间必须面对的重大课题。与此同时，经济增长效率的空间分布也呈现明显的地理集中现象，并且经济增长效率集聚与区域经济"块状"分布之间存在明显的空间"耦合"情况。那么与此相伴随的问题便

---

① 《中华人民共和国国民经济和社会发展第十三个五年规划纲要》。

是：第一，经济增长效率地理集中现象形成的内在机理是什么？换言之，究竟是什么因素决定并形成了地区经济增长效率的地理集中？第二，对于经济发展中的区域经济"块状"分布和经济增长效率的地理集中，二者近乎相同的空间布局仅仅是偶然体现，还是它们之间有着必然的联系？若二者存在必然的联系，那么它们的形成机制和作用渠道是什么？第三，一般地，地区差距问题也是经济发展在空间或地理上的表现，那么经济增长效率的地理集中、区域经济增长的"块状"分布和地区差距的形成这三个现象均与地理或空间因素相关，由此产生的问题使地理因素在这三者的形成中究竟起着什么作用？地理因素是否能够为我们解释和理解这三者的形成机理和相互关系提供更有力的解释？有鉴于此，本书围绕地区差距和经济增长效率在空间上存在显著的地理集中这一直观经济现象，从空间经济学视角入手，在理论上廓清经济增长效率集聚和地区差距形成及其相互影响机制的基础上，结合中国各省级单位近年来的统计数据，实证描述地区差距和经济增长效率集聚的现状，并检验两者之间的关系，以期为地区差距的缩小和经济增长效率的提升提供思路。

1.1.2　研究意义

1.1.2.1　理论意义

第一，经济增长效率集聚概念的提出和形成机制的分析能进一步丰富空间经济学的内容。由克鲁格曼等人开创的空间经济学主要研究经济活动的空间分布规律，解释集聚现象的原因与形成机制，从而为我们研究集聚问题和区域经济的"块状"分布问题提供了一个更具有一般性的、比较理想的分析框架，但空间经济学框架下截至目前的研究，并没有明确提出经济增长效率集聚的概念，也没有论证该集聚形成的一般机制和经济影响。本书正是在认识到经济增长效率存在地理集中的客观事实，以及经济增长效率对宏观经济发展的重要作用，运用空间经济学的研究框架并结合相关理论分析了经济增长效率集聚产生的根源、形成机制及其经济影响，这不仅是对空间经济学原理的运用，也在一定程度上丰富了空间经济学的内容。

第二，将金融外部性和技术外部性结合起来论述了经济增长效率在空间的集聚机制，从而在空间经济学框架下集聚机制的研究方面取得了一定突破。在相关集聚机制的研究上，大量研究者从劳动力池效应和地方化投入共享的金融外部性方面作了深入研究，而对知识经济时代由技术外溢所表征的技术外部性方面的研究较少，将两者结合起来的研究更少。事实上，目前技术外部性和金融外部性两者均在集聚方面起着重要作用，甚至技术外部性在经济要素集聚形成中的作用更为重要。因此，本书将金融外部性和技术外部性纳入统一分析框架，并从这两方面探讨的集聚机制对目前同类主题的研究作了一定深入，也更符合当前时代的特征。

第三，从经济增长效率集聚视角分析地区差距问题，为空间经济学融入主流经济学作了一定尝试。融入主流经济学是包括空间经济学在内的其他经济学理论学说和流派的努力方向，然而由于基本假设和理论内核等方面的不一致性，这些理论学说和流派融入主流经济学范式的过程倍加艰难。本书建立了"效率集聚—经济增长—地区差距"的核心路线，同时关注了经济增长因素和经济地理因素，而这两个因素一是与主流经济学的核心议题——经济增长直接相关，二是关注了有关空间因素的作用，而基于空间经济学视角对这两个问题的同时关注为空间经济学与主流经济学的接轨作了一定尝试。

1.1.2.2 现实意义

第一，经济增长效率及其集聚机制的研究，能为区域竞争力的提升和经济的可持续发展提供借鉴。随着知识经济和经济全球化影响的不断加深，传统的以资源禀赋优势决定区域经济发展态势的经济形态将被逐渐替代，包括技术创新、规模优势和资源配置能力等因素在内的经济增长效率，通过促进区域科技、经济、社会、制度、文化等因素的有效结合和合理配置等机制，推动区域综合竞争力的提升和经济的可持续发展，并最终成为目前和未来一段时期区域经济发展的决定性因素。因此，本书对经济增长效率及其集聚机制的研究，能为区域经济综合竞争力的提升和经济的可持续发展提供理论基础和现实借鉴。

第二，从经济增长效率集聚视角研究了地区差距问题，能为地区差距的治理提供参考。毫无疑问，经济增长效率在区域经济发展中具有重要作用已成为基本共识，从而以提高落后地区的经济增长效率来加快不同区域经济"趋同"的步伐便是缩小地区差距的必然政策选择。正是基于此认识，本书通过研究经济增长效率及其集聚问题，较为系统地探讨经济增长效率的内容、起源、形成机制和经济影响等问题，不仅了解了经济增长效率的"来龙"，还了解了经济增长效率的"去脉"，能够为有效利用技术创新、规模优势和资源配置能力等经济增长效率的基础性因素，进而解决地区差距问题提供了全面、系统、可靠的借鉴。

第三，空间经济学框架下研究地区差距问题，能够避免区域经济规划与发展的一些偏差。在空间经济学框架下，"集聚力"与"分散力"的相互作用是影响经济发展空间分布的基本作用力，该作用力将带来经济发展等诸多正面效应，当然也会产生许多负面效应和影响，而地区差距正是集聚负面影响在空间上的体现。然而目前的大多数研究对集聚的正面影响给予了广泛关注，而对集聚负面影响的关注则相对有限，从而会对区域经济发展政策的选择造成一定影响。本书正是全面分析了集聚的正面效应与负面效应，从而能够为避免违背经济发展一般规律的盲目规划与发展提供借鉴。

1.2　相关概念的界定

1.2.1　生产率、效率与经济增长效率

1.2.1.1　生产率的内涵

所谓生产率（productivity）是指生产过程中产出与所需投入之间的比率（李琼，2000）。在具体应用中，根据投入要素的不同，常用的生产率指标有单要素生产率和全要素生产率。单要素生产率（single factor productivity）是指产出与某单一要素投入之间的比率，如劳动生产率、资本生产率等。事实上，生产过程往往是多要素投入，而某单要素生产率的提高往往与其他要素的大量投入有关，从而单要素生产率并不能准确衡量经济系统整体的运行情况。在实际应用中，与生产率相关且使用频率更高的概念便是全要素生产率（total factor productivity，TFP）。全要素生产率（TFP）源于索洛（Solow，1957）开创性的贡献及其之后建立的"增长核算"框架，其初始含义是表征总产出变化中不能被资本和劳动投入等可衡量数量所解释的部分，并将其全部归结为技术进步的结果（斯诺登、霍华德，2009）。由于经济增长问题本身的巨大意义及由此产生的巨大吸引力，加之对技术进步重要性认识的不断深化，研究者们对 TFP 及其内涵和作用投入了极大的关注。后来，随着前沿分析方法的快速发展，费尔和格罗斯科

普夫（Fare and Grosskopf，1994）进一步将全要素生产率的增长分解为包括技术进步和效率变化两部分，西方的一些教科书中也将生产率简洁地定义为"生产率＝技术×效率"（韦尔，2011）。

按照生产率的上述界定，以单投入、单产出、规模收益递减的生产情况为例，并考虑到时间因素以及由此产生的技术变化，则生产率及其变动情况可用图 1.1 来表示。图 1.1 中，x 轴和 y 轴分别表示投入和产出，$f_1(x)$ 和 $f_2(x)$ 分别为时期 1 和时期 2 中每一种投入水平下最大产出的前沿生产函数，从而位于前沿生产函数上的各生产点均为技术有效（technically efficient），各个点的生产率也均可用其与原点 O 所确定射线的斜率来表示。假设 A 点为时期 1 的实际生产点，那么 A 点向生产前沿上 B 点的移动称为效率提升，而时期 1 与时期 2 前沿生产函数之间的距离 BC 则表征技术进步。此外，从数量关系来看，A 点的生产率可用（AM/OM）来表示；B 点和 C 点的生产率亦可分别用（BM/OM）和（CM/OM）来表示；射线 OB 的斜率较 OA 大，反映了由效率提升所导致生产率提高的过程；射线 OC 的斜率较 OB 大，反映了由技术进步所导致的生产率提高的过程。

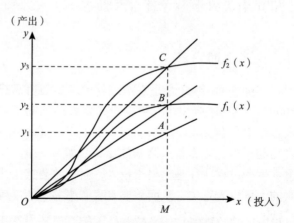

图 1.1　生产率及其变动情况

1.2.1.2　效率的含义

对于效率（efficiency）的概念，尽管该概念在经济理论与经济社会发展实践中具有非常重要的意义，但至今尚无统一的定义。如意大利经济学家和社会学家帕累托指出："如果通过重新配置资源，已经不可能在不使其他人处境变坏的情况下改善任何一个人的处境，这种配置就被称为帕累托最优（Pareto Efficient）"（尼科尔森，2008）。尽管帕累托使用"最优"一词，实际上它就是效率的定义，后来"帕累托最优"也被"帕累托有效"所替代。美国经济学家康芒斯（1934）也给出了他对效率的定义："使用价值的出量对劳动工时的入量的比例"，显然，受当时生产条件的限制，康芒斯所关注的是生产过程中的劳动投入，而对其他要素的作用及影响不加考虑。我国经济学家樊纲、张曙光（2007）将效率定义为"社会利用现有资源进行生产所提供的效用满足的程度，因此，也可一般地称为资源的利用效率"，可以看出他们侧重于从效用或社会福利方面界定效率的概念。目前，被经济学界广为认同、实证研究中也广为应用的"效率"概念，是出自美国经济学家萨缪尔森、诺德豪斯（2008），他们认为效率是："在一个经济体的资源和技术既定的条件下，如果该经济体能够为消费者最大可能地提供各种物品和劳务的组合，那么该经济体就是有效率的"，可见他们重点关注的是资源的配置效率。综上，尽管不同的经济学家对效率的诠释各不相同，但可以看出他们对效率概念的界定过程中也有共同点：其一，效率是一种比率，存在一个与"理想状态"的比较；其二，效率是一个比较概念，从而所计算的是相对效率，而绝对效率无法测算；其三，效率是一个广义概念，在具体计算中要说明计算对象，即计算的是什么效率。

鉴于效率提升的重要性和上述对效率概念的界定难以用于量化等不足，西方一些学者在效率的量化与测算研究方面作了深入研究。法雷尔（Farrell，1957）指出并不是每一个厂商都是充分有效的，大部分厂商的实际生产效率与最优生产效率总会存在一定差距，即存在技术无效率。基于这一思想，艾格纳—楚（Aigner Chu，1968）提出确定性生产前沿的概念，认为所有偏离生产前沿的因素都来自技术无效率，由此将全要素生产率变动分解为技术进步（technology change）和技术效率变动（technical efficiency change）两个部分，前者指生产前沿本身的移动，后者指实际生产点向生产可能性边界的移动，二者具有完全不同的政策含义。随后，费尔、格罗斯科普夫（Färe and Grosskopf，1994）又进一步将技术效率分解为规模效率（scale efficiency）、纯技术效率（pure technical efficiency）和配置效率（allocation efficiency），其中，规模效率可以理解为实际生产点与规模有效点相比较规模经济的发挥程度；纯技术效率反映了技术效率中剔除规模经济因素后的影响；配置效率反映了给定各投入价格的情况下使用最优比例的能力。在具体测算中，由于技术效率的变动有投入水平给定产出最大化、产出水平给定投入水平最小化两种情况，从而其计算方法也包括两种：产出既定时研究投入变化对技术效率影响的投入导向型测度方法，投入既定时研究产出变化对技术效率影响的产出导向型的测度方法。由此可见，技术效率最终至少可分解为纯技术效率、规模效率和配置效率三者的乘积。

1.2.1.3 生产率与效率的关系

生产率和效率都是经济学中应用非常广泛的概念，至于两者的区别与联系，我们以最简单的单投入、单产出的生产情况为例，用图 1.2 对两者的关系作简要说明。

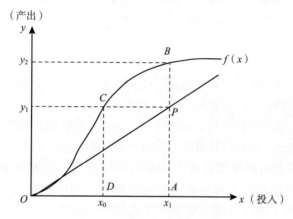

图 1.2 生产率与效率的关系

如图 1.2 所示，x 轴和 y 轴分别表示投入和产出，$f(x)$ 为表征每一投入水平下最大产出的前沿生产函数。假设在 x_1 所示的投入水平下，最大产出是与生产前沿上的 B 点所对应的 y_2 水平，但由于规模不经济、技术水平低下、资源配置不合理等原因，实际的产出只能是 P 点所对应的 y_1 水平，则与 x_1 的投入水平对应的真实生产率可由直线 OP 的斜率（AP/OA）反映。对于 P 点的生产效率，在产出导向下，理想产出为 y_2，而实际产出为 y_1，从而效率 $TE_1 = y_1/y_2 = AP/AB = (1 - BP/AB)$，即投入不变时 P 点距生产前沿上最优点 B 的距离与程度；在投入导向下，实际生产点 P 所对应的实际投入和产出分别为 x_1、y_1，但在理想条件下达到 y_1 的产出仅需 x_0 的投入，从而效率 $TE_2 = x_0/x_1 = OD/OA = (1 - DA/OA)$，即产出不变时 P 点距生产前沿上最优点 C 的距离与程度。由此可见，效率与生产率并不是等同的概念，二者的主要区别可简单地总结为表 1.1 所示。

表 1.1　　　　　　　　　生产率与效率的比较

	生产率	效率
概念	生产过程中产出与所需投入的比率	投入资源的最优利用能力
表达式	单要素：产出/投入	投入导向：最优投入/实际投入
	多要素：产出/指数化的投入	产出导向：实际产出/最优产出
值域	$[0, +\infty]$	$[0, 1]$
比较标准	不同经济单位之间的横向比较，或相同经济单位的纵向比较	等于 1 表示有效率，小于 1 表示存在无效率
量纲	根据投入与产出的单位确定	无量纲

资料来源：根据魏楚、沈满洪（2007）整理所得。

1.2.1.4　经济增长效率的界定

通过上述文献回顾与分析，本书将在前文所述的法雷尔（Farrell，1957）对效率界定的框架下分析经济增长效率。具体的，本书所阐述的经济增长效率主要指宏观经济增长中的效率。结合现代经济增长理论及法雷尔（Farrell，1957）对效率的界定，经济增长效率最终可分解为纯技术效率、规模效率和配置效率三者的乘积。基于此，本书所界定的经济增长效率具有以下特征：第一，总量性，本书主要将各省（市、区）视为投入一定要素进行生产并获得产出的基本单元，进而分析各经济单位宏观经济增长中的效率问题；第二，动态性，本书将基于面板数据测算我国各省（市、区）经济增长中的效率问题，从而不仅可获得静态效率，也可获得动态效率，根据前述效率和生产率的关系，此动态效率中自然包含了技术进步因素；第三，集约性，本书对经济增长效率及其集聚对地区差距影响的研究中，重点关注了对经济增长中的资源配置、规模经济、技术提升等问题，这些问题体现着明显地对经济增长质量和集约化发展方式的关注，从而不仅体现了宏观经济中的集约式增长，也符合创新驱动、经济结构优化升级等为主要内容的"新常态"的核心要义。截至目前，由于各种效率测算方法和测算内容层出不穷，因此，对于本书中所涉及的具体测算方法、内容和角度，还需根据此界定作进一步明确。

1.2.2 集聚、经济集聚、集聚经济与效率集聚

1.2.2.1 集聚

经济活动在空间分布的不均匀已是一种普遍现象，诸多空间经济学家对此现象给予了广泛关注，并对其给出了相对统一的界定。藤田昌久、克鲁格曼（Fujita and Krugman，2011）在其丰碑式著作《空间经济学——城市、区域与国际贸易》的开篇便对广泛存在于经济中的"圣马丁巷现象"① 给出了简洁而明确的定义："集聚（agglomeration）是指经济活动的集中，它由某种循环逻辑创造并维持。"该简洁的定义强调了集聚的表现（经济活动的集中）和形成机制（某种循环逻辑），从而"集聚"既可以表示经济活动在空间上集中或成长的过程，也可以表示经济活动在空间上集中分布的状态，其具体的含义需根据具体的语境确定。此外，藤田昌久和克鲁格曼的该定义也反映了"集聚"这一概念的广泛适用性：只要是某种循环逻辑创造并维持的经济活动的集中现象便可称为集聚。面对"集聚"这一普遍存在的经济活动空间分布现象和外延广阔的概念界定，各种不同的集聚概念也被广泛提出，如金融集聚（张世晓，2011）、金融机构集聚（陈铭仁，2010）、企业集聚（李映照、龙志和，2007；王宇、郭新强等，2014）、工业集聚（陆铭、陈钊，2006）、知识集聚（张钢、徐乾，2010）、FDI 集聚（赵果庆，2009）、人力资源集聚（王奋，2008）、人才集聚（胡蓓，2009；张樨樨，2010）、R&D 集聚（盛垒，2012）、人口集聚（姚从容，2016），以及产业集聚（梁琦，2004）等，其中，以产业集聚为主题的研究占绝大多数。

在实际应用中，还存在"集群"这个与集聚相互联系又相互区别的概念。相互联系主要体现在二者都强调经济活动在地理上的集中，都具有集聚效应并产生集聚经济；不同之处主要在于集群主要表示经济活动的空间集聚形态，而集聚则侧重于强调经济活动集中形成的过程和形成机制。

1.2.2.2 经济集聚

从目前研究来看，相关研究者以经济集聚表示经济活动的空间集聚

---

① 英国国家歌剧院（English National Opera）旁边的拐角处就是圣马丁巷（St. Martin's Court），在这条很短的街道上遍布着二手书及印刷品的销售商，藤田昌久、克鲁格曼等人将该现象成为"圣马丁巷现象"。

（张海峰、姚先国，2010；朱希伟、陶永亮，2011；吴建峰、符育明，2012），在此界定下，经济集聚便成为前面所述的"集聚"这一概念的同义表征。根据经济活动的层次不同，可将经济集聚划分为不同的类型（郝寿义，2007）。

第一，要素集聚。要素集聚指区内要素向不同层次极点的集聚以及区外要素向区内的集聚，这些要素包括劳动力、资本、技术、信息等，可以认为技术和信息是比资金更为高级的要素，而资本又是较劳动高级的要素。要素集聚在一定空间上集聚的表现为：空间上要素集聚度的提高和（或）空间要素级别的变化。

第二，企业集聚。企业可以被视为要素的载体或组织机构，企业在空间上集聚的形成将导致相同企业和相关配套企业在空间上的进一步集聚与发展，最终成为带动区域经济发展和区域在空间上拓展的动力。

第三，产业集聚。产业集聚就是产业内的生产活动、销售活动以及为这种生产和销售所服务的经济活动高度集中于一定区域内的现象（徐康宁，2006）。一般的，产业集聚建立在企业集聚的基础上，并由这些企业的相互作用以及企业群与社会趋向的不断融合所形成。

第四，城市群的出现与发展。城市本身是区域集聚的核心，而城市群特别是特大都市的连绵区则更是区域内集聚的最高级表现形式，从而城市群可被视作集聚的最高形式。

可以看出，要素集聚是上述四种类型集聚的基础，也就是说，要素集聚是企业集聚、产业集聚与城市群出现的必要条件，从而也是集聚的最本质特征。

1.2.2.3 集聚经济

面对经济活动的集聚，一个基本问题便是：经济活动为什么会向少数地方集中呢？克鲁格曼等（2011）指出，这些集中的形成和延续都源于某种形式的集聚经济（agglomeration economy）。事实上，集聚经济这一概念是由韦伯于1909年提出的，他认为影响工业区域集聚的因素包括一般集聚因素和特殊集聚因素，其中特殊集聚因素指自然条件、交通状况等，一般集聚因素指多个工厂在一个地方集中时给各工厂带来的更多收益或更小成本；而特殊因素往往是集聚的诱发因素，一般因素则是集聚持续发展的推动力（韦伯，2010）。后来，胡佛于1948年又具体阐述了集聚经济的三种形式，即企业层面的内部规模经济（internal economies of scale）、本地化经济（localization economies）和城市化经济（urbanization economies），事实上，这三种形式都集中体现了各种类型的经济活动在一个地方集聚所带来的经济效益（胡佛，1990）。亨德森（Henderson，1988）指出集聚经济的作用机制还在于经济体地理上的接近而产生的正向溢出。藤田昌久、蒂斯（Fujita and Thisse，2002）对集聚经济的定义则更强调集聚对工资、价格和福利的影响。综上，广义上讲，"集聚经济"这一概念所强调的重点还在于经济活动集聚所带来收益的增加或（和）成本的节约。

对于集聚经济与经济集聚这两个紧密联系又相互区别的概念，经济集聚主要是指不同层次经济活动在空间上的布局问题，属于区位选择范畴；而集聚经济则侧重强调经济活动的优化组合以获得最佳经济效益。由此可见，经济集聚是原因，集聚经济是结果；随着经济活动的不断变迁，经济集聚与集聚经济往往表现出循环因果的关系，即经济集聚能够产生集聚经济，而集聚经济又进一步推动经济集聚。

1.2.2.4　效率集聚

对于"效率集聚"（efficiency agglomeration）这一概念，国内相关研究对该概念的界定及使用比较少见，但在国外相关研究中已有提及和论述。费彻尔（Fischer，2001）在研究大城市创新活动集群现象时提出了效率集聚问题，并认为效率集聚是集聚经济的衍生品；巴里·戈尔格（Barry Görg，2003）的研究表明：产业集群能够吸引外资的原因在于"示范效应"（demonstration effect）和效率集聚，并进一步指出所谓"效率集聚"指企业地理上的接近有助于效率的提高，并导致效率在空间上的集中现象。卡佩罗（2004）在以城市动态变化和经济增长相互关系为主题的研究中指出，正是效率集聚和合作经济共同的作用推动正向外部性的增加，进而推动经济增长。可以看出，这些研究中已经涉及效率集聚的来源、效应及其与经济增长的关系，然而有关该概念的含义还需我们给出更为明确的界定。

根据前面对集聚、经济集聚和集聚经济等概念的分析与界定，我们认为所谓效率集聚是指由某种循环逻辑创造并维持的效率地理集中现象。对此界定，至少有以下几点需要说明：其一，对循环逻辑的强调，事实上，循环逻辑正是空间经济学框架下集聚的形成机制（藤田昌久、克鲁格曼，2011；殷广卫，2011）；其二，效率集聚包含效率在空间上集中的过程和状态两方面的含义；其三，效率集聚属于较高级别的要素集聚；其四，效率集聚是集聚经济的重要组成部分。

1.2.3 地区差距

目前相关研究中，出现了地区差距、经济差距、发展差距、收入差距、技术差距、消费差距、工资差距、教育差距等一系列与区域发展不平衡相关的概念，这些概念与地区差距密切相关，因此需要给出明确的界定。简单地讲，区域经济社会发展中，由于自然、历史、政策等因素的作用，各地区经济发展在总量、速度等方面整齐划一并不常见，而存在差异却成为常态，在地区较多的情况下尤为如此，而地区差距便自然地被用来衡量一定时期内各地区的经济发展，人均意义上的经济发展总体水平非均等化现象。在此界定下，需要说明的是：第一，由于地区经济发展是一个综合性的概念，从而地区差距也应是一个综合性的概念，其测度方法和测度指标也应基于综合性指标；第二，由于各地区在土地面积、人口数量等方面存在差异，从而总量意义上的差距往往不具可比性，而地区差距应该强调相对量（如人均量）意义上的差异；第三，地区差距是一个通过比较而产生的概念，从而比较的视角可以多元化，如既可比较地区发展中量上的差距，还可比较地区经济发展中质上的差距；既可以横向比较发现与其他地区的差距，还可与自身的纵向比较发现发展的综合效果；既可比较要素的差距，也可比较经济结构的差距；第四，从地区差距产生的原因看，有些差距如由于自然条件恶劣、资源禀赋较差，不是能够通过自身的努力所能解决的，而有些差距却可以通过自身的努力来解决，从而地区差距本身就存在自身不能缩小型差距和自身可以缩小型差距，从而在差距解决的政策取向上也应有所不同。

1.3 研究思路与研究方法

1.3.1 研究思路

比较严重的地区差距问题逐步成为制约我国"全面建成小康社会"的重要问题，因此如何认识并解决该问题已成为社会关注和理论界研究的热门话题。与此同时，相关研究表明经济增长效率在地区差距问题的解释上起着重要作用，而区域经济增长效率也表现出明显的地理集中，且与地区差距的分布有着明显的"耦合"情况，从而探究这两者的具体表现、相互关系、作用机理和治理措施便是本书总体上的研究目标。理论上讲，地区差距问题和经济增长效率问题都是主流经济学经济增长理论中的重要内容，然而主流经济学在前提假设、研究结论等方面均存在明显的缺陷，这"诱致"我们的研究必须另辟蹊径。事实上，地区差距问题与经济增长效率集聚问题都与经济活动的空间（地理）分布相关，从而从空间经济学视角研究该问题成为我们重要的研究视角，而以"非匀质"空间为主要研究对象的空间经济学正好为我们研究上述问题提供了良好的研究框架。当然，主流经济学对经济增长和经济增长效率有着成熟的体系，并提供了许多值得借鉴的地方，从而利用空间经济学的研究框架，借鉴主流经济学的研究内容，将主流经济学与空间经济学结合起来分析便是研究深入进行的理想思路。

具体的，本书拟从经济增长效率集聚视角解释地区差距问题，并遵循从理论到实证的总体研究思路。理论部分的研究思路为：效率集聚—经济增长—地区差距，即通过探究经济增长效率集聚形成的原因，并分析效率集聚对经济增长的影响机制，进而由于不同区域由于增长速度不同所导致地区差距的产生，从而引起效率集聚的因素便可视为引起地区差距的根本原因。实证部分的研究思路为：现状描述—空间分布刻画—影响因素分析—相互关系检验，即在定量测度我国地区差距和经济增长效率集聚现状的基础上，分别分析这两者的直接影响因素和两者在空间上的分布状况，进而在直接检验两者长短期关系的基础上进一步检验两者形成的共同根源，最后基于经济增长效率和地区差距的空间分布情况给出我国大陆地区"理想"的经济地理格局"重塑"设想。当然，在经济增长的效率测度和地区差距研究中，必须注意到中国目前经济增长方式中的"高排放、高污染、资源化"的问题，因此在有关实证分析中必须考虑到资源与环境因素对增长方式的影响，以真实测度经济增长中科学、可持续发展的一面。

1.3.2 研究方法

第一，文献分析法。客观地讲，现有研究对经济增长和地区差距的分析已较为成熟，进而为本书的进行奠定了坚实的文献基础，本书将在借鉴与分析相关文献的基础上，建立本书的基本理论框架。如本书的第3章将根据相关文献，建立"分工—外部性—报酬递增—效率集聚—经济增长—地区差距"的总体分析框架，并具体分析每一环节的作用机制。第 4 章也将在借鉴与吸收空间经济学视角下经典模型论证思路与逻辑的基础上，分析经济增长效率集聚和地区差距的形成机理，并在此基础上分析效率集聚、经济增长和地区差距三者之间的关系。

第二，实证分析法。本书的第 5 章将在分析地区差距直观表现的基础上，构建理想的地区差距衡量指标，提出地区差距的影响因素，最后检验这些因素的具体作用方式和作用方向。第 6 章将采用 SML 指数法测算 1998～2011 年全国各地区的生产率指数和环境技术效率，进而在空间经济学框架下提出可能引起效率集聚的因素，并运用"系统广义矩估计法"对这些因素的作用方向与方式作出实证检验。第 7 章将在运用统计分析和动态分布分析初步判断要素投入、经济增长效率对地区差距贡献份额的基础上，运用面板单位根检验、面板协整检验和面板误差修正模型等方法直接检验要素投入、经济增长效率与地区差距的长短期关系，并从分工因素、市场因素与政策因素三方面检验可能导致地区差距与经济增长效率形成和集聚的深层次原因。

第三，比较分析法。在第 6 章经济增长效率测度中，规模收益情况的假设不同对测度结果具有重要影响，本书将比较各种假设下的结果以获取理想的结论。是否考虑资源环境约束对地区经济增长效率和地区差距的测度结果有重要影响，本书拟在必要的情况下，比较分析是否考虑资源环境约束对测度结果影响的大小。当然，通过比较地区差距与经济增长效率的空间分布情况，并结合相关实际情况，给出我国大陆地区"理想"的经济地理格局。

1.4　研究内容与技术路线

1.4.1　研究内容

按照研究思路和研究需要，本书的内容安排为：

第 1 章，导论。阐述本书的研究背景与研究意义、相关概念的界定、研究思路与研究方法、研究内容与技术路线、可能的创新与不足。

第2章，文献综述。该部分将在回顾地区差距相关研究、经济增长效率相关研究及经济集聚相关研究的基础上，综合评述这些研究的特征，从而在为本书奠定理论基础的同时寻找本书的"突破点"。

第3章，经济增长效率集聚与地区差距——一个综合框架。结合相关文献，从微观要素出发，分析了经济增长效率集聚的成因及微观机制，并分析了由经济增长效率集聚与地区差距形成及其相互作用的微观基础与总体机制，进而从总体上建立了经济增长效率"起源—形成机制—经济影响"的总体框架。

第4章，经济增长效率集聚与地区差距——一个数理阐释。在空间经济学分析框架下，运用空间经济学的数理建模思路，分析与论证上述经济增长效率集聚与地区差距综合框架的具体机制。

第5章，中国地区差距的空间分布及其影响因素分析。该部分在简单描述我国地区差距在时间、空间及时空双维度下具体特征的基础上，从地区差距在空间上的直观表现为要素与经济的非协同集聚视角出发，结合理论分析对地区的基本认识，提出可能影响该非协同集聚的因素并检验这些因素的作用方式与作用程度，最后还将对地区差距的空间分布作经济地理上的分解。

第6章，中国区域经济增长效率的空间分布及其影响因素分析。首先，对经济增长效率测度方法进行简单梳理；其次，结合由相关年份及我国部分省区构成的面板数据，分别测度全要素生产率指数和环境技术效率指数，并以此来分析我国经济增长效率情况；再其次，针对经济增长效率在空间具有明显集中性的特征事实，在空间经济学框架下提出可能导致该集聚的因素，并检验这些因素的作用方式与作用程度；最后，根据相关统计分析技术对我国经济增长效率的时空演进作经济地理上的分解。

第7章，效率集聚、地区差距治理及经济地理重塑。在运用相关统计分析技术预先判断地区差距、要素投入与经济增长效率相互关系的基础上，运用马尔可夫链分析及核密度估计法来判断要素投入与经济增长效率孰为造成地区差距的更为重要的因素；随后运用面板单位根检验、面板协整检验、面板误差修正模型分析三者关系的稳定性；从分工因素、市场因素和政策因素三方面提出经济增长效率与地区差距形成的根源性因素，并对这些因素的作用方式、作用方向与作用程度作实证检验；在获得经济增长效率与地区差距关系的基础上，通过比较地区差距及经济增长效率的空间分布情况，给出我国大陆地区"理想"的经济地理格局设计。

第 8 章，主要结论、政策建议与研究展望。在总结本书相关理论与实证研究结论的基础上，给出这些研究与结论中所蕴含的政策含义，最后指出本书还需进一步完善。

1.4.2　技术路线

按照研究思路和研究内容安排，本书拟按照以下的技术路线进行，如图 1.3 所示。

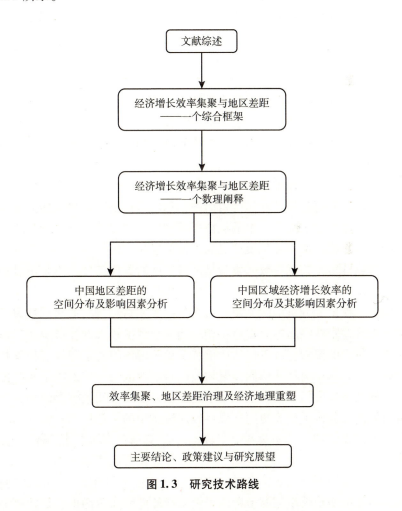

图 1.3　研究技术路线

1.5 主要创新与不足

1.5.1 主要创新之处

第一，基于空间经济学框架分析了经济增长效率集聚和地区差距问题。规模报酬递增、不完全竞争等是空间经济学分析框架下的基本前提假设，这些假设不仅更具现实性，还对经济问题的空间集聚现象有着更为成熟的解释，因此是本书的理想分析视角。此外，本书基于空间经济学框架，在理论上廓清经济增长效率集聚现象及其对地区差距作用机制的同时，又结合空间经济学的基本建模思路在数理上证明了经济增长效率集聚及其对地区差距作用的一般机制，最后结合中国现实对这些理论分析与数理阐释进行了实证检验，从而不仅为该问题找到了合适的理论框架，也使分析理论化与系统化。

第二，提出并论证了效率集聚内生性假说。目前相关研究中有关效率及其集聚的研究都是从产业集聚引出的，然而这种研究方法可能并不是效率的唯一形成渠道，因此，本书从微观基础出发的效率集聚分析打破了这一传统渠道，将效率及其集聚情况的渠道普遍化、理论化。基于微观基础的这一理论分析正是说明效率集聚是经济发展的重要属性，不是由其他因素外生决定的，而是随着经济的发展内生成长起来的。

第三，提出了分析地区差距的新视角：要素与经济的非协同集聚。直观地，地区差距在空间的表现是：相应地区承载了较大的经济份额却没有集聚相应份额的要素，或者该地区承载了较大份额的要素却没有集聚相应份额的经济，而这两种非协同集聚均使得相应地区的发展偏离了整个国家或者区域经济发展的平均水平。基于此认识，结合空间经济学的相关理论与分析方法，分析了该非协同集聚导致地区差距的一般机制，将人口、资本、技术等要素纳入分析框架，并结合中国各省区的实际情况作了实证检验。

第四，在经济增长效率及其集聚情况的测度上可能具有一定的创新。其一，在经济增长效率测度上考虑了资源与环境的双重约束。目前有关经济增长效率及地区差距的研究中，将资源环境约束同时纳入研究框架的成果还比较少见，而本书在经济增长效率测算时以人力资本、资本及能源为基本投入，以 GDP、SO_2 排放及 COD 排放作为基本产出，从而将资源与环境同时纳入了分析框架中。其二，运用 DEA 的 SML 法测算了中国经济增长效率情况。目前效率测度的方法比较多、成果也比较多，本书使用了径向、非角度并考虑了有效处理技术倒退问题的 SML 指数，测算了中国相应年份与地区的经济增长效率，这是目前效率测度中比较先进的方法。

第五，按照"自下而上"的思路分析了中国地区差距及经济增长效率的空间分布情况。就目前关于地区差距测度及经济增长效率刻画的相关研究而言，这些研究主要基于区划内部在地理位置、资源禀赋和经济发展水平等方面具有"匀质性"、区划之间具有"差异性"的前定假设并由此所作的验证，从而并不是通过对微观基础区域之间的比较、进而将水平相同或相近的地区划分为一组的"归纳法"，该分析方法存在明显的缺陷。鉴于此，本书在中国地区差距及经济增长效率空间分析测度时，采用"自下而上"的归纳法，进而能够有效地分析空间因素作用的同时还能够有效避免一般研究中的上述缺陷。

1.5.2　主要不足之处

受资料及其他条件的限制，本书还存在以下不足之处：

第一，在地理单元的划分上有待进一步细化。考虑到数据的可获性和完整性，本书仅从省级层面测算了我国的地区差距和经济增长效率集聚情况，然而更为细致的地理单位能够更为准确地反映出积累及地区差距"自下而上"的分布情况，从而粗略的地理单位对研究结论的客观性和准确性造成了一定影响，而要获得更为准确的结论必须对研究的地理单元作出调整。

第二，理论研究与实证研究有待进一步结合。从本书中理论与实证研究的结合来看，理论模型中的部分因素没有得到准确反映，而实证研究中一些因素却在理论研究中找不到"源头"，从而理论与实证研究的紧密结合略显不够。事实上，这既与空间经济学自身的特征有关，因为基于空间经济学的理论模型有着严格的假定条件，从而难以从现实中找到有效的表征指标，而一些变量还往往互为因果，从而加大了建模的难度；再者，若理论研究中涉及过多的因素，不仅将加大建模的难度，还难以有效凸显模型所重点强调的问题。无论如何，随着空间经济学的不断成熟和经济社会的不断变迁，理论研究与实证研究的有机结合应是必然要求。

　　第三，数据挖掘和分析方法还需进一步改进。在研究中，我们分析的是我国 31 个地区的空间数据，从而这些数据中往往存在一定程度的空间自相关，然而由于数据与方法的限制，实证研究仅运用目前较为成熟的面板计量研究方法对地区差距、经济增长效率及其相互关系作了探讨，从而并没有全面考虑数据的空间自相关问题。

第 2 章

文 献 综 述

本书拟在空间经济学视角下分析经济增长效率集聚及其对地区差距的影响，基于此研究目的与研究内容，本章便从地区差距、经济增长效率、经济集聚等三方面梳理相关文献，以期获得对研究思路和核心技术问题的认识和突破。

2.1 地区差距的相关研究

经济增长和经济活动的空间集聚作为人类社会中唯有的两个长久经受检验的经济特征事实（克纳普，2004），理论界也主要分别在经济增长理论与空间经济学的框架下作了相应分析与研究，但从理论内核来看，这两个框架的"理论内核"均存在一定缺陷，而两个框架的结合却具有明显的优势。基于此，本书在回顾经济增长理论、空间经济学及两者结合框架下对地区差距及中国地区差距理论与实证研究的基础上，分析与总结这些研究的特点、进展及有待进一步研究的问题，以期为我们的研究获取相应的理论支持，也为我们的研究寻找研究方向与"切入点"。

2.1.1 经济增长理论中的地区差距

2.1.1.1 缺乏空间维度的经济增长理论

以经济增长为主题的研究至少可以追溯到亚当·斯密（1776），尽管他并没有明确提出经济增长的概念，但所强调的如何能够最适当地取得财富和达到富足的问题，从本质上说就是关于一国经济增长的理论。斯密的理论在阐述经济增长问题的同时，他还明确指出"分工受市场范围的限制"，其对市场范围的强调说明斯密的理论考虑到了空间因素对经济增长的影响。随后，大卫·李嘉图通过将环境因素弱化为土地生产力的差异，有效地将空间因素从他的分析体系中剔除（麦凯乐、赫伯特，1999）。后来，马歇尔、萨缪尔森等人的研究主要以资源配置为主题，从而使空间因素进一步游离于主流经济学之外。

首次明确以经济增长为主题的新古典增长理论，认为长期经济增长是劳动、资本和技术进步的函数，然而囿于完全竞争和规模报酬不变的基本假设，终将使长期增长因劳动和资本的边际报酬递减而消失，而长期的增长完全被"外生"的技术进步所决定。可以看出，新古典经济增长理论中并没有资源空间配置的影子，地理因素不会对经济增长产生任何影响。随后，以解决技术外生问题而广为流行的新经济增长理论认为，知识在生产者之间的扩散以及从人力资本中得到的收益等，使得资本积累中的收益递减现象得以避免（罗默，2009）。显然，尽管这类模型强调技术因素在经济增长中的作用，但并没有分析知识和技术溢出的强度与范围，从而也就忽略了空间因素。随后，赫尔普曼（Helpman，2004）将 R&D 理论和不完全竞争理论引入经济增长分析框架，并认为有目的的 R&D 活动往往以某种形式的事后垄断作为奖励，如果经济中不存在思想枯竭的趋势，那么，长期的经济增长就不会停滞。可以看出，该分析已将地理因素引入经济增长模型，但仅表明一个国家或地区的经济增长和技术进步与地理因素有关，经济增长的内生化仅限于技术因素而没有拓展到地理因素，区位的作用依然游离于模型之外。总之，缺乏空间维度已是经济增长理论的明显特征。

2.1.1.2 经济增长理论中地区差距的研究

尽管经济增长理论缺乏空间维度，但却涉及了对区域经济增长不同绩效的分析，这些分析主要集中在经济增长趋同或收敛的框架内。新古典增长理论认为，经济的运行存在稳态，而经济增长便是向稳态发展的过程，这也就意味着不同经济体的经济增长具有一致性的趋势。然而，内生经济增长理论则认为物质资本的积累、人力资本的质量和技术进步能力的差异等，会导致经济体之间经济增长差异的永久性，从而不会出现新古典经济增长理论所说的趋同现象，经济增长并不必然意味着趋同（巴罗、萨拉-伊-马丁，2010）。由于新古典经济增长理论与内生经济增长理论在经济增长趋同方面不同的预言，引发了 20 世纪 80 年代末以来大量针对不同经济体经济增长趋同情况的实证检验。具体来说，对不同经济体经济增长趋同作实证检验的研究始于阿布拉莫维茨（Abramovitz，1986）和鲍莫尔（Baumol，1986），阿布拉莫维茨（Abramovitz，1986）的研究证实了生产率水平和生产率增长速度之间的反向变动关系，不过该关系仅在第二次世界大战后的 25 年左右表现显著，而其他时期却存在明显波动；鲍莫尔（Baumol，1986）基于 1870 ~ 1979 年间麦迪逊（Maddison）数据的研究表明，工业化的市场经济国家存在显著的生产率趋同现象，计划经济国家区域经济趋同表现得较为平均，而不发达国家并没有表现出明显的趋同趋势。可以看出，这两位学者的研究结论存在明显差异，从而也并没有对趋同现象是否存在给出明确结论，其研究方法也存在样本有偏、度量误差等不足，不过，这些研究却带动了趋同问题研究的快速发展。随着各国经济增长的不断演进和计量经济方法的不断成熟，经济学家对经济增长趋同问题的研究也更为活跃，也相继提出了绝对 β 趋同、条件 β 趋同、σ 趋同、俱乐部趋同等多种"趋同"概念（巴罗、萨拉 - 伊 - 马丁，2010），对各地区经济增长趋同类型作实证检验的研究也层出不穷。

2.1.1.3　经济增长理论中的中国地区差距

在经济增长趋同框架下，学者们也对中国经济增长趋同情况以及由此延伸出的地区差距问题展开了研究。从研究方法来看，学者们分别运用统计指标法、横截面回归法、时间序列分析法、分布动态法和综列数据分析法（邹薇、周浩，2007），分析了我国各省（市、自治区）经济增长的趋同现象。从所涉及的趋同类型来看，徐现祥、李郇（2004）对我国 216 个地级及以上城市的分析表明，我国城市的经济增长表现出了绝对 β 趋同和 σ 趋同，并表明该结果是稳健的；林光平、龙志和（2006）等学者的研究则重点关注我国各地区经济发展的 σ 趋同情况，并表明近年来我国各省区经济增长表现出了 σ 趋同；袁立科（2010）等人的研究则关注了 1978 年以来我国经济增长中的条件 β 趋同，即东部、中部、西部三大地区内部的条件 β 趋同和三大地区之间的俱乐部趋同；彭国华（2008）等人的研究则表明我国地区收入的俱乐部收敛特征；张可云、王裕瑾（2016）基于空间计量经济检验的研究表明，我国区域经济存在着 β 趋同。从趋同形成的原因来看，学者们从地区发展战略与政策、地区特定因素、全球化和经济自由化、要素市场扭曲等方面作了解释（刘夏明、魏英琪，2004）。可见，前述研究并没有对中国经济趋同形式得出一致的结论，从而也难以判断中国地区差距的具体发展趋势。

综上，在经济增长趋同框架下的研究中，起源于不同理论流派对区域经济发展趋势的不同解释，学者们相继提出了多种不同类型的趋同形式，然而这些理论与实证研究均未达成一致结论。与此同时，在经济增长趋同研究的框架下，关于中国经济增长趋同的研究也取得了明显进展，但是这些研究较多地关注趋同形式，而对趋同的原因、过程、机制的研究略显不足。需要指出的是，经济增长趋同框架下对地区差距研究中的一个共同特点是，对经济体的空间相关性与空间互动的研究还显得较为缺乏，这也使得缺乏空间维度成为经济增长理论旗下地区差距问题研究的明显特征。

2.1.2　传统空间经济学中的地区差距

2.1.2.1　缺乏动态性的传统空间经济学

从传统空间经济学来看，德国古典区位论的代表人物杜能（Thünen，1826）、韦伯（Weber，1909）、克里斯塔勒（Christaller，1933）、洛施（Losch，1939）分别提出了"农业区位论""工业区位论""中心地区理论""市场区位论"，并在区位选择、集聚的动力机制、经济的空间结构等方面做出了重要贡献，但他们的研究存在缺乏空间结构形成的微观基础和内在机制的模型化问题（藤田昌久、克鲁格曼，2011），也一直被排除在主流经济学之外。古典区位理论之后的相关研究中胡佛（Hoover，1948）将集聚经济划分为内部规模经济、局部化经济和城市化经济，并提出了导致经济活动空间差异的自然资源优势、集聚经济和运输成本等三个基本因素；伊萨德（Isard，1956）将区位问题表述为一个关于运输成本与生产成本的标准替代问题；阿隆索（Alonso，1964）推导了居民和城市厂商的租地竞价曲线和农业竞租曲线，进而分析了供求平衡中的地价和地块形状；亨德森（Henderson，1974）将整个经济视作一个城市体系，并论证了城市规模与福利之间的平衡进而决定的城市理想规模（藤田昌久、蒂斯，2004）。

可以看出，传统空间经济学的动态演进中，研究者们逐步借鉴并使用经典的主流经济学方法分析区位、城市等空间问题，但这些研究均以匀质的空间为基础平台，从而在竞争性均衡中无法出现城市、专业化的区域和贸易，也无法真正解释区位选择问题；再者，上述有关空间和区位选择的研究中，一般采用静态分析法和比较静态分析法，从而使地理因素在经济增长和地区差距形成中动态演化的特征不足，也使区位的选择和经济空间布局的形成具有瞬间产生的质疑。产生这些问题的根本原因还在于缺乏将规模经济和不完全竞争纳入经济模型中去的理想方法（藤田昌久、克鲁格曼，2011）。需要指出的是，是否同时具备非匀质空间和动态性特征成为区分传统空间经济学与新空间经济学的重要依据（刘朝明，2002）。

2.1.2.2　传统空间经济学中地区差距的研究

按照分析的基础理论不同，传统空间经济学框架下对地区差距问题的研究可分为基于 CP 模型和本地市场效应两类。

第一，CP 模型与地区差距。克鲁格曼（1991）所建立的核心—边缘模型（core periphery model，CP 模型）考虑的是一个两种要素（不可流动的农业劳动力和可流动的工业劳动力）、两个部门（完全竞争的农业部门和垄断竞争的工业部门）、两个地区（南部和北部）的"2×2×2 模型"，并假设农产品无运输成本，而制造业产品存在"冰山成本"①。在经济的演化中，受由市场接近效应、生活成本效应形成的"集聚力"和市场拥挤效应所形成"分散力"及循环累积因果机制的作用，在运输成本足够低、制造业有差异、产品种类足够多和制造业的份额足够大等条件满足的情况下，制造业"中心"和农业"外围"的空间格局终将形成。可以看出，CP 模型框架下对地区差距的研究主要强调两点：其一，集聚力与分散力的形成及其相互作用；其二，循环累积因果机制的作用。CP 模型对全球范围内城市化快速推进和大都市迅速成长，而乡村地区人口锐减等经济现象有着强大的解释力，从而在问世伊始就受到了广泛关注。后来，包括克鲁格曼本人在内的诸多学者对 CP 模型进行了完善和创新，而以 CP 模型为基础的一系列类似模型也纷纷建立（Baldwin and Forslid，2011）。

第二，本地市场效应与地区差距。在新古典贸易理论难以完全解释复杂贸易实践及新贸易理论缺乏经验证据的困境下，克鲁格曼（1980）指出

---

① 在传统的贸易理论中并不考虑运输成本，但现实贸易中的运输成本又是客观存在的，从而保罗·萨缪尔森（Paul Samuelson，1952）创造了"冰山成本"的概念，并建议人们想象货物在运输途中"融化"掉了一些，最终只有一部分能达到目的地，损失掉的那一部分便是运输成本。

在规模报酬递增和存在贸易成本的世界中，那些拥有较大国内需求的国家将成为净出口国，也就是说，若某地对某种产品有较大偏好和需求，那么该产品在该地区生产将进一步导致较大规模市场上某种产品的分布大于其需求，这就是著名的本地市场效应（home market effect）。至于本地市场效应与地区差距的作用机制，库姆斯、迈耶（2011）指出，本地市场效应的生产函数假设：生产要素除了同质的劳动力之外，还包括属于全体劳动者所有的资本，从而在资本可以自由流动的情况下，所获得利息仍归劳动者所有，地区差距没有拉大也存在可能性；从模型结果来看，在短期，某地区需求的增加在导致产量增加的同时也引起平均成本的下降，该规模收益递增也将进一步提高厂商的盈利能力，从而那些选择市场规模较大地区的厂商较市场规模较小地区的厂商能获得更大的利润；但从长期来看，核心区对新厂商的吸引在加大核心区与边缘区之间差异的同时，也加剧了内部厂商之间的竞争，这也就阻碍了厂商进一步向核心区集聚的趋势；这两种相反力量的共同作用就是"本地市场效应"的效应，而地区差距是否拉大则取决于上述两种效应的合力。

鉴于本地市场效应这一概念在新贸易理论中的关键性，检验其是否存在便是一个重要问题。戴维斯·韦恩斯坦（Davis Weinstein, 1996）基于经济合作与发展组织（OECD）国家相关数据的检验，并未能发现本地市场效应，然而，在考虑到市场准入因素后，再次对日本和OECD国家的需求和产出数据的测算却支持了本地市场效应的存在（Davis Weinstein, 2003）；随后，舒马赫（Schumacher, 2003），张帆、潘佐红（2006），克洛泽特·特里翁费蒂（Crozet Trionfetti, 2008）等分别发现OECD国家、中国、世界银行观测的25个国家均存在本地市场效应。

2.1.2.3 传统空间经济学中的中国地区差距

第一，CP模型与中国地区差距。随着CP模型的完善与发展，以该模型为基础对中国地区差距问题进行分析的文献也不断出现。李杰（2009）的分析表明：由贸易自由度提高带来的集聚力和知识溢出带来的分散力，我国产业布局具有显著影响，并进一步分析了该影响导致地区差距形成的机制。许政、陈钊（2010）分析了到大城市和大港口的距离对城市经济增长的影响，并证明了中国城市经济增长与该距离之间的关系符合CP模型的预测，这也从另一侧面阐述了中国城市间的地区差距问题。此外，安虎森、李锦（2010）等运用循环累积因果机制，分析了东部地区经济集聚、地区差距拉大等问题，并基于此给出了推动我国地区协调发展的政策建议。可以看出，CP 模型框架下中国地区差距的上述研究似乎都建立在这样的逻辑关系上：地区差距在拉大引致减小地区差距的政策需求，而减小地区差距的重要措施则是限制引起地区差距拉大的熟练劳动力、资本等要素向东部地区的进一步集聚，或者推动落后地区熟练劳动力、资本等要素的集聚。事实上，该逻辑是否成立还需通过相应的标准来判断：其一，集聚与地区差距是否存在临界点，即临界点之前进一步集聚将会拉大地区差距，而临界点之后的集聚反而有助于地区差距的缩小，那么在未达到临界点之前政策干预的必要性就值得商榷；其二，区域经济发展不平衡的加剧并不意味着外围地区经济状况的改善，进一步地，若经济活动的集聚对中心地区居民的福利增加大于对外围地区居民的福利损失，从而便形成了经济学中效率与公平的基本矛盾，在该情形下，是否进一步推动集聚还得求助于社会的基本价值观（藤田昌久、蒂斯，2004）。

第二，本地市场效应与中国地区差距。张帆、潘佐红（2006）基于对经典模型改造的研究和实证检验表明，中国至少存在 7 个显著的本地市场效应，而本地市场效应在中国各地生产和贸易类型的选择上起着重要作用，并建议产业布局时应考虑本地市场效应的分布而不是要素禀赋的分布。钱学锋、梁琦（2007）通过对本地市场效应相关理论与实证研究的综述，发现该效应对不同规模国家的影响难以界定，而中国中部、西部地区的战略发展举措应注重本地市场的发展。梁琦、李晓萍（2012）所提出的解释地区差距的新视角为异质性企业的区位选择，他们也主张落后地区通过技术引进、人力资本积累等措施提高企业的生产效率并推动区域的可持续发展。此外，范剑勇、谢强强（2010）的研究发现，本地市场效应在促进产业集聚的同时不会扩大地区差距，并说明该结论证实我国沿海地区的产业集聚与区域经济的协调发展是可以兼容的，而该结论的进一步的推论则是加强劳动力向沿海地区的集聚，但同时要消除劳动力市场歧视外来民工的做法。毛艳华、李敬子（2015）用"本地市场效应"解释了中国服务贸易的出口规模与行业结构呈现出快速扩张和优化发展态势的动力机制。可以看出，上述关于本地市场效应与我国地区差距分析的结论并不一致，从而导致是否进一步推动劳动力向东部沿海地区集聚的政策选择上也出现了不一致，然而该问题是事关我国经济社会健康发展的重大议题，从而找准目前和未来一段时间造成地区差距的主要因素，并分析这些因素的作用机制和作用方式，进而给出有效的政策建议便是理想的研究思路。

事实上，上述基于 CP 模型和本地市场效应的分析，具有前提假定（不完全竞争、规模收益递增等）较为现实等优势，但是缺乏对"块状"特征形成中动态性的认识，对知识经济时代集聚力与分散力的变化及其作用机制的分析（Fujita，2007）也显得较为缺乏，这些问题与缺陷也进一步导致了在地区差距问题治理上的思路不同，从而全面、动态的认识及治理地区差距问题则显得十分必要。

2.1.3　经济增长与空间经济学双维度下的地区差距

2.1.3.1　经济增长理论与空间维度的融合

迪克西特·斯蒂格利茨（Dixit Stiglitz，1977）开发了垄断竞争模型（简称 D－S 模型），使得垄断竞争和收益递增能够顺利模型化，克鲁格曼（1991）也基于此建立了前面所提及的著名的"CP 模型"，随后，藤田昌久、克鲁格曼（2011）借鉴 D－S 模型并结合"冰山成本"、动态演化和计算机运用，很方便地解释了经济活动的地理结构和空间分布是怎样在"向心力"和"离心力"这两种作用力下形成的问题，从而开创了被他们命名的"空间经济学"的研究。"空间经济学"将主流经济学长期忽视的空间因素纳入分析框架，以此来分析"经济活动的空间集中何时得以维持""在不存在空间集中的情况下，对称均衡何时会变得不稳定"这两个基本问题，并通过这些问题的分析来探讨区域经济活动的空间变动及其规律。当然，这些分析还存在一些不足，其中最主要的问题是它们依然属于静态分析，而核心与边缘的形成似乎是瞬间发生的（Ikeda，Akamatsu，2012），从而并不适合分析经济活动的空间集聚与长期经济增长的关系，但值得肯定的是，该分析为将空间维度纳入长期经济增长过程作了必不可少的铺垫。

后来，在上述 D－S 模型和 CP 框架的基础上，学者们进一步探索了经济增长理论和空间经济学的融合方式，并发展出一系列分析微观异质劳动者、异质企业与总体经济相互影响的经典模型，重新解释了现实中要素流动、经济集聚与经济活动地理分布的关系。与传统空间经济学相比，这些模型与分析最明显的特征在于具有坚实的微观基础、体现了动态性问题，这也为传统空间经济学融入主流经济学提供了有效路径。具体来说，根据他们所关注的要素不同，有关这两者融合的模型大致可划分为以下几类：其一，鲍德温（Baldwin，1999）等重点关注了资本的损耗与创造在经济增长及其空间布局决定方面的作用；其二，鲍德温·马丁（Baldwin Martin，2001）、莫里·图里尼（Mori Turrini，2005）、福·加布里埃尔（Fu Gabriel，2012）等重点关注劳动力因素在内生经济增长和经济活动区位选择中的作用，其中第一项研究以劳动力不可流动为基本假设，而后几项研究以劳动力的完全流动为基本假设；其三，马丁·奥塔维亚诺（Martin Ottaviano，2001）等研究则重点关注 R&D 对区域经济增长和空间结构的影响；其四，藤田昌久、蒂斯（2002）、谭成文（2009）则从劳动力因素和 R&D 因素结合的视角研究了区域经济增长及其空间结构问题。可以看出，这些研究均从最基础的生产要素入手研究了经济增长及地区差距的形成机制，从而具有牢固的微观基础，但至少还可以从以下两方面对上述研究做出拓展：其一，上述对劳动力流动的假定往往处于极端状态（不流动或完全流动），从而可考虑向劳动力流动的中间状态拓展；其二，知识经济时代，知识溢出、信息外部性等因素在经济增长中具有更为重要的作用（Fujita，2007），从而可考虑将这些因素纳入分析框架。

2.1.3.2　双维度下的地区差距研究

在经济增长理论与空间经济学结合框架下，上述理论研究也涉及不同地区在均衡条件下的经济增长率不同，从而也间接地引申出了地区差距问题。具体的，根据研究的切入点不同，双维度下有关地区差距问题的研究可分为两方面：其一，基于基本生产要素的研究，法詹·马卡恩（Faggian McCann，2009）、真纳约利波尔塔（Gennaioli Porta，2011）基于对熟练劳动力和非熟练劳动力的区分，分析了不同类型劳动力对区域生产率的影响，进而分析了其对区域经济增长绩效的影响，这些分析表明，熟练劳动力对区域经济增长有显著正向影响，而非熟练劳动力有非显著影响；而亨德森（Henderson，2003）、布鲁尔哈特、斯比格姆（Brülhart and Sbergami，2009）等基于跨国数据的研究则表明了集聚与经济增长之间的线性关系和倒 "U" 型关系；可以看出，这些以劳动力为例的要素投入对经济增长及地区差距的作用方向如何，在实证研究方面并没有出现一致结论。其二，基于产业组织层面的研究，由于结论的不一致性及中间机制的不明确性等原因，一些研究开始直接检验产业层面的集聚对经济增长绩效的影响，如布鲁尔哈特、斯比格姆（Brülhart and Sbergami，2009）、德鲁克和费泽（Drucker and Feser，2012）等，但前者的分析表明集聚与经济增长之间符合倒"U"型关系，并指出临界点大约为1万美元；后者则表示经济集聚并不是产业结构效率提升和经济增长的中间机制，而重点在于培养有利于知识溢出和创新的内外环境。总之，从经济增长理论与空间经济学双维度下地区差距的研究来看，这些研究从最基本的生产要素（如劳动力等）出发，逐步演化到从产业集聚层面直接检验集聚与经济增长、地区差距的关系，但这些研究结论并没有达成一致，原因可能在于：其一，仅限于对劳动力、资本等单一要素的分析，而经济增长则是多要素共同作用的结果，从而在建模伊始就可能遗漏了一些重要的因素；其二，各方面的研究要么从要素出发分析其对经济增长的影响，要么直接分析产业集聚对经济增长的影响，从而缺乏一定的系统性，然而经济增长有其内在逻辑，那么从要素集聚、产业集聚到经济增长和地区差距也有其作用和传导机制，因此，只有在理论上廓清了它们之间的关系，才能进行更为客观、科学的实证检验。

2.1.3.3 双维度下的中国地区差距

总体来说，在经济增长与空间经济学结合框架下对中国地区差距问题作实证检验的研究还比较少见，但一些研究关注了不同要素的空间集聚，并分析了这些集聚与经济增长和地区差距的关系，从而我们将其纳入双维度下的中国地区差距研究。张卉、詹宇波（2007）的研究表明，产业集聚对经济增长有显著影响，但不同集聚结构对我国东部、中部、西部地区的影响不同。李胜会（2008）基于以CP模型为基础的LS模型的分析表明，核心—边缘结构下核心区的经济增长率往往高于边缘区的增长率从而导致了地区差距，并以我国广东省的数据为例作了验证。何雄浪、杨继瑞（2012）则认为是地区间消费者偏好水平的不同决定了企业与劳动力的流动方向，而发达地区意味着消费者的偏好更加多元化。胡晨光、程惠芳（2012）认为基于社会关系"嵌入性"的人力资本、技术资本以及实物资本等要素禀赋的"异质性"双重分工，在集聚形成及经济增长和地区差距产生中具有重要影响。可以看出，上述研究对我国地区差距形成的分析中，已经初步建立了"生产要素—经济集聚—经济增长—地区差距"的逻辑思路，而需要进一步探讨的是该逻辑形成的具体机制，并结合相应地区的实际数据进行实证检验。此外，对于双维度下实证检验的不足，其原因主要有：其一，模型中的一些变量难以在现实中找到合适的表征指标；其二，空间经济学基本假设中的规模收益递增和不完全竞争，具有很强的非线性特征；其三，模型假设相对严格，但放松假设却造成模型难以处理，造成要使用真实世界的数据就必须修正模型但又无法修正的困境（藤田昌久、克鲁格曼，2011）。

综上，目前的经济增长理论与空间经济学的融合已经取得了一定进展，这为借鉴、吸收、利用不同领域分析的优势，共同解决现实世界面临的问题提供了很大方便，也为从更合理视角分析地区差距问题拓展了视野，但必须指出的是，这些研究还处于初步发展阶段，用其对现实经济问题作实证检验还具有一定的难度，因此如何运用该模型作实证检验还有待进一步探索。

2.2　经济增长效率的相关研究

效率问题一直是经济增长理论中的重要内容，研究者们从效率的含义、内容、影响因素等方面作了大量研究。根据研究需要，该部分将从经济增长效率的测算方法、中国经济增长效率的测度和经济增长效率与地区差距的关系等三方面，对相关研究作出回顾与评述。

2.2.1　生产率及效率的测算方法

由于经济增长效率与全要素生产率（TFP）的密切关系，结合实证测度方法的进展，测度生产率与效率问题的方法可归结为增长核算法、生产函数法、随机前沿分析法和数据包络分析法（Hulten，2001），随后相关研究者对这些方法还做了一些拓展。

2.2.1.1　增长核算法

以索洛（Solow，1957）的研究为起点，后续许多学者通过将产出增长扣除资本和劳动增长所导致的产出增长后未被解释的部分归为全要素生产率增长。由于该方法模型简单、测算方便、合乎经济原理，很多研究者利用这种方法来测算全要素生产率。在这些测算中，丹尼森（Denison，1962）不仅测算出总投入和全要素生产率对经济增长的贡献，而且又把总投入和全要素生产率分解为若干因素，并对这些因素进行了详尽的定量分析。事实上，增长核算法的基本思路是首先找到一个比较合适的生产函数，然后对生产函数进行模拟，最后将产出增长率扣除各种投入要素增长率贡献后的残差作为 TFP 的增长。增长核算法开创了经济增长源泉分析的先河，它的最大优点是简单易行，对于时间序列数据较为适用；但也存在非常明显的缺陷，如假设规模报酬不变、技术变动中性假设不符合现实等（Kim and Lau，1994；Felipe，1999）。

2.2.1.2 生产函数法

除了技术变动中性与规模报酬不变的假设外，索洛与丹尼森研究中的最大问题还在于他们的测算中未能有效处理测算误差的影响，这种将残差部分都归结成 TFP 增长的思路显然与事实不符。基于此，乔根森、里利谢斯（Jorgenson and Grilliches，1967）又运用超越对数生产函数从部门和总量两个层次测算了 1950~1962 年美国的 TFP 及其变化情况，并得出测算期间要素投入贡献大约为 70%，全要素生产率增长仅贡献 30%的结论。随后，还有学者依照乔根森、里利谢斯提供的方法和丹尼森因素分解的思想，测算了人力资本（巴苏、威尔，1998；比尔斯、克列诺，2000；普里切特，2001）等对经济增长的贡献。事实上，生产函数法测算 TFP 及其变化法是增长核算法的直接延伸，所以又被称作"扩展的索罗模型"，这两种测算方式最大的区别还在于所使用的生产函数不同，增长核算法使用经典的柯布 - 道格拉斯生产函数，而生产函数法一般使用超越对数生产函数和不变弹性生产函数。正是由于基于生产函数，因此测算结果的客观与否与生产函数有着直接关系，必须审慎选择生产函数的形式。

2.2.1.3 随机前沿分析法

如前所述，在法雷尔（Farrell，1957）指出实际生产效率与最优生产效率总会存在一定差距及技术效率的概念以后，艾格纳 - 楚（Aigner Chu，1968）又基于这一思想提出了确定性生产前沿，认为所有偏离生产前沿的因素都来自技术无效率，由此将全要素生产率变动分解为技术进步（technology change）和技术效率变动（technical efficiency change）两部分，前者指生产前沿本身的移动，后者指实际生产点向生产可能性边界的移动，二者具有完全不同的政策含义。确定性生产前沿方法的提出，明显拓宽了分析视野，使人们对全要素生产率及经济增长源泉有了进一步的认识。然而在现实经济活动中，厂商的生产行为也会受到一些随机因素的干扰，从而影响到技术效率。正是基于这种考虑，艾格纳、洛弗尔（Aigner and Lovell，1977）及缪森、范·等·伯洛克（Meeusen and van Den Broeck，1977）随后分别独立提出了随机前沿分析方法（stochastic frontier analysis），他们在确定性前沿的基础上引入一个表示统计噪声的随机干扰项，以描绘厂商的实际生产活动；后来一些学者不断跟进研究，进一步丰富和完善了该方法（施密特、西克尔斯，1984；鲍尔，1990；巴特西、科埃利，1992；巴特西、科埃利，1995）。应该说，随机前沿分析作为一种研究全要素生产率变动的参数估计方法，正逐渐被越来越多的文献所采用。然而，尽管考虑到随机扰动项的影响，但由于随机前沿分析对生产函数和随机扰动项的概率分布做了事先的设定，会对估计结果造成一定影响。

2.2.1.4　数据包络分析法

数据包络分析方法（data envelopment analysis，DEA）最早由美国运筹学家查恩斯、库珀（Charnes and Cooper，1978）提出，它不是以某种特定函数形式来界定生产前沿，而是直接基于一组特定决策单位（DUM）的数据来确定生产前沿，该决策单位的实际生产点与最优生产前沿的距离反映了这一决策单位的无效率。作为一种非参数的生产前沿方法，DEA 方法具有其他方法无法比拟的优势，比如不需要设定具体的生产函数形式，不需要特定的行为和制度假设，也不要求对无效率分布作先定假设等；当然该方法也有局限性，如假设不存在随机误差的影响，从而随机扰动可能包括到无效率方程的估计中，特别是如果处于效率边界上的决策单位存在随机扰动，就会影响所有决策单位的效率估计（郝睿，2006）。

2.2.1.5　测算方法的拓展

运用上述相关方法获得全要素生产率指数之后，便可通过多种方式获取技术效率及其变动情况。费尔、格罗斯科普夫（Färe and Grosskopf，1997）提出用于表示全要素生产率增长率的 Malmquist 指数，利用 Shephard 距离函数（distance function）将全要素生产率变动拆分为技术进步和技术效率变动两个部分；鲍克、阿尔辛（Balk and Althin，1996）指出生产率增长的四个来源：技术变化、技术效率变化、规模效率变化和产出变化，生产率的变化可用这四者的乘积来表示。随着环境约束的突出，国内外一些研究者开始思考将环境约束问题纳入全要素生产率的分析框架，并开发了一系列方法来测算环境约束下的经济增长效率情况。钟、费尔（Chung and Färe，1997）基于方向性距离函数，进一步提出能够同时考虑"好"产出增加和"坏"产出减少的 Malmquist - Luenberger（ML）生产率指数；托恩（Tone，2001）又提出了非径向、非角度的 SBM（slack-based measure，SBM）模型来解决传统 DEA 分析中投入产出松弛性问题，托恩（2004）又在初始 SBM 的基础上将非合意产出纳入了 SBM 模型；后来，福山、韦伯（Fukuyama and Weber，2009）和费尔、格罗斯科普夫（Färe and Grosskopf，2010）发展出了更具有一般性的非径向、非角度，且考虑非合意产出的方向性距离函数。目前，在我国环境约束与经济增长效率测算上，研究者们所使用的方法主要集中在 ML 生产率指数上，也有学者运用 SBM 做了一些尝试。

2.2.2　中国经济增长效率及其测度

有关中国全要素生产率的研究自 20 世纪 90 年代以来取得了快速发展，尤其是克鲁格曼（1999）指出中国的全要素生产率太低、不足以支持可持续的增长之后，测算中国各个层次 TFP 的成果不断涌现。如张军（2002），涂正革、肖耿（2006）等运用增长核算法，李乔（2002），张军、施少华（2003）等运用生产函数法，傅晓霞、吴利学（2007），吴延瑞（2008）等运用随机前沿分析法，郑京海、胡鞍钢（2005），岳书敬、刘朝明（2006）等运用数据包络分析法，对我国相应时期的 TFP 作了实证测度。然而，这些测度的结果却存在较大的差异，这不仅与选择的方法有关，还与部分中间变量难以获得理想数据（如资本存量）、部分变量难以有效测度（如人力资本投入）等因素相关，因此，应在深入理解相关测算方法及其原理的基础上，明确认识研究对象、改进测度方法，改善投入要素的质量，以保证结论的客观性与科学性。此外，上述研究的一个重要缺陷还在于忽视了资源环境因素的约束，而忽视该约束的结论不仅不能体现经济的可持续发展能力，还扭曲了对经济绩效和社会福利的评价，从而有可能误导政策建议（海露、魏门尔，2000）。

随着中国经济社会发展中所面临的资源与环境约束问题越来越严重，也出现了大量将资源与环境约束纳入效率测算框架的研究成果。具体来说，根据所考虑的因素不同，这些研究大致可分为仅考虑环境约束、仅考虑资源约束以及将资源与环境因素同时纳入分析框架三类：其一，仅考虑环境约束，李胜文、李新春（2010）将劳动、资本以及污染物等视作投入，在随机前沿生产函数基础上估算了中国 1986～2007 年省级水平的环境效率；而吴军、笪凤媛（2010）和田银华、贺胜兵（2011）等将污染视作"坏"产出，并基于 ML 指数或 SML 指数测算了我国相应地区的经济增长效率情况；程丹润、李静（2009）和李静（2009）考虑到投入产出松弛性问题和非期望产出的效率评价问题，采用 SBM 方法分析了我国环境约束下的经济增长效率情况。其二，仅考虑资源约束，李国璋、王双（2008）和钟若愚（2010）等研究中，仅将资源约束因素纳入分析框架，分析了资源对技术进步和经济增长的贡献。其三，同时考虑资源与环境的约束，在该主题下的研究中，部分学者的研究并不考虑投入产出的松弛性问题，但将资源视为投入因素、污染视为"非合意"产出，进而测算了相应地区经济增长中的效率与生产率问题（袁晓玲、张宝山，2009；王兵、张技辉，2011；杨万平，2011）等。还有一些学者不仅考虑到了资源环境的双重约束问题，还考虑到了投入产出的松弛性问题，进而测算了相应地区经济增长中的效率与生产率问题（王兵、吴延瑞，2010；庞瑞芝、李鹏，2011；涂正革、刘磊珂，2011）等。

综上，上述研究提出了以下值得注意的问题：其一，在对环境污染的处理上，一些学者将环境污染视作投入，还有一些学者将其视为"坏"产出或"非期望产出"，事实上，将环境污染视为产出的思路更符合生产的实际；其二，在约束因素的确定上，上述研究提出了不考虑约束、仅考虑资源约束、仅考虑环境约束和同时考虑资源环境约束四种情况，然而同时考虑资源环境约束不仅符合生产的实际情况，在数据和测算方法上也均能保证，从而将资源与环境因素同时纳入分析框架是相对理想的方法；其三，在测算方法的选择上，目前的研究主要集中在 ML 指数法和 SBM 分析上，然而鉴于 ML 指数法对投入产出松弛性问题和非期望产出评价中的缺陷，因此，非径向、非角度的方向性距离函数 SBM 模型可能更为理想（李静，2009），但该方法的缺陷在于不能有效处理经济发展过程中可能出现的技术退步问题。

2.2.3 效率与地区差距关系的研究

在早期研究中，有关经济增长因素的研究主要关注劳动、资本等要素投入，不过随着全要素生产率的提出及快速发展，相关研究者开始注意到除要素投入外的效率因素对经济增长及地区差距的影响，而地区差距影响因素的分析也主要集中在关注要素投入因素和关注效率因素两方面。

2.2.3.1　国外相关研究

20 世纪 90 年代中期以来，效率因素在解释地区差距上的重要性日益引起相关研究者的兴趣。在理论研究方面，伊斯特利（Easterly，1999）指出，经济发达地区较不发达地区资本的投入大，然而由于资本边际报酬递减属性的作用，发达地区资本报酬的增长速度却较不发达地区低，从而资本会从发达地区流向不发达地区，该流向也说明落后地区的资本并不匮乏，而缺乏资本并不是落后地区形成的真正原因；比尔斯、克雷诺（Bils and Klenow，2000）的模型分析指出，尽管人力资本是经济增长中不可或缺的因素，但该因素对经济增长的贡献较低，从而并不是引起地区差距形成的原因；基于此，除物质资本、人力资本之外，在经济增长过程中引起地区差距的因素只能从包括技术进步、制度因素、"社会基础设施"等内容的 TFP 入手（Hall Jones，1999）。在实证研究方面，川井（Kawai，1994）的研究发现，亚洲和拉丁美洲的经济增长存在差异的最主要原因还在于生产率的差异；克雷诺、洛迪古斯·克莱尔（Klenow and Rodríguez–Clare，1997）的研究不仅发现效率因素在解释地区差距方面的重要性，更是明确指出物质因素仅能解释的 3%，而以技术进步为代表的效率因素可解释这些差距的 91%；普雷斯科特（Prescott，1998）对新古典增长模型修正的分析表明，任何形式的资本（包括物质资本、人力资本、无形资本等）都不能有效解释世界经济的差距问题，从而效率因素必然能够给出解释；伊斯特利·莱文（Easterly Levine，2001）对 OECD 国家、拉丁美洲和东亚一些国家的分析表明，在国家之间收入和增长差异的解释上，TFP 比要素积累更为重要；凯格尔（Kögel，2005）使用改进后的"索洛余值"方法，并得出"余值"（TFP 或"效率"因素）对世界各国经济增长差异的贡献达到 87%。由此可以看出，上述研究者在地区差距问题成因和治理问题的分析上，已经对以 TFP 为代表的效率因素投入了较大关注，而理论与实证分析的结论也证实了效率因素在地区差距解释上的重要性。

2.2.3.2 国内相关研究

国内相关研究者在以效率和地区差距关系为主题的研究中，彭国华（2005）根据 1980 ~ 2002 年的我国省区面板数据，用索罗余值法测算了我国各地、各年度的 TFP 及其收敛情况，并将其与收入的收敛情况进行了比较，结果发现 TFP 解释了我国省区收入差距的主要部分。郝睿（2006）的研究则发现，在物质资本积累、效率改善、技术进步和人力资本投入这四个因素中，效率改善是唯一使得地区差距减小的因素，不过该因素的作用随时间的推移而不断减小。李静、孟令杰（2006）在估算中国省份 TFP 的基础上，分析了要素投入差异和 TFP 差异对地区差距的贡献度，分析表明 TFP 差异是中国地区差距的最主要原因。傅晓霞、吴利学（2006b）等指出了李静（2006）等的测算方法不符合中国实际，有高估 TFP 作用的可能性，但他们的研究依然表明 1990 年以来 TFP 的作用持续提高，并将在地区差距的解释中起着更为重要的作用；随后，他们的另一项研究基于随机前沿生产函数的地区经济增长差距的分析框架，将各地区劳均产出差距分解为资本差异、经济规模差异和全要素生产率差异，并认为全要素生产率是造成地区差异的重要原因，也是今后地区差异的主要决定力量（傅晓霞、吴利学，2006a）。石风光、李宗植（2009）基于 1985 ~ 2007 年我国 28 个省区的实证分析表明，全要素生产率是造成我国省级经济差距更为主要的原因。石风光、何雄浪（2010）指出全要素生产率和中国地区差距有着相似的空间分布，并且前者是导致后者产生的重要原因，而这一结果还表现出较强的稳健性。李国璋、周彩云（2010）通过对 1978 ~ 2007 年我国各省的 TFP 估算和分解，发现全要素生产率对地区差距扩大的作用不断提高，并成为未来地区差距的主要决定因素。综上，前述均证实了效率因素在解释地区差距问题方面的重要性，并且大多数研究也认为效率因素蕴含着地区差距治理的有效政策建议，从而为本书提供了重要立论基础；当然，这些研究中较少论述效率因素形成的原因及机制，从而缺少关于效率与地区差距问题的系统分析框架，也使得这些研究缺乏微观基础，因此从效率因素形成的微观基础出发、建立合理的分析框架、进而论证其与地区差距的关系是笔者研究的理想出路。

2.3　经济集聚机制的相关研究

著名空间经济学家藤田昌久曾撰文，将知识经济时代经济集聚的相应机制划分为经济关联（economic linkage，或简称为 E‑linkage）和知识关联（knowledge linkage，或简称为 K‑linkage）两类，并进一步指出，所谓"经济关联"是指厂商和消费者之间通过传统的商品和服务的生产与交易所形成的关系，而"知识关联"是指人们之间通过创造和传播知识所形成的关联（Fujita，2007）。根据该划分，笔者首先将从经济关联和知识关联两方面梳理相关文献，在此基础上，将进一步梳理效率集聚的相关文献。

2.3.1　经济关联视角下的集聚机制

空间经济学视角下，经济组织在空间布局上的集聚还是分散取决于相应集聚力与分散力之间的相互作用，相关研究者根据该思路开发了一些经典模型来反映该集聚与分散的机制，还有一些研究者则分析了形成"集聚力"与"分散力"的因素。

2.3.1.1　经典模型

经济关联视角下经济集聚的模型主要有两类：第一类模型的主要特征有：沿用克鲁格曼（1991）"核心—边缘"模型的思路，没有摆脱迪克西特—斯蒂格利茨的垄断竞争一般均衡分析框架，消费者的偏好用两个层面的效用函数来表示（工业品集合和农产品的消费用 C‑D 效用函数表示，多样化工业品的消费用 CES 效用函数表示），利用"冰山型"交易技术假设。第二类模型则放弃 C‑D、CES 效用函数和"冰山型"运输成本假设，使用准线性二次效用函数及线性运输成本，并将这些假设与第一类模型结合起来，摆脱了"核心—边缘"模型的非线性关系。这些模型的基本情况如表2.1所示。

表 2.1　　　　　　　　经济关联视角下经济集聚机制的经典模型

类型	名称	创立者	主要特征
第 I 类	核心—边缘模型（C-P）	克鲁格曼（Krugman，1991）	集聚力：本地市场效应、价格指数效应； 分散力：市场竞争效应； 人口流动； 无显性解
	自由资本模型（FC）	马丁、戈尔格（Martin and Rogers，1995）	资本流动； 资本的最终消费在其原来所在地； 有显性解
	自由企业家模型（FE）	奥塔维亚诺（Ottaviano，2001）和弗利（Forslid，1999）	人力资本与人力资本的所有者不可分离； 人力资本或企业家可自由流动； 无显性解
	资本创造模型（CC）	鲍德温（Baldwin，1999）	资本在区域间不流动，但其份额在空间上变化； 空间布局变化的关键在于资本的损耗与创造； 有显性解
	核心—边缘垂直联系模型（CPVL）	藤田昌久、克鲁格曼、维纳布尔斯（Fujita，Krugman and Venables，1999）	一个部门，投入—产出关系变成了横向联系； 集聚主要源于企业间的投入—产出联系； 无显性解
	自由资本垂直联系模型（FCVL）	罗伯特、尼古特（Robert and Nicoud，2002）	将资本的流动性和垂直联系结合起来； 资本的流动性是导致出现循环累积因果关系的必要非充分条件； 存在由于市场拥挤所产生的发散力，均衡状态一般不会退化； 政策分析比较复杂
	自由企业家垂直联系模型（FEVL）	奥塔维亚诺（Ottaviano，2002）	劳动力是唯一的要素； 两部门均从劳动力市场获得劳动力； 工业部门的所有企业均将其他企业的产出视为中间品投入； 具有较强的可操作性

续表

类型	名称	创立者	主要特征
第Ⅱ类	线性 FC 模型	奥塔维亚诺、田渊、蒂斯（Ottaviano, Tabuchi and Thisse, 2002）	资本与其所有者可以分离；资本的流动并不带来支出的空间转移；不存在价格指数效应，促进集聚的力量较弱；集聚的形成过程是渐近的，而不是突变的
	线性 FE 模型	奥塔维亚诺（Ottaviano, 2001）	资本具有人力资本的含义，并与其所有者不可分离；不同区域的价格水平成为影响资本所有者空间决策的重要因素；市场接近性优势来自前向联系和后向联系

资料来源：根据安虎森（2009）、殷广卫（2011）及相关文献整理所得。

综上，上述 9 个模型均从劳动力或资本的流动性等方面作出假设，通过短期均衡、长期均衡和稳定性分析等步骤，为认识经济活动集聚机制和政策工具选择提供了有效工具。当然，这些模型一个明显的缺陷便是缺乏对"智力社会"时期知识作用的考虑；再则便是由于忽视了时间维度，从而在仅考虑空间维度下的集聚形成变成"瞬间"行为，这显然与现实不相符（Ikeda and Akamatsu, 2012）。

2.3.1.2　影响因素

除了上述通过建模分析经济集聚的机制之外，还有诸多学者基于空间经济学中"集聚力"与"分散力"相互作用的分析框架，从不同角度分析了这些作用力的形式及作用方式。具体来说，相关研究中所关注的影响经济集聚的主要因素包括自然资源及环境（沃赫夫、尼克姆，2002；曾、赵，2009）、劳动力及其成本（范、斯塔克，2008）、交通运输（格斯巴赫、施米茨勒，2000；贝伦斯、盖格妮，2009；罗伯特、戴希曼，2012）、信息及不确定性（特罗佩亚诺，2001；Lovely、罗森塔尔，2005；荷加斯，2006）、公共物品（鲁斯，2004；芬格、欧利希，2009）、消费者偏好（柏和特、特里翁费蒂，2004）、贸易及一体化（阿米提、皮萨里德斯，2005；塞力斯，2010）、预期（鲍德温，2001；小山，2009）等。事实上，这些因素都可能从某种程度上影响了经济集聚及其形成，然而仅从这些研究便可看出影响集聚因素的复杂性和多样性，从而需要在空间经济学的

"分散力"与"集聚力"及其均衡的框架下,探索影响这两种作用力的更基础性的因素,使其不仅能"囊括"这些因素,还能比较简单地反映经济集聚形成的过程。

2.3.2 知识关联视角下的集聚机制

自《国富论》诞生以来的 200 余年中,随着对"规模与分工"之间关系的探讨,知识在经济发展中所起到的重要作用逐渐被发现和重视(沃尔什,2010)。与此历程相类似,空间经济学在阐释经济集聚机制的过程中,知识的重要性不仅得到了不断重视,并且形成了几个经典模型,而一些研究者还分析了知识对经济机制的影响方式。

2.3.2.1 经典模型

一般的,知识通过与物质因素相结合才能对经济发展起到作用,而某些知识的创造与发展似乎又可独立地推动经济发展,因此,知识关联视角下经济集聚机制研究的经典模型可按照其推动经济发展的方式亦可分为两类:第一类模型重点关注了知识与物质因素的结合,而第二类则视知识为独立的生产要素。知识关联视角下经济集聚机制研究的模型可简单列示为表 2.2。

表 2.2　　　　知识关联视角下经济集聚机制的经典模型*

类型	名称	创立者	主要特征
第 I 类	全域溢出模型（GS）	马丁、奥塔维亚诺（Martin and Ottaviano, 1999）	知识和技术溢出可以发生在不同地区的企业之间; 知识和技术的溢出强度不受空间距离的影响; 经济增长能改变经济区位,但长期均衡区位对长期经济增长没有影响
	局部溢出模型（LS）	马丁、奥塔维亚诺（Martin and Ottaviano, 2001）	考虑了空间距离对知识传播的影响,从而知识溢出具有本地化的特征; 内生的经济增长为集聚力,知识溢出为分散力,一体化既是集聚力又是分散力; 核心区经济增长可以补偿边缘区

续表

类型	名称	创立者	主要特征
第Ⅰ类	知识溢出双增长模型（KSDIM）	朱勇（1999）	从知识和技术积累所导致的外部性出发，构建经济增长的内生机制；基于区际交易成本同区际知识溢出的正向关联建模；经济区位与经济增长相互影响；经济起飞的突发性和经济增长路径的可调节性
	增长与集聚结合模型（GACM）	谭成文（2009）	建立了经济增长与经济集聚互动关系的研究范式；模型的机制为 R&D、经济增长、集聚、人口流动四者的互动；集聚并不总是朝着初始优势区域的方向进行；任一区域都努力发展成为核心区域，区域之间的博弈关键在于熟练劳动力比例
第Ⅱ类	知识创新与扩散模型（TP）	博里恩特、藤田昌久（Berliant and Fujita, 2007）	解释了知识创新和扩散如何进行及其产生的影响；强调"文化"对经济的作用；以知识创新为基础的内生增长；由静态分析转向动态分析

注：＊安虎森（2009）的《新经济地理学原理》一书中，将全域溢出模型与局部溢出模型划入第Ⅰ类经济关联模型中，但由于这两个模型涉及创新部门的技术溢出效应，因此，本书采用殷广卫（2011）的《新经济地理学视角下的产业集聚机制》一书中的划分方法，将这两个模型划入知识关联视角下的经济集聚机制。

资料来源：根据安虎森（2009）、谭成文（2009）、殷广卫（2011）及相关文献整理所得。

综上，知识关联视角下经济集聚机制相关研究的经典模型，为我们提供了诸多借鉴之处，如谭成文（2009）的研究不仅为我们提供了将经济集聚与经济增长结合的范式，还提供了知识因素与物质因素结合的方法，但该研究依然难以解决由于地理因素复杂性所带来的求解困难，从而只能运用计算机模拟方法；而博里恩特、藤田昌久（Berliant and Fujita, 2007）的研究中，对动态因素的处理方式值得借鉴，但该模型主要关注知识因素，从而对物质因素的关注与分析不足，从而与现实也存在一定差距。总之，将动态性、物质因素、知识因素交叉在一起进行研究显得十分必要。

2.3.2.2 影响方式

知识关联视角下经济集聚机制的研究中，相关研究者从不同侧面描述了知识对集聚机制的影响方式。具体来说，汉森（Hanson，1996）则认为"先驱企业"（pioneer firm）在企业区位选择中起着重要作用，并导致企业在不同地区集中；奥塔维亚诺、蒂斯（Ottaviano and Thisse，2002）对异质性劳动力与集聚关系的分析表明，非熟练劳动力不利于集聚，而熟练劳动力的影响不确定；莫里·图里尼（Mori Turrini，2005）指出劳动力"异质性"（heterogeneity）在区位选择中具有重要作用，并进一步指出在静态均衡中，高技术劳动力将自动集聚在总体技术水平和收入高的地区，而低技术水平的劳动力将集聚在总体技术水平和收入较低的地区；佩里（Peri，2002）则从年轻人的"干中学"与交流学习（统称为"学习外部性"）的视角分析了其行为对经济集聚的影响；图尔蒙德（Toulemonde，2006）认为工人对技能的投资是导致集聚的重要因素，具体作用机制为技能越高、收入越高、需求越高、对企业的吸引力越大，所以企业区位倾向于选择接近高技能工人的地方，从而经济集聚也得以形成；博里恩特、里德（Berliant and Reed Iii，2006）认为内生的知识搜寻导致了人口的集聚；郭和杨（Kuo and Yang，2008）的研究则正是知识资本及其溢出对地区经济增长具有促进作用。可以看出，在知识关联视角下经济集聚机制的研究中，研究者们从引起集聚的主体、载体及集聚的后果等方面进行了分析，并且表现出相对统一的逻辑思路，从而为本书分析知识对经济集聚影响的微观机制与机理提供了有益借鉴。

2.3.3 效率集聚及其形成机制

如前文所述，直接以"效率集聚"为主题或研究对象的研究比较少见，但我们依然可从集聚、集聚经济的相关理论与实证研究中，找到关于"效率集聚"及其形成机制的相关论述。

在传统经济理论中，经济活动空间分布差异往往通过资源禀赋、环境差异等因素来解释，而这些因素给当地带来的优势也相应地被称为"第一性"优势（施米茨勒，1999）。然而，该解释却并不能有效地解释为什么资源禀赋相近的地区却有着完全不同的经济和市场结构，甚至有些禀赋相似的地方却分别扮演着"中心"和"外围"的角色。后来，随着经济理论的发展，经济学家们逐渐认识到"循环累积效应"及"规模收益递增"成为促进经济活动集聚的重要力量，该优势也被称作"第二性"优势（施米茨勒，1999）。鉴于"规模收益递增"在经济活动空间分布差异方面的强大解释力，一些经济学家认为该因素也是解释经济活动空间分布差异的"核心因素"，该结论也被空间经济学中的"大众定理"（folk theorem）（斯科奇姆、蒂斯，1992）。至于规模收益递增对于经济集聚的重要作用及其机理，还需要了解与其紧密相关的另一概念——外部性（梁琦，2004）。

"外部性"的概念是由著名的新古典经济学家马歇尔（Marshall 1920）所提出，他指出经济集聚的三个基本来源：第一，劳动力市场共享，即劳动力和厂商的空间集聚能够有效满足劳动力供需双方的需求，从而有助于提高市场效率；第二，投入产出关联，即具备上下游关系的企业在空间上的集聚，能够有效满足上下游企业各自的需求，并且有助于降低运输成本和交易费用，从而提高经济效率；第三，知识溢出，即经济主体的空间集聚有利于面对面交流，进而促进知识与技术的交流和创造，从而提高经济效率。在马歇尔所提出的"外部性"概念的基础上，西托夫斯基（Scitovsky，1954）进一步将其区分为金融外部性（pecuniary externality）和技术外部性（technology externality），前者包括劳动力市场共享和投入产出关联两方面，并强调基于经济关联和价格机制从而降低企业的成本，后者则强调基于知识溢出和技术扩散的关联，从而影响企业的生产函数来实现。后来，金融外部性和技术外部性的提法被藤田昌久（2007）等人的经济关联（E - linkage）和知识关联（K - linkage）所替代，其实，藤田昌久（2007）等人的研究保持了这两种外部性的内涵，但对其外延却作了延伸，其中，经济关联泛指一切传统的经济活动所产生的关联，而知识关联则泛指知识和基础的交流及外溢所产生的关联。

随着新经济增长理论的兴起与发展，"外部性"的外延与内涵也得到了进一步拓展，并相继产生了 MAR 外部性、Jacobs 外部性和 Porter 外部性这三个相互联系且相互区别的概念。（1）所谓 MAR 外部性主要是指经济活动的集聚可以进一步减少雷同的研发活动，还可以发挥规模经济和提高纵向一体化程度，企业也可以更为容易地获得知识溢出，从而有利于生产率的提高；由于这种"外部性"的发现与发展过程中马歇尔、阿罗（Arrow）、罗默（Romer）等人的思想起到重要作用，从而也被称为"Marshall - Arrow - Romer"外部性（简称 MAR 外部性）；可以看出，MAR 外部性更加强调"专业化"的影响（格莱泽、卡拉勒，1992），从而也被称为"专业化外部性"。（2）所谓 Jacobs 外部性主要是指不同类型经济主体（企业、产业）的集聚，不仅有利于满足多样性的要求，还有利于方便不同行业的知识交流，尤其是不同行业之间的交流能够获得互补性的知识，从而有助于经济主体的创新搜索和创新实践；总之，Jacobs 外部性认为多样化更加有利于知识的流动、溢出和创新，从而也被称为"多样化外部性"（奎格蕾，1998）。（3）所谓 Porter 外部性是指经济活动地理集中有利于知识溢出，从而推动产业和城市增长；然而，该外部性强调竞争而不是垄断促进了创新活动的开展、实施与应用（Porter，1990）。可以看出，MAR 外部性、Jacobs 外部性和 Porter 外部性这三个概念均强调经济活动的地理集中所带来的成本下降或收益递增，但三者所强调的市场结构和行业类型又存在明显区别，如表 2.3 所示。

表 2.3　　　　　　　　　　　三种外部性概念的区别

市场结构		行业类型	
		多样化	专业化
市场结构	竞争性	Jacobs 外部性	Porter 外部性
	垄断性	—	MAR 外部性

资料来源：作者整理所得。

综上，随着外部性概念的出现与发展，后续的相关研究主要集中在各种类型的外部性是不是存在（吴建峰、符育明，2012），以及哪一种类型的外部性对经济集聚起着更为主要的作用（亨德森，2003；格里斯特、霍恩贝克，2010；张海峰、姚先国，2010）。事实上，这些研究都说明了一个基本事实：外部性与经济集聚有着密切关系，从而也为我们研究效率集聚问题提供了良好的切入点。然而，这些研究也存在一些不足，主要表现在：第一，对经济集聚的源泉和发生机制的理解出现了一定混淆，从而使得对相关经济集聚与集聚经济的研究进入了一定同义反复和循环论证的困境（迪朗东、普加，2005；格莱泽、戈特利布，2009），事实上，解决这一困境的主要思路还在于探究外部性的源泉和允许并重视发生机制过程中的"循环累积效应"；第二，经济集聚是多因素引发的结果，从而不仅包括上述研究中所重视的知识及其溢出情况，还包括许多其他经济性因素，从而将西托夫斯基（Scitovsky，1954）所区分的金融外部性与技术外部性结合起来论述便是更为理想的思路；第三，上述研究涉及收益递增、外部性、集聚与增长等众多经济学中的重要概念，然而却缺乏将这些概念统一起来的分析框架，因此，建立一个综合的分析框架来分析外部性、收益递增、集聚、增长、地区差距的关系及机制便显得十分必要。

2.4 研 究 述 评

经济增长的不平衡分布导致了地区间贫富差距的扩大，而地区间收入分布的不平均，无可置疑地成为当今世界最重要的事实（韦尔，2011），而对于地区差距这一随着时间发展逐渐形成并广泛存在于空间的经济现象，研究者们从经济增长理论和空间经济学视角作了大量研究并取得了丰硕成果，从上述相关研究成果的回顾中，我们至少可以得到以下结论与启示。

第一，应建立经济增长效率集聚对地区差距影响和作用的系统分析框架。前面对相关文献的回顾已经表明经济增长效率在解释与解决地区差距问题方面的重要性，从而为本书提供了重要理论基础；然而从目前的研究来看，不仅缺乏效率集聚及其形成机制的分析，也缺少关于效率与地区差距问题的系统分析框架，从而使得这些研究缺乏微观基础，因此从效率及其集聚形成的微观基础出发、建立合理分析框架、进而论证其与地区差距的关系是我们研究的理想出路。当然，前面对经济集聚机制相关研究的回顾表明，经济集聚的源头还在于马歇尔所论述的"外部性"，而外部性还有经济外部性与技术外部性之分，两者分别代表了实体经济增长中通过传统的商品和服务的生产与交易所形成的经济关联（E - linkage），以及通过创造和传播知识所形成的知识关联（K - linkage）两类，这两者共同的作用便可促成经济集聚的形成。随后而至的问题便是"外部性"从何处来？只有对此问题的解答才能找到经济集聚形成的源头或微观基础。除此之外的问题便是，经济集聚究竟如何影响经济增长和地区差距？由此可以看出，经济增长效率集聚与地区差距关系分析的研究框架至少应该包括以下几个因素：外部性的源头、外部性、规模收益递增、集聚、经济增长、地区差距等因素，如何理顺这些因素之间的关系，则需选择合适的研究视角和建立理想的研究框架。

第二，应该从时间维度与空间维度相结合的视角研究地区差距问题。地区差距问题是在经济动态增长中逐渐形成的、在地理空间上表现出来的经济现象，从而从时间与空间相结合的视角认识与分析该问题是全面、客观认识该问题的起点。但如前所述，在经济增长框架下，源于不同理论流派对经济活动的解释不同，经济增长理论中有关地区差距问题的研究主要集中在趋同问题的研究上，然而这些研究对经济体的空间相关性与空间互动的关注略显不足；在空间经济学框架下，基于传统于"CP 模型"和本地市场效应等理论的分析，具有不完全竞争、规模收益递增等一系列较为现实的前提假定等优势，但较为缺乏对"块状"特征形成中动态性的认识；在经济增长理论与空间经济学结合框架下，随着经济增长理论的发展与空间经济学的成熟，经济增长理论与空间经济学结合的理论成果也越来越丰富，但实证研究的缺乏却一直是这类研究的共同问题。可见，在地区差距问题的研究与分析上，经济增长理论缺乏空间维度、传统空间经济理论缺乏动态性、经济增长理论与空间经济学的结合缺乏实证检验已是这些研究中表现出来的明显特征。事实上，在认识到上述不足之处的同时，还需认识到空间经济学与主流经济学融合的成果提供了将空间维度与时间维度结合起来的理想方法、技术和模型，这些方法、技术与模型往往基于微观基础（劳动力、R&D 等），推导出了经济集聚与经济增长甚至地区差距，从而对我们建立经济增长效率集聚与地区差距关系分析的研究框架具有颇多借鉴之处。

第三，应科学选择经济增长效率与地区差距的测度方法与研究内容。从测度方法来看，经济增长效率测度的研究方法比较多，截至目前最新的研究方法为非径向、非角度的方向性距离函数 SBM 模型，该模型不仅考虑了经济增长中的资源与环境的双重约束，还对"坏"产出或"非期望产出"的处理方式比较理想，并且考虑到动态性，能将经济增长效率分解为技术变动、纯技术效率变动、规模变动、配置效率变动等不同组成部分，从而有利于分析各组成部分对地区差距的影响，但缺陷在于不能有效处理经济发展过程中可能出现的技术退步问题；对于地区差距的测度，关键还在于选择地区差距的分析指标与分解方式，从而有利于分析地区差距的具体组成部分，进而有利于得出治理该差距的有效措施。从研究内容来看，地区差距和经济增长效率有着相同之处，大多数研究集中于测度它们的历史变迁及现状，然而除此之外更为重要的问题还在于认识形成这两者的微观基础和影响因素，从而在进行测度和相关理论分析的基础上，对它们的组成部分进行详细分解、并检验这些基础性因素对它们的影响便是较为理想的分析思路；除此之外，在认识到现状及影响因素的基础上，对这两者时空演进的特征进行模拟、从而探索它们的发展方向，也是进一步认识问题和给出政策措施过程中不可或缺的一个环节。总之，基本情况测度、构成分解、影响因素、发展趋势分析，是本书实证部分的基本环节与主要内容，应当以合适的思路安排这些环节与内容。

综上，地区差距和经济增长效率集聚是在经济增长过程中动态形成的、广泛存在于空间的典型经济特征，建立从微观基础到宏观结果的分析框架、从时间与空间相结合的视角、选择合适的研究内容与研究方法，是科学、全面认识与解决该问题的理想选择。

第 3 章

经济增长效率集聚与地区
差距——一个综合框架

对于考虑空间维度的经济增长效率集聚与地区差距问题，地区差距无疑可被视为"结果"，效率集聚也相应地为中间环节，而本章需要探究的是效率集聚形成的起源、形成机制及其对经济发展的影响，以期获得"经济增长效率集聚"的来龙去脉，进而为本书搭建一个综合的理论框架。

3.1 总 体 框 架

正如本书文献综述部分所述，对效率集聚起源的研究脱离不了对经济集聚起源的认识。截至目前，关于经济集聚的起源，学术界主要有以下几种提法：

第一，资源禀赋说。传统经济理论中，经济活动空间分布的差异往往通过资源禀赋、环境差异等因素来解释，而这些因素给当地带来的优势也相应地被称为"第一性"优势（Schmutzler，1999）。然而，该解释却并不能有效地解释为什么资源禀赋相近的地区却有着完全不同的经济和市场结构，甚至有些禀赋相似的地方却分别扮演着"中心"和"外围"的角色；更为重要的是，仅用资源在空间上的差异解释经济活动在空间的不均匀分配，势必忽视了内生的社会经济力量，从而对经济集聚起源的认识必须另辟蹊径。

第二，技术进步说。集聚现象之所以引人注意和备受关注，最主要的原因在于集聚往往与经济增长联系在一起，集聚中心往往就是经济增长中心。在意识到该逻辑之后，一些研究认为推动经济增长的因素便是引起集聚的因素，而随着经济增长理论的发展，尤其是新古典经济学以来对经济增长源泉认识的不断深化，致使大多数研究认为技术进步是推动经济增长的关键因素，集聚的起源也由此被追溯至技术进步，从而技术进步也被认为是经济集聚的源头。

第三，外部性说。马歇尔（Marshall，1890）指出，外部性及由此产生的锁定效应（lock-in effect）是推动经济集聚形成的关键性因素，并认为与集聚形成相关的外部性主要有：劳动力市场共享、投入产出关联和知识溢出。由于外部性概念捕捉到了经济集聚现象是"滚雪球效应"的产物，从而一经提出便被广泛应用于经济集聚的分析，并被视为集聚的起源。在"外部性"概念的基础上，西托夫斯基（Scitovsky，1954）进一步将其区分为金融外部性（pecuniary externality）和技术外部性（technology externality），前者包括劳动力市场共享和投入产出关联两方面，后者主要包括知识溢出。不过，藤田昌久（2007）等人认为外部性的概念包括太多内容而不知所指，而"溢出"又包括太多的被动性，因此进一步将外部性的概念区分为经济关联（E–linkage）与知识关联（为K–linkage），前者泛指一切经济活动产生的关联，后者泛指知识和技术的外溢及由交流产生的关联，两者共同推动经济集聚的形成与发展。

第四，报酬递增说。随着迪克西特—斯蒂格利茨（Dixit Stiglitz，1977）垄断竞争模型（简称D–S模型）的建立，垄断竞争和收益递增能够顺利模型化，克鲁格曼（1991）基于此开发了著名的"核心—边缘模型"（CP模型），并进一步结合"冰山成本"、动态演化和计算机运用等手段，很方便地解释了经济活动的地理结构和空间分布是怎样在"集聚力"和"分散力"这两种作用力下形成的问题。由于CP模型对全球范围内城市化快速推进和大都市迅速成长而乡村地区人口锐减等经济现象有着强大的解释力，从而在问世伊始就受到了广泛关注，而作为模型关键机制的报酬递增也随之成为解释经济集聚的必要条件（藤田昌久、蒂斯，2004）。

对于上述关于集聚起源的四种解释，资源禀赋说仅重视"第一性优势"的作用而将经济社会因素从研究视野中排除，并且不能有效解释经济集聚现象，这综合导致该说法的解释力比较有限。对于技术进步说，事实上，技术进步是技术外部性的重要构成，从而应纳入外部性的框架。至于规模收益递增说和外部性说，相关理论分析已基本达成以下共识：第一，经济关联（E–linkage）与知识关联（为K–linkage）是外部性的基本内容；第二，经济关联和知识关联通过收益递增机制带来效率的集聚（董林辉、段文斌，2006）；第三，分工是规模收益递增和外部性的源头（何志星、叶航，2011）；第四，外部性和收益递增机制综合导致了效率集聚的产生，从而效率集聚可被视为外部性和收益递增的客观结果；第五，由于效率集聚所带来的以收益增加和成本降低等为核心内容的"集聚经济"（藤田昌久、蒂斯，2002；克鲁格曼，2011），会进一步因"循环累积因果关系"增加对分工的需求进而推动分工的进一步深化。总体来讲，分工是经济集聚的源头，而外部性和报酬递增不得不是分工与经济集聚之间的作用纽带，而效率集聚则是客观结果。基于此逻辑，经济增长效率集聚形成的路径可概括为图 3.1。

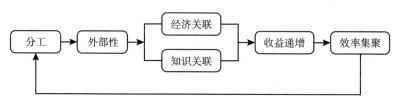

图 3.1　经济增长效率集聚的形成路径

图 3.1 所示的便是从效率集聚的起源到效率集聚形成的逻辑关系，需要说明的是：其一，图 3.1 仅表示出了关键环节，而各环节的形成及作用机制还有待我们进行深入阐述；其二，图 3.1 并没有列示一些环节中复杂的因果关系，这有待我们经过详细分析之后才能说明；其三，图 3.1 并不能清晰地反映出经济集聚与效率集聚形成机制的区别，从而后续相关阐述中还需作进一步区分。

3.2　效率集聚的起源

正如前所述，关于效率集聚的起源，相关研究已经证实，分工与技术进步之间具有相互促进、互为因果的循环累积因果关系，而分工比技术进步更具根源性（汪斌、董赟，2005）；再者，分工也被证实分工是规模收益递增和外部性的源头（何志星、叶航，2011）；因此，关于效率集聚的起源理所当然可追溯至分工。基于此，本节将在回顾相关分工理论演进的基础上，进一步廓清分工的类型与本质，从而深化对分工作为经济增长效率集聚起源的认识。

3.2.1 分工理论的演进

一般来说，关于分工在经济学中的系统论述至少可追溯到亚当·斯密，他认为分工是经济生活中的核心现象，并在其经典著作《国富论》中重点论述了分工的作用，也由此奠定了分工在经济学中的重要地位（亚当·斯密，1776）。亚当·斯密认为，国民财富增加的原因主要为生产性劳动者人数的增加、劳动熟练程度和技巧的增进，而劳动熟练程度和技巧的增进"似乎都是分工的结果"。此外，亚当·斯密明确指出"分工受市场范围的限制"，这也被相关研究者称为"斯密定理"，也就是说，只有当对产品与服务的需求随着市场范围增长到某一程度时，专业化的生产和分工才能实现，而当市场范围超过一定限度后，协调成本的上升会使分工的好处也受到限制。从上述亚当·斯密的论述中我们至少可以看到：其一，分工对生产率的提升具有重要影响，从而规模报酬递增而不是递减更符合现实，进一步地，必须谨慎对待直接套用主流经济学分析框架的方法；其二，对市场范围的强调说明亚当·斯密的分工理论考虑到了空间对经济发展的影响；其三，分工带来的好处与协调成本之间的权衡成为空间经济学中报酬递增与运输成本权衡的最初思想来源。

继亚当·斯密之后，大卫·李嘉图以亚当·斯密的地域分工理论为基础提出了著名的"比较优势"理论，该理论解释了如何有效地、经济地分配劳动资源以形成生产力合理布局的问题。需要指出的是，大卫·李嘉图通过将环境因素弱化为土地生产力的差异，从而有效地将空间因素从主流经济理论中驱逐出去（埃克隆、赫伯特，1999），自此及以后相当一段时期，相关经济理论体现出缺乏空间维度的明显特征（藤田昌久、蒂斯，2004）。后来马歇尔、萨缪尔森等人的研究主要以资源配置为主题，从而使分工与空间游离于主流经济学之外（杨小凯，2002）。

后来，阿林·杨格（1996）的《报酬递增和经济进步》一文又以分工为主线对亚当·斯密的分工与市场理论进行了拓展，他认为分工主要包括个人的劳动分工、迂回式生产和中间产品在生产链中的不断发展，并认为现代生产中显著的迂回生产本身就是分工不断拓展的产物。可以看出，杨格已经从分工的内涵去探究分工发展的原因，并阐明了市场规模和技术进步都是内生的而不是外在约束，亦即"分工一般地取决于分工本身"的核心观点，从而从整体上否定了新古典经济学"报酬递减规律"的作用，也超越了亚当·斯密关于分工受市场范围限制的思想。随后，新兴古典发展经济学认为，人们知识经验的增加和生产率水平的提高能促进专业化和分工水平的提高，而专业化和分工水平的提高又能进一步提高生产率水平，由此形成分工与生产率提升的良性互动，进而带来经济的起飞与发展（杨小凯、黄有光，2000）。时至 20 世纪末，克鲁格曼（1991）等人认为，报酬递增是空间经济学框架下"集聚力"的重要组成部分，而报酬递增显然源于分工且在某种程度上需要借助经济活动在地理上的集中来实现，从而分工不仅作为报酬递增的源头自然地被引入了空间经济学框架，也成为空间经济学微观基础的重要组成部分。

上述对分工理论及其演进的回顾表明：第一，无论亚当·斯密还是后来分工理论复兴与发展的推动者，都强调了分工在鼓励技术创新、提高生产率、降低成本和扩大市场容量等方面的重要作用，这些内容与本书所界定的"经济增长效率"具有内在一致性；第二，随着相关理论的发展，分工被纳入空间经济学的视野，并构成了经济集聚的重要微观基础；上述两方面的结合就成为我们分析经济增长效率集聚的逻辑起点。

3.2.2　分工的类型

随着经济社会的发展及人们对分工认识的不断深化，目前关于分工的各种概念层出不穷，如劳动分工、产品分工、产业分工、价值链分工、地域分工、国际分工等，面对这些相互区别又相互联系的概念，一个基本的问题便是如此多种类型分工之间的关系是什么？事实上，关于分工类型的这些提法均关注了分工在现实经济世界中的表现，而理论界对分工类型的界定主要有以下两种提法：

第一，劳动分工。劳动分工是亚当·斯密提出的关键概念，他以裁缝和鞋匠为例说明了劳动分工与专业化带来的好处，并指出正是由于分工有利于专业化生产从而能够提高工人的熟练程度，能够节省工种转换所需要的时间，能因专门从事某项工作从而有利于改良劳动工具和发明机械，这些优势均使劳动生产率得以提高、经济社会得以快速发展。斯密还指出个人在经济生活中只考虑自己利益，但受"看不见的手"驱使，即通过分工和市场的作用，可以达到国家富裕的目的（葛扬、李晓蓉，2003）。正是由于劳动分工和专业化的巨大作用，人们将国民收入的增长和经济的发展大多归功于分工和专业化，而劳动分工也被认为是各种分工的本质与基础。

第二，知识分工。知识分工是哈耶克（1937）在其具有里程碑意义的《经济学与知识》一文中所提出的，他认为正是由于知识分工才使得到特定"角落"发掘并获得新知识成为可能，并进一步指出经济学的核心不是亚当·斯密的以达到"帕累托有效"资源配置的"看不见的手"的作用问题，而是如何协调知识分工中具有互补知识劳动者的经济活动以达到人类知识整体的有效运用问题。基于此，哈耶克认为"知识分工"是比亚当·斯密所提出的劳动分工更为本质的经济学问题。后来贝克尔、墨菲（Becker and Murphy，1992）进一步指出劳动分工和专业化所带来的收益主要是源于知识分工积累效率的提高，也就是说，企业知识分工的本质原因还在于达到积累效率和单位成本的经济性。

3.2.3 分工的本质

在对分工类型作出划分的基础上，由此而来的问题便是上述两种对分工本质的认识中哪一种更为客观呢？由于分工是生产活动中的经济现象，从而厘清该问题的理想思路也是从分工在生产经营过程中的作用入手。具体来说，生产经营活动必须投入劳动力、资本、劳动工具等基本要素，劳动力通过学习和积累成为知识的重要载体，资本通过与知识的相互追逐、相互改造并使知识在投资中的比重越来越高，劳动工具则明显为人们认识和改造自然的基本产物和具体体现，由此可见，生产过程中的劳动力、资本、劳动工具等都统一于知识，它们都承担着知识"载体"的角色。再者，哈耶克等人的研究早已说明了知识分工是更为本质性的因素，基于此，可以认为分工的本质是知识分工。在现实经济世界中，经济组织中劳动分工和知识分工并存，那么又该如何解释该现象呢？事实上，这就需要区分分工的本质与分工的操作标准之间的关系。在经济实践中，最初往往以生理、资源等基础条件作为分工的标准，需要指出的是，对劳动力生理条件、资源禀赋的认识往往伴随着知识的影子，而随着生产力的发展，劳动力后天的知识存量在分工中的作用愈来愈明显，从而可以认为知识分工是劳动分工的新阶段。由于经济社会中的生产力水平并不整齐划一，从而不同部门分工时所采用的标准并不一致，也就出现了劳动分工与知识分工并存的局面。

在厘清劳动分工与知识分工关系的基础上，另外一个不得不解答的问题便是知识分工作为更本质性的因素，其与其他类型分工之间的关系如何？对于此问题，可行和理想的路径便是通过生产的本质过程来说明。美国著名战略学家波特（2005）认为，企业生产经营活动过程便是价值创造的过程，而这一系列价值创造的过程便构成了整个价值链。为了完成该价值链上的价值创造工作，分工也从最原始的工厂分工逐步演化到现在的企业内分工、产品分工、产业分工，进而演化到整个价值链分工，这些分工仅是知识分工的具体表现形式。再者，当考虑到空间因素时，也就产生了地域分工（国际分工也是地域分工的一种）之说。总之，价值链分工是知识分工的深化，地域分工是知识分工的广化，它们都统一于知识分工。

通过上述分析我们发现：其一，分工是经济集聚的源头，而外部性和报酬递增是分工与经济集聚之间的作用纽带；其二，分工是经济增长效率形成的基础，也是空间经济学的逻辑起点，从而也是效率集聚的起源；其三，分工的本质是知识分工，而劳动分工与知识分工都是现实经济世界中分工的表现形式，二者共同成为效率集聚形成的基础。

3.3　经济增长效率集聚的形成机制

3.3.1　劳动分工、经济关联与外部性

3.3.1.1　劳动分工与经济关联的产生

亚当·斯密（1776）的研究指出了一个基本经济事实，即"没有成千上万人的帮助与合作，一个文明国家里微不足道的人，即便按照他一般适应的舒服简单的公式也不能够取得其日用的供给"，由此可见，亚当·斯密认为，分工是个人效用最大化的组织方式，也是"人类互通有无、物物交换、相互贸易的倾向所缓慢造成的结果"，亦即交换是分工产生的原因，分工是交换的结果。事实上，一切分工都是社会生产力发展的结果，而亚当·斯密将交换视为分工产生的原因也就颠倒了因果关系，但他所强调的交换的发展对分工的作用无疑具有进步意义。随着社会生产力的发展和交换形式的变迁，分工的组织边界从最原始的工厂分工逐步演化到现在

的企业内分工、产品分工、产业分工，进而演化到整个价值链分工，该进程使得分工从组织内部逐步演化为社会分工，使分工的深度得以发展；伴随着上述进程，分工的地域范围也从地区分工逐步扩大到国内分工和国际分工，从而使分工的广度得以拓展；不论分工深度的发展还是分工广度的拓展，都使得组织之间、区域之间的经济关联程度得以深化，因此，经济关联的有序运行不能不是上述逻辑成立的前提条件（安虎森，2009）。那么，经济关联有序运行的条件又是什么呢？事实上，经济关联有序运行又以亚当·斯密所强调的"得自贸易的收益"的实现为基础（齐讴歌、赵勇，2012），而该收益实现的关键还在于市场需求规模与市场交易规模相等，亦即保证潜在的市场能够顺利转化为现实市场。

3.3.1.2 经济关联与外部性的形成

在潜在市场向现实市场转化的过程中，地理距离过大无疑加大了该转化的交易费用，因此，要素、企业、产业等在地理上的集中便成为降低交易费用的必然选择。当然，这些经济集聚也并非资源在空间上的随机"堆砌"，而是在分工价值链上纵横交错联结的有机整合，而这些有机整合和经济集聚无疑将产生以下几方面的效应：其一，交易费用下降效应，上述经济集聚的形成有利于交流、谈判与协商的进行，从而在推动生产价值链上工序之间、部门之间、企业之间、地域之间协作的同时，降低了包括交通成本在内的交易成本和协调成本，并成为推动分工进一步发展的重要力量；其二，市场范围拓展效应，上述经济集聚的形成，会促使大量相同或者相关产业产生强烈的需求联系，特别的，当集聚达到一定规模之后，将会产生进一步的分工需求，某一工序或环节逐步演化为单一的部门甚至是企业，从而使市场范围进一步扩大；其三，生产率提升效应，上述交易费用降低机制和市场范围扩大机制，都有利于推动分工和专业化程度的进一步发展，而该发展将至少通过亚当·斯密所强调的提高熟练程度、节省工种转换所需要的时间、专门作业有利于改良工具和发明机械等机制提高生产效率和资源配置效率。总之，经济集聚的形成，在不扩大空间距离的情况下，能够产生交易费用下降、市场范围拓展和生产效率提高三方面的效应，进一步，交易费用降低效应和市场范围拓展效应与藤田昌久（2007）所定义的成本外部性具有内在的一致性，而生产效率的提升是夏洛、迪朗东（Charlot and Duranton，2004）所界定的技术外部性的重要组成部分，因此，成本外部性和技术外部性是劳动分工所推动的经济关联的必然结果。

3.3.2　知识分工、知识关联与外部性

按照冯·哈耶克（1937）的知识分工理论，知识分工单元至少具有以下两个特征：其一，分立性，即每个知识分工单元所掌握的知识或多或少会具有一定的差异，但他们均面临对这些差异性知识的利用和发展问题；其二，互补性，即促成具有分立性知识的分工单元之间的协调，使之与经济活动协调一致进而实现对片段知识的有效利用。知识分工在效率集聚的形成过程中起着重要作用，其具体作用机制为：

3.3.2.1　知识分工与知识关联的产生

由于知识分工单元的分立性，那些对技术创新和知识积累至关重要的外部知识在空间往往是分散的，但知识创造和积累的过程往往要求具有分立性知识的主体在空间上临近，特别地，面对面交流被认为是知识创造与积累的更为有效途径，从而知识单元在空间上的分散分布并不利于知识的创造和积累。按此逻辑，如何促成拥有不同知识的个体或机构之间的协作不仅是提高知识创造与积累效率的必然要求，也成为这些个体或机构的内生需求。在此要求和需求的作用下，首先，大量拥有不同知识的个体或机构将会加强彼此之间的交流与互动，这种交流与互动在客观上促成了知识的联合与补充，也促成了知识分工网络在特定空间上的形成；其次，知识分工网络的发展与形成客观上在各主体之间建立了一个共同创新的知识资源库，从而为各相关主体的知识积累与创新提供了一个良好的平台，也使各知识主体之间的联系更为密切；最后，在知识资源库的建立和创新平台形成的基础上，为使知识交换的方式与平台更为专业化、更有效率，多样化的知识需求主体和知识供给主体在中心区域的集聚便应运而生（Berliant and Reed，2006）。总之，不论知识资源库的建立还是知识集聚中心的出现，都促进了知识的溢出和扩散、降低了知识扩散和应用的成本，也使知识创造、溢出和积累的机构和功能在演化中得到完善，在客观上促进了知识关联的形成与发展。

3.3.2.2　知识关联与外部性的形成

上述知识分工与知识关联的形成及知识资源库的建立、集聚中心的出现，无疑将产生以下几方面的效应：其一，专业化效应，知识资源库的建

立和集聚中心的出现，有利于知识主体在更大范围内、更大规模上实现知识的分工与协作，从而使知识主体的专业化程度得到提高，也能够在加快知识创造与积累速度的同时减少雷同的研发活动；其二，多样化效应，不同类型知识主体的集聚，尤其是较大规模的集聚，为不同领域人员之间的交流创造了机会，而拥有分立性、差异化知识的主体通过搜寻"搭档"推动了更具生产力的新知识、新思想和新方法的产生；其三，竞争效应，由于知识资源库和集聚中心的存在及知识的部分排他性和非竞争性，上述专业化知识与多样化知识的产生无疑能够使这些知识主体和创新主体获得"垄断利润"，受该垄断利润的激励，集聚中心的相关主体之间很容易进入一种相互竞争、相互促进的氛围，从而在竞争与促进中推动创新活动的开展、实施与应用。总体来说，知识关联及由此产生的专业化效应、多样化效应和竞争效应，一则有利于创新搜索和创新实践，并最终推动效率的提升（Glaeser and Kallal，1992；Quigley，1998）；二则通过强化不同知识主体之间直接或间接的交流与互动进而形成交流外部性（夏洛、迪朗东，2004），而这种交流外部性是技术外部性的重要内容；三则在客观上有利于以交易费用较低为主要内容的成本外部性的形成。

3.3.3 外部性与收益递增的出现

源自经济关联、知识关联的成本外部性、技术外部性与收益递增之间，将会通过共享、匹配、循环累积因果关系等机制形成相互促进的关系（迪朗东、普加，2001）。

3.3.3.1 成本外部性与收益递增机制

在上述劳动分工、知识分工及由此产生的经济关联效应、知识关联效应的作用下，收益递增的产生将是必然结果，具体机制为：其一，匹配机制，劳动分工及由此产生的经济关联，有利于形成一个异质工人和企业用工需求之间的劳动力市场，而劳动力市场的形成一则使劳动力的供需之间能够较好地匹配，二则通过减少劳动力供需双方之间的搜寻摩擦，降低用工过程中的交易费用；事实上，经济关联越紧密、劳动力市场越大、所节省的交易费用也越可观，从而劳动力的搜寻与匹配机制成为形成收益递增的渠道之一。其二，共享机制，经济关联及由此产生的市场范围扩大机制，有利于推动经济集聚区中间产品和公共设施等的建设，进而使得经济集聚与中间产品和公共设施共享之间建立相互促进关系，并最终推动经济集聚区总体上呈现收益递增的特征。其三，循环累积因果关系，经济关联及由此产生的成本外部性使大量相关企业与产业在特定区域集聚，通过产业之间的前后向关联、本地市场效应和循环累积因果关系等机制的作用，使得该集聚一旦形成便将持续存在下去，并在总体上呈现出收益递增的特征。

3.3.3.2　技术外部性与收益递增机制

源自经济关联与知识关联的技术外部性，亦将通过匹配、共享、循环累积因果关系等机制产生收益递增效应。其一，匹配机制，由于知识关联的作用，知识资源库和集聚中心得以形成，而这两者推动了拥有异质性知识的主体集聚进而加大了知识的差异化；与此同时，一些提高知识交换效率的机构也得以形成，从而有助于提升异质性知识匹配与对接的效率；不论知识差异化程度的提高还是相应机构的出现都推动了收益递增机制的形成。其二，共享机制，由于知识的非竞争性和部分排他性，一些排他性较低的基础知识可以在集聚中心较为容易地共享，而随着知识的更新，这些基础知识也能够较快地得到升级和更新；对于排他性较高的专业知识，源于知识关联的知识资源库能够促使相关人员之间的分工、合作与协调，在提升知识创造效率的同时，提高了集聚中心的知识溢出水平，进而推动收益递增的形成。其三，循环累积因果关系，一般的，集聚中心具有较高的知识积累量和多样化的知识分布，这些有利于知识创造个体的学习和自身技能的发展，从而使这些人员的工资水平和工资议价能力得以提升，进而激励知识主体进一步提升知识和人力资本积累，这在客观上加速知识创造效率的同时，建立了知识创造的循环累积因果机制，进而有利于实现知识创造的收益递增。

3.3.4　从分工到效率集聚的总体机制

上述"分工—关联—外部性—收益递增"的基本传导渠道中明显包括以下因素：

第一，技术进步。从劳动分工来看，劳动分工及由此产生的交易费用降低效应、市场范围扩大效应和生产率提升效应，正是技术进步的重要来源和体现。从知识分工来看，知识主要由大学、科研院所、企业研究中心等机构在集聚中心生产，而集聚中心的专业化效应、多样化效应和竞争效应，使知识的生产和技术进步的渠道更为畅通；当然，经研发合作、面对面交流等知识创造、溢出、积累的过程和共享、匹配、循环累积因果机制的作用，技术进步最终能够形成产生、流动、落实和强化的循环。

第二，资源配置。随着分工的深化与广化，现实经济世界中微观的要素配置、中观的中间品调度和宏观的产品生产，都具有明显的基于劳动分工配置资源进而实现利润最大化的影子，而市场范围的扩大也成为基于劳动分工进而实现资源优化配置的有利平台。再者，知识分工的发展，使得微观的要素能够充分发掘、强化与利用各自的特长，不断开发出一些满足市场需求且能方便交易与协调的新技术、工具与设备，从而为资源配置的优化提供技术保障。当然，随着分工的发展与推进，市场范围的扩大与技术进步将进一步结合，这不仅使各种以强化合作、降低交易费用为目的的组织和交易平台能够出现，还为资源供求双方需求的匹配提供便利，更为资源的合理和优化配置提供了一个更为有效的途径。

第三，规模经济。首先，劳动分工及由此产生的交易成本降低效应和市场范围扩大效应，通过推动中间投入品、公共设施和劳动力匹配降低了货物的运输成本和劳动力的流动成本，这些都是规模经济的典型利用与表现。其次，知识分工及其发展使得知识创造的专业性得以提升，知识创造与积累的效率得以提高，而人与人之间的交流、熟练劳动力和企业家流动等渠道使技术外部性效应能够更为容易地被获取，这些因素的作用不仅有利于形成最佳规模，还有利于推动规模的有序演进。当然，劳动分工与知识分工之间的协调，还通过经济组织中各要素的配置推动规模经济的实现。

第四，循环累积因果效应。上述从分工到收益递增的作用机制就是一个循环累积因果关系的"集合体"，该机制中存在劳动（知识）分工与经济（知识）关联之间、经济（知识）关联与成本（技术）外部性之间、成本（技术）外部性与收益递增之间、收益递增与效率集聚之间、效率集聚与分工之间等几方面互为因果、相互促进的循环累积因果关系，并最终建立分工与效率集聚之间的"正反馈系统"。当然，分工与效率集聚之间的正反馈系统并不是永无止境、永远循环反复的，个别环节会因市场范围、政策变动、自然条件、心理预期、偶然因素等条件的限制，可能打破这种循环，而相应条件的改善又使得被打破的循环得以继续，并最终使得上述机制得以延续和扩展。

综上，从分工到经济（知识）关联、外部性、收益递增的作用机制中，不仅体现着技术进步、资源配置、规模经济等本书所界定的效率及其变

化的因素，还具有循环累积因果关系、空间集中等集聚性的因素，而这两者
的综合作用无疑构成了效率集聚的形成与传导机制，具体如图 3.2 所示。

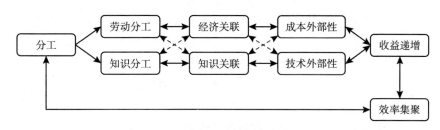

图 3.2　经济增长效率集聚的形成机制

如图 3.2 所示，经济增长效率集聚源于包括劳动分工和知识分工两部
分内容的分工与专业化，这些分工会进一步推动经济关联和知识关联的产
生，这两种关联则促使成本外部性与技术外部性的形成，而外部性又成为
收益递增出现的动力，由于该机制中体现着明显的技术进步、资源配置、
规模经济、循环累积因果关系等因素，从而共同构成经济增长效率集聚的
关键形成机制。

3.4　经济增长效率集聚的经济影响

对于经济增长效率集聚的经济影响或者说经济效应，一则可从效率及
其集聚对经济增长的作用方面来说明，二则可从效率集聚的空间属性来说
明其对各区域经济增长的影响，最后需说明经济增长与地区差距的关系。

3.4.1　效率集聚与经济增长

在效率集聚对经济增长的影响上，我们首先必须对效率集聚的类型作
一区分。一般地，根据集聚的形式不同，效率集聚亦可被区分为专业化集
聚与多样化集聚两种类型：其一，专业化集聚，当企业因同一产业内众多
企业集中而使得平均成本降低时便产生了专业化集聚；在这种情况下，在
空间上集中的众多企业因生产特定类型的产品形成了专业化生产，从而也
容易获取马歇尔所述的劳动力市场共享、投入产出关联和知识溢出等外部
性。其二，多样化集聚，即相关企业因不同产业在特定空间的集聚所获益

时便产生了多样化集聚；在这种情况下，相关企业所获得的外部收益是来自雅克布（Jacobs）所说的易满足偏好多样性和便于不同行业知识交流的跨行业集聚经济。正是基于对效率集聚形式的区分，结合知识及其溢出在现代经济增长中的根本性作用，后来相关研究者也提出了基于专业化集聚的 MAR 溢出和基于多样化溢出的 Jacobs 溢出，并阐述了知识溢出的具体机制——技术池假说和吸收能力假说（迪朗东、普加，2001）。具体来说，技术池假说认为多样化集聚能够为企业的技术创新提供更多的技术机会，在此过程中，Jacobs 溢出能够使企业以较小规模、较低成本搜寻最佳生产流程，而随着企业技术的成熟和规模的扩展，不得不面临新的选址机会，此时的专业化集聚能使企业获得更多的 MAR 溢出，也使生产成本能够降低；吸收能力假说则认为 R&D 活动能够使企业的创新能力和吸收能力同时提高，尤其是吸收能力的提高有利于知识的扩散和溢出。由此可见，效率集聚与知识溢出有着内在的统一性，而知识溢出以及由此产生的技术进步几乎涵盖了经济增长的全部来源，并成为所有来源中最重要的来源（殷广卫，2011）。

再从集聚与经济增长的直接研究来看，空间经济学的相关研究中，鲍德温、马丁（Baldwin and Martin，2003）的研究则侧重从资本要素流动及其由此带来的人力资本、实物资本和知识资本在相应地区的积累方面，得出了增长与集聚的关系依存于资本流动的基本结论；藤田昌久、蒂斯（2003）的研究则从熟练工人迁移和研发部门的作用两方面入手，构建了区域经济的内生增长模型；马丁、奥塔维亚诺（Martin and Ottaviano，2001）；山本（Yamamoto，2003）的研究则建立了增长与集聚的垂直关联模型，并认为同质制成品的生产需要差异化的中间品投入，创新部门使用制成品进行设计，其设计又作为差异化中间品生产的投入，从而中间品部门与创新部门之间的垂直关联，使得经济增长与集聚之间存在循环因果关系。由此可见，有关集聚与经济增长的研究中，相关研究者已经认识到经济集聚中知识流动、创新等推动效率提升的因素及其作用，其中，经济集聚有利于企业之间或者企业与其他机构之间通过垂直或者水平的联系进而获得溢出收益，而内生增长理论则证实了这些溢出对经济增长的重要作用，从而效率集聚与经济增长之间必然表现出明显的相关性。当然，随着理论的演进，西科恩、霍尔（Ciccone and Hall，1996）；奎（Quah，1996）；阿尔比亚（Arbia，2004）；米特拉·萨托（Mitra and Sato，2007）等经验检验也证实了集聚与增长之间的正向关系。

综上，由技术进步、合适规模、资源配置及循环累积因果关系等构成的效率集聚对经济增长具有重要影响，效率集聚有利于技术进步和降低创新成本进而推动经济增长，而经济增长又通过鼓励创新进一步促进了效率集聚，从而使效率及其集聚逐渐成为理解现代经济增长的关键性因素，甚至可被视为所对应地理区域上的经济增长（Fujita and Thisse，2004）。

3.4.2 效率集聚与地区差距

对于集聚与地区差距的关系，本书文献综述部分已说明了空间经济学框架下的两条研究路线，即 CP 模型与本地市场效应下的地区差距，该部分我们也将从这两方面分析效率集聚与地区差距的关系。

首先，在 CP 模型框架下，"中心"—"外围"格局的形成过程中，在市场接近效应、生活成本效应所形成的"集聚力"和市场拥挤效应所形成"分散力"的作用下，当然，该过程中肯定存在资本、劳动力等要素的流动。事实上，国与国之间的资本、劳动力等要素的流动比较有限，但在一个国家内部，各地区之间的劳动力流动是比较自由的，甚至是完全流动的，因此，当不发达地区的劳动力尤其是熟练劳动力流向发达地区时，不仅给流入地提供了劳动力要素，还有助于产生因知识分工所形成的知识关联、技术外部性并由此形成收益递增机制进而推动经济增长，从而劳动力、资本等生产要素流入地的经济增长较快，而流出地的经济增长表现则较为一般。

其次，从本地市场效应来看，由于本地市场效应的存在，不仅在当地存在较大的市场需求，还会进一步吸引资本、劳动力等要素的流入，而该流入则会因要素的集聚而形成以生产效率的提升、经济增长速度的加快等为具体表现的集聚经济。在该集聚经济效应的作用下，发达地区的经济增长效率会进一步提高、市场规模会更大、经济增长速度会更快，这又会进一步吸引落后地区的要素流入，从而集聚经济效应又会进一步提高，最终会在发达地区形成要素流入、集聚经济效应明显、经济增长的良性循环，而欠发达地区则因要素流出、集聚经济效应欠缺、经济增长缓慢的恶性循环，从而发达地区与欠发达地区之间的差距愈来愈大。

在上述 CP 模型框架与本地市场效应两方面对地区差距的解释中可以发现，其一，资本、劳动力等要素的流动不仅符合现实，并且对上述机制的形成与运行起着重要作用；其二，鉴于效率及其集聚在现代经济增长中的重要作用，起源于分工的效率集聚也会因上述要素的流动而加快"中心"—"外围"结构的形成，也会使该结构更为稳定。当然，上述机制形成与运行过程中不得不解释的一个问题是：究竟是什么因素导致最初的"中心"与"外围"的形成？该问题的解答不得不提及施穆茨勒（Schmutzler，1999）所提出的包括资源禀赋、环境差异等内容的"第一性"优势，也包括循环累积效应所形成的"第二性"优势；当然，也避免不了藤田昌久、克鲁格曼（2011）等人所提出的"偶然"因素、历史因素的作用；而在中国具体的国情下，政府政策则起着重要作用（林毅夫、刘培林，2003；陈建军、黄洁，2008）。

根据上述论述，空间经济学视角下地区差距的形成机制可表示为图3.3。

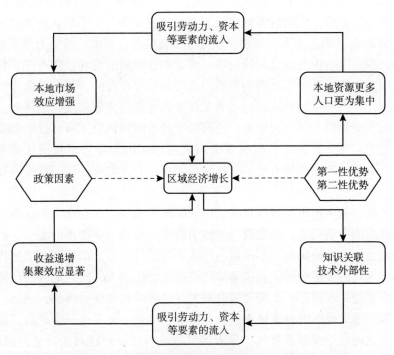

图3.3 空间经济学视角下的地区差距形成机制

如图3.3所示，"第一性"优势、"第二性"优势明显的地区加之政策性因素的作用，因本地市场效应和收益递增效应的作用，以及要素的流动，使得该区域经济快速发展，其与落后地区的发展速度差异明显，地区差距逐步呈现。

3.4.3　效率集聚、经济增长与地区差距

前面我们已经论述了效率集聚对经济增长和地区差距的影响，由此而产生的问题有：其一，经济增长及地区差距同为效率集聚的结果，二者之间的关系如何？其二，效率集聚有没有临界点，或者说效率集聚会不会永远持续下去？

对于效率集聚是否存在临界点问题，若不存在临界点，那么效率集聚及其对经济增长和地区差距的影响也将不会体现出阶段性的变化；也就是说，效率集聚将会持续形成和发展下去，其会在促进区域经济增长的同时也会带来地区差距的扩大，从而区域之间经济的发展将不会趋同，而效率集聚和区域经济协调发展之间也将存在不可调和的矛盾；按此逻辑，若以区域差距的缩小和协调发展为目标，那么将不得不舍弃效率集聚，也必须实施引导经济增长效率中各因素的分散性发展政策。若存在临界点，那么效率集聚及其对经济增长和地区差距的影响将会体现出阶段性的变化，也就是说，效率集聚只会在一定时间段内促进经济增长和推动地区差距的扩大，而过了该特点时点后，效率集聚的进一步发展反而可能会缩小地区差距，从而促进区域协调发展的政策也不再是引导经济增长效率因素的分散性发展，而是高效推进经济增长效率的集聚，并为落后地区的发展创造机遇条件。可见对于经济增长效率集聚是否存在临界点的分析，关系着区域发展政策选择的重大问题，必须审慎处理。

前面的有关理论分析已表明，基于劳动（知识）分工的经济（知识）关联通过形成成本（技术）外部性、进而以收益递增机制形成了效率的集聚，不过按照空间经济学的基本理论，在上述因素作为集聚力的同时，还存在不可移动的要素、土地租金、通勤成本、拥塞和其他外部不经济的分散力（Fujita and Krugman，2011），而特定空间上经济发展的过程实质上是上述集聚力和分散力相互作用、进而形成均衡的过程。在此过程和有限的空间中，集聚力不可能一直处于"强势"地位，从而集聚也就不可能一直持续下去，集聚过程也理应存在临界点。再从实际情况来看，经济在特定空间上的集聚所导致的用地成本上升、劳动力成本上升、竞争程度的加剧、基础设施和公共服务供应的紧张、环境压力的加大、贸易成本的加

大、要素（资本、劳动力）流动的障碍和损失、知识跨区域溢出的低效率
等，将是经济增长效率在特定空间集聚过程中不得不面对的分散性因素。
总之，由于在效率集聚过程中分散力的作用，经济增长效率在一个特定地
区的集聚并不可能会一直持续下去，而集聚力和分散力的动态权衡将确定
集聚的最优规模。

在空间经济学框架下，效率集聚中心也是经济增长较快的地方，而
相对于效率集聚中心，其他地方的经济增长则比较缓慢，从而可以认为
地区差距是不同区域经济增长绩效存在差异的结果和表现。当然，既然
效率集聚存在临界点，并且在临界点之前，集聚力大于分散力从而表现
出明显的效率集聚，而落后地区的劳动力、资本等要素也将流向发达地
区，从而可以说，在效率集聚阶段，发达地区的崛起是以落后地区的进
一步衰落为代价的；然而，到临界点之后，由于分散力将大于集聚力从
而发达地区将会出现效率集聚"溢出"现象，在要素流通渠道畅通、市
场化程度较高、政府引导和扶持政策到位等条件下，效率集聚的溢出将
带动落后地区的发展，而地区差距也将得以缩小。由此可以看出，经济
增长和地区差距同时作为发展中的产物，在效率集聚存在临界点的情况
下，两者相互依存、相互转化，但要使转化顺利完成，必须注重满足相
应的转化条件。

综上，通过上述分析，源于劳动分工，并经外部性、收益递增等机制
所产生的效率集聚，以及由效率集聚对经济增长和地区差距的影响与作用
机制可表示为图3.4。

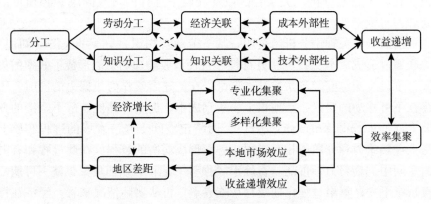

图3.4 效率集聚的起源、形成及影响

3.5　小　　结

经济集聚和经济增长中的效率集聚是经济世界中的典型经济事实，本书在界定经济增长效率集聚概念的基础上，从微观机制出发探究了效率集聚的起源、形成机制和经济影响，进而建立了"分工—关联—外部性—收益递增—效率集聚—经济增长和地区差距—分工"的综合分析框架。我们认为经济增长效率集聚起源于分工，但劳动分工和知识分工对经济增长效率集聚的作用并不全部相同，劳动分工主要通过经济关联以及由此产生的成本外部性发生作用，而知识分工主要通过技术关联及由此产生的技术外部性发生作用，但两者的作用都可统一于收益递增，并由此产生经济增长效率集聚。经济增长效率集聚通过多样化、专业化的微观作用促进经济增长，又通过本地市场效应和收益递增效应导致地区差距。该研究一方面有助于理解经济增长效率集聚的空间发生机制及其经济影响，另一方面还有助于构建经济协调可持续发展的微观基础。通过上述分析，可得到以下简单启示：

第一，既然分工成为效率集聚和经济增长的起源，那么分工的进一步深化无疑成为推动经济增长的重要动力，然而分工的深化无疑导致交易频率、交易协调失灵风险和交易合约执行成本的上升；因此，一方面应从制度层面入手，适当调整政府制度供给、完善企业产权保护制度，另一方面要从技术层面入手，开发一批推动信息快速和低成本交流的技术，提高交易效率进而降低交易成本，而两方面的结合无疑成为深化分工的重要"着力点"。

第二，既然分工、关联、外部性、收益递增和效率集聚的形成机制离不开要素的流动、集聚中心的发展，那么进一步促进要素流动和完善集聚中心的基本功能无疑能为该机制有效运转提供保障；因此，一方面要在明确中心与外围区域功能分工的基础上，消除限制要素流动的制度障碍和拓展产业的多样性以确保要素进一步集聚，另一方面要加大对集聚中心基础设施、公共产品、产学研协作体系的投入力度和建设步伐，以建立经济集聚形成良好的平台。

第三，仅从经济视角来看，效率集聚和地区差距理应存在临界点，然而地区差距问题还是事关社会稳定的重大社会问题，由此便产生了经典的效率与公平协调的矛盾，因此一方面要对落后地区以适当的政策倾斜和地方保护以确保临界点到来之前该地区的社会稳定，另一方面要以区际基础设施建设、降低发达地区的区位"黏性"等措施建立起临界点到来时的"溢出"渠道。

第 4 章

经济增长效率集聚与地区差距——一个数理阐释

4.1 引 言

综观国内外经济发展及其空间分布的现实，无疑可以发现，经济增长效率的空间集聚是与经济增长、地区差距相伴相生的典型经济事实，本书相关文献综述已证实经济增长理论与空间经济学框架对这些问题均有着深入、系统的研究，从有关经济增长模型及其所建立的框架来看，这些模型从最基本的劳动力、资本等生产要素出发，阐述了经济增长的具体机制；在空间经济学框架下，一些研究也从最基本的资本、劳动力等生产要素出发，研究了经济集聚的过程与机制；可见，基本的生产要素是经济增长模型与空间经济学模型解析该分体的共同基础。需要指出的是，我们研究的是经济增长效率集聚问题，必须注意分析知识溢出与 R&D 因素在效率形成及其集聚过程中的作用。

目前相关研究及建模中主要涉及了劳动力、资本这两种生产要素，首先，就资本要素而言，马丁、罗杰斯（Martin and Rogers，1995），鲍德温（Baldwin，1999），罗伯特、尼古特（Robert and Nicoud，2002）的研究均侧重分析了资本要素在经济空间布局中的作用；其次，就劳动力要素而言，马丁、奥塔维亚诺（Martin and I. P. Ottaviano，1999），鲍德温、马丁（Baldwin and Martin，2001），鲍德温、福斯里德（Baldwin and Forslid，2000），藤田昌久、蒂斯（Fujita and Thisse，2002），莫里·图里尼（Mori Turrini，2005），福、加布里埃尔（Fu and Gabriel，2012）的研究则重点关注劳动力因素在内生经济增长和经济活动区位选择中的作用。由此而生的问题便是如何认识并在技术上恰当处理这两种要素的作用？此问题的解答思路主要有两种：其一，和经济增长理论中建模一样将两种要素结合起来分析；其二，选择这两种要素中更具本质性的要素分析。对于该问题，由于本书要分析经济增长效率的集聚机制，无疑还要将知识溢出、R&D等因素加入模型，因此再将劳动力与资本要素同时纳入模型无疑会加大模型的复杂程度，况且大多数基于劳动力要素建模的研究者认为资本也主要是由劳动所生产的，而劳动力是较资本更为本质性的因素，因此仅选择劳动力要素并分析其在经济增长效率集聚中的作用是合适的。此外，相关建模对劳动力要素的处理方式主要有两种：其一，对劳动力要素是否流动的假设问题，金、亨德森（Au and Henderson，2006）；彭（Peng），蒂斯（Thisse，2006）；范、斯达克（Fan and Stark，2008）；其二，对劳动力要素的分类问题，亦即是否区分熟练劳动力和非熟练劳动力的作用，奥塔维亚诺、蒂斯（Ottaviano and Thisse，2002）；阿米提、皮萨里德斯（Amiti and Pissarides，2005）；莫里、图里尼（Mori and Turrini，2005）；福、加布里埃尔（Fu and Gabriel，2012）。事实上，上述有关劳动力是否流动的假设往往为不流动或完全流动的极端状态，从而可考虑向劳动力流动的中间状态（亦即有条件地流动）拓展；而有区别地对待熟练劳动力和非熟练劳动力在经济集聚，尤其是在效率集聚中的作用，是更符合现实的做法。基于对熟练劳动力与非熟练劳动力的区分，劳动力流动与否也就有了新的分析方法，克鲁格曼（1991）及其之后的空间建模中往往倾向于假设非熟练劳动力不流动、熟练劳动力完全流动，该假设不仅解决了关于劳动力流动的极端假设问题，也更符合现实，因此本书主要借鉴这种假设与分析方法。

在知识经济时代，知识溢出、技术进步等因素在经济增长中具有更为重要的作用（Fujita，2007），然而知识溢出和技术进步该如何获取？目前的研究主要侧重于分析 R&D 活动对知识溢出和技术进步的作用（波利特、里德，2006；乌特维特，2007；波利特、藤田昌久，2008；郭、杨，2008；克拉尼奇，2009；奥塔特、伯纳德，2011），从具体结果来看，R&D 活动不仅是技术进步的主要源泉，还具有配置资源的功能（唐清泉、卢博科，2009；郑飞虎、史潇潇，2010），这些因素都是本书所界定效率的重要组成部分，因此必须将 R&D 活动纳入分析框架。

通过上述分析可以发现：受研究实现的技术手段、基本认识等方面的约束，有关经济增长效率、经济增长和地区差距等为主题的大多数研究具有以下特征或者不足：其一，没有从经济发展本身去论述经济增长效率集聚的形成机理与机制，视经济增长效率集聚为产业集聚或其他形式经济集聚的"副产品"；其二，主流经济学的研究无疑一直忽略了空间因素的重要作用，从而对经济增长效率空间分布的关注也显得不足；其三，空间经济学的大多数分析表现出缺乏动态性的特征，没有清晰表示有关经济集聚形成的过程与动态特征，进而导致该框架下集聚的形成过程有"一蹴而就"、瞬间形成的质疑。在此背景下，将主流经济学与空间经济学综合来看，前者的有关分析一直比较重视时间的作用，而后者框架下的有关研究则提供了将静态模型动态化的基本框架与关键思路（鲍德温，1999；马丁、奥塔维亚诺，1999；鲍德温、富思莱德，2000；奥塔维亚诺、蒂斯，2002），从而在该框架下论述经济增长效率集聚既有了理论基础也具备了技术方法上的可行性。

有鉴于此，本章的主要任务是在上一章基本厘清经济增长效率集聚的起源、形成机制与经济影响的理论机制的基础上，同时考虑主流经济学的动态性与空间经济学的空间维度并建立模型，进而阐述经济增长效率内生集聚的基本机理与机制，并分析相关的政策含义。事实上，如藤田昌久、蒂斯（2004），梁琦（2004），谭成文（2009），安虎森（2009），藤田昌久、克鲁格曼、维纳布尔斯（2011），邹璇（2011）的相关经典文献，所收集整理或建立的相关模型已基本建立了经济集聚的起源、形成机制和经济影响的全部环节。本章将基于相关模型的建模思路，建立数理分析框架，以期更为明确地建立"经济增长效率集聚内生说"观点。该框架同时具备以下特征：其一，从单个消费者和企业出发到宏观经济增长，微观基础扎实、宏观经济方向延展性强；其二，从经济增长效率集聚的起源、形成机制到经济影响，链条完整、框架全面；其三，同时体现经济增长维度动态性特征与空间经济学空间维度两方面特征；其四，理论基础与政策含义较为明显。

4.2　效率集聚的起源——分工

如前面所述，本章将在区分熟练劳动力与非熟练劳动力的基础上，假设这两种类型劳动力具有不同的流动性，并重点结合研发活动（R&D 活动）的作用，分析经济增长效率集聚的内生形成机制与机理。这种划分与分析基于对现实经济活动的认识，不仅是第 3 章对效率集聚起源上劳动分工与知识分工的直接体现，也反映了效率集聚中经济关联与知识关联的关键环节，从而是符合研究需要也具备可行性的理想设计。

4.2.1 基本假设与劳动力分工

4.2.1.1 基本假设

根据空间经济学建模的一般思路，本书的基本假设有：

第一，两个区域。假设有两个区域，分别为南部（S）和北部（N），这两个区域在初始的禀赋、技术、开放度等方面是相同的。

第二，两种生产要素。假设有两种生产要素，即熟练劳动力（H）与非熟练劳动力（L），并假设一个熟练劳动力单位时间的产出为 H，且可以在区际流动；假设一个非熟练劳动力单位时间的产出为 L，不可以在区际流动，并且两个区域所拥有的非熟练劳动力 L 在数量上相等，均为 L/2。

第三，三个部门。假设经济中有三个部门，即传统农业部门（A）、现代部门（M）和研究创新部门（I）。其中，传统农业部门（A）的产品同质、完全竞争、规模收益不变；现代部门（M）的产品具有异质性，市场结构为垄断竞争，从而也具有规模报酬递增的特征；研究创新部门（I）和专门生产现代部门（M）进行产品生产所需要的专利，而该专利成本亦可被视为现代部门（M）的固定成本。这三部门中，研究创新部门（I）也可理解为中间产品部门，而消费者能够消费的仅为农业部门（A）和现代部门（M）所生产的两类产品。进一步假设，传统农业部门（A）和现代部门（M）均使用非熟练劳动力，而研究创新部门（I）使用熟练劳动力；由于现代部门（M）最重要的投入为研究创新部门（I）所生产的专利，从而该部门内企业的固定成本可用熟练劳动力表示，边际成本用非熟练劳动力表示。

根据空间经济学的一般分析思路，上述基本假定可简单地表示为图 4.1。

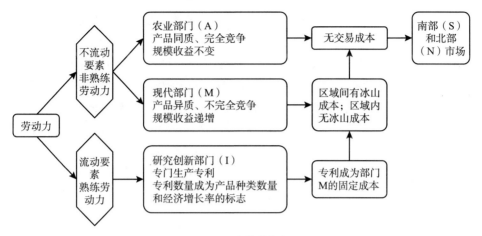

图 4.1　研究的前提假设

4.2.1.2　劳动力分工

上述假设已将劳动力区分为非熟练劳动力和熟练劳动力两类，而这两类劳动力分别在不同部门从事不同类型的工作；其中，非熟练劳动力主要基于第 3 章已述及的劳动分工并从事相关工作，而熟练劳动力则主要从事基于知识分工的相关工作。此外，熟练劳动力为提高自身在经济活动中获取收益的能力，将不得不进行人力资本投资与积累以获取技能的提升，从而熟练劳动力（H）还可以被分为两类：一类从事人力资本本身的积累（如教育等），假定这部分劳动力用 H_H 表示；另一类就业于 R&D 部门从事发明创造工作，并生产用于生产新产品所需的专利，假定这部分劳动力用 H_n 表示。

对于 H_H，假设这部分熟练劳动力用于自身技能发展的过程可用生产函数表示为（卢卡斯，1988）：

$$\dot{H} = \varepsilon H_H, \quad \varepsilon > 0 \tag{4.1}$$

式（4.1）中，ε 可理解为效率参数；H_H 表示熟练劳动力单位时间内的产出，从而 $\dot{H}$ 可理解为度量技能提升程度的参数。

对于 H_n，假设这部分劳动力的产出取决于 R&D 部门的知识总量，这部分熟练劳动力的生产过程可用生产函数表示为：

$$\dot{n} = BH_n, \quad B > 0 \tag{4.2}$$

式（4.2）中，B 亦可理解为效率参数，其实际意义为这部分熟练劳动力的生产率；n 为产品种类数，从而 $\dot{n}$ 表示产品种类数的变化。

由于知识本质上是一种公共产品（可能是地方性的），从而熟练劳动力 H_n 的生产率往往随着知识资本的增加而上升。不失一般地，当区域 N 的知识资本为 B_N，从而区域 N 每个熟练劳动力的生产率均可由 B_N 表示，当区域 N 熟练劳动力的份额为 λ_N，而熟练劳动力中在 R&D 部门从事发明创造工作的份额为 k_N，那么单位时间内区域 N 所生产的专利数量为：

$$\dot{n}_N = B_N k_N \lambda_N H \tag{4.3}$$

式（4.3）中，$\lambda_N = \dfrac{H_N}{H} = \dfrac{H_N}{H_{N+S}}$；$k_N = \dfrac{H_{nN}}{H_N}$；$H = H_N + H_S = H_n + H_H$，$0 \leqslant \lambda，k \leqslant 1$。

4.2.2 消费者行为

假设区域 S 和区域 N 的消费者对两类产品具有相同偏好，那么消费者效用最大化应该分为两个层次，其一是消费者在消费农产品和现代部门产品之间的选择，从而其瞬时效用函数可表示为柯布－道格拉斯效用函数的形式，具体如式（4.4）所示：

$$u = \frac{M^\mu A^{(1-\mu)}}{\mu^\mu (1-\mu)^{(1-\mu)}}, \ 0 < \mu < 1 \tag{4.4}$$

式（4.4）中，M 代表对现代部门的消费，A 代表对传统部门的消费，μ 表示对现代部门产品支出份额的常数，那么（$1-\mu$）则是对传统部门产品的支出份额。

由于现代部门的产品具有异质性，而消费者效用最大化第二层次的选择是在现代部门产品之间的选择，其效用函数可用不变替代弹性（CES）形式表示为式（4.5）：

$$M = \left[\int_0^n m(i)^\rho \mathrm{d}i \right]^{1/\rho}, \ 0 < \rho < 1 \tag{4.5}$$

式（4.5）中，M 为时点 t 可获得的现代产品总量，n 依然为产品种类的数量，$m(i)$ 表示对产品种类 $i(i \in [0, n])$ 的消费量；$\rho(0 < \rho < 1)$ 为衡量对现代部门产品偏好程度的参数，ρ 越接近于 0 表示消费者认为现代部门产品的差异性较大，也具有较强的消费欲望，而 ρ 越接近于 1 表示消费者认为现代部门细分产品的差异不大甚至是可以相互替代的。

令 $\sigma = 1/(1-\rho)$，则 σ 代表现代部门任意两种产品之间的替代弹性，根据消费者对现代部门产品消费支出最小的要求，即：

$$u = \min \int_0^n p(i)m(i)\,\mathrm{d}i$$

$$\text{s. t. } M = \Big[\int_0^n m(i)^{(1-1/\sigma)}\,\mathrm{d}i \Big]^{1/(1-1/\sigma)} \tag{4.6}$$

建立拉格朗日函数，可得该问题的解为式（4.7）：

$$m(i) = \frac{p(i)^{-\sigma}}{\Big[\int_0^n p(i)^{(1-\sigma)}\,\mathrm{d}i\Big]^{\sigma/(\sigma-1)}}M \tag{4.7}$$

由式（4.7）可得消费者对现代部门产品的总支出为式（4.8）：

$$\int_0^n p(i)m(i)\,\mathrm{d}i = \int_0^n \frac{p(i)^{1-\sigma}}{\Big[\int_0^n p(i)^{(1-\sigma)}\,\mathrm{d}i\Big]^{\sigma/(\sigma-1)}}M\mathrm{d}i$$

$$= \Big[\int_0^n p(i)^{(1-\sigma)}\,\mathrm{d}i\Big]^{1/(1-\sigma)}M \tag{4.8}$$

假设现代部门的产品可在同样的价格水平 p 下获得，由式（4.8）可得现代部门产品的价格指数式（4.9）：

$$P = \Big[\int_0^n p(i)^{(1-\sigma)}\,\mathrm{d}i\Big]^{1/(1-\sigma)} = pn^{1/(1-\sigma)} \tag{4.9}$$

现代部门各类产品的需求函数亦可表示为式（4.10）：

$$m(i) = \mu c(i)^{-\sigma}P^{\sigma-1}, \quad i \in [0, n] \tag{4.10}$$

假设时点 t 消费者的支出用 $c(t)$ 表示，则时点 t 传统部门产品的需求函数为式（4.11）：

$$A(t) = (1-\mu)c(t) \tag{4.11}$$

将式（4.9）代入式（4.10）、式（4.10）代入式（4.5），将式（4.5）、式（4.11）代入式（4.9），可得间接效用函数为式（4.12）：

$$v(t) = c(t)P^{-\mu} \tag{4.12}$$

假设每位消费者的主观折现率相同且为 $\gamma(\gamma > 0)$，则消费者 j 在时点 0 的一生效用函数可表示为式（4.13）：

$$V_j(0) = \int_0^\infty e^{-\gamma t}\ln[v_j(t)]\,\mathrm{d}t \tag{4.13}$$

一般的，由于区际移动可能产生负面影响从而存在成本，一个在时间 t 另选区位的消费者必须承担相应的成本 $E_M(t)$，从而必须在式（4.13）上减去该成本的折现值才能获得该消费者在时点 0 一生效用函数的净值为式（4.14）：

$$U_j(0) = V_j(0) - e^{-\gamma t}E_M(t) \tag{4.14}$$

4.2.3　生产者行为

根据前面的假设，最终产品的生产者有传统部门（A）和现代部门（M）两家。对于传统部门的生产者，规模报酬不变，1 单位 L 劳动生产 1 单位产品 A，且两个区域也都能够生产传统产品。在消费者对传统产品的支出份额（$1-\mu$）足够大的情况下，由于两区域传统产品的价格都为 1，从而传统部门非熟练劳动力的工资率在两个区域都相等，且都等于 1，即有式（4.15）：

$$\omega_S^l(t) = \omega_N^l(t) = 1 \qquad (4.15)$$

对于现代部门，生产任何一种产品 i 都需要使用研究创新部门所开发的对应专利，现代部门的企业获得该专利的成本也相应转化为其固定成本，企业也因此专利而享有垄断权。获得专利之后，企业便可使用 1 单位 L 劳动生产 1 单位现代部门产品 M。考虑到产品在区际的流动，我们假设产品在同一区域无须运输费用，而在区域之间流动时有萨缪尔森所提出的"冰山成本"，也就是说，1 单位现代部门产品从一个区域运往另一个区域时，只有 $1/\tau(\tau>1)$ 到达目的地，而（$1-1/\tau$）为所产生的交易费用。按此逻辑，以区域 N 为例（区域 S 相同），假设区域 N 产品 i 的出厂价为 $p_N(i)$，区域 S 的消费者所要支付的价格 $p_{NS}(i)$ 为式（4.16）：

$$p_{NS}(i) = p_N(i)\tau \qquad (4.16)$$

在所有现代部门产品均可以在相同价格水平 p 获得的假设下，结合式（4.9）、式（4.16），区域 N 现代部门产品的价格指数可表示为式（4.17）：

$$P_N = p(n_N + n_S\tau^{1-\sigma})^{1/(1-\sigma)} \qquad (4.17)$$

假设 C_N 为区域 N 的消费总额，C_S 为区域 S 的消费总额，P_N、P_S 分别为区域 N 和区域 S 的价格指数，再加上产品运输过程中"融化掉"的部分，由式（4.10）、式（4.15）可得区域 N 所生产的产品 i 的总需求量为式（4.18）：

$$q_N(i) = \mu C_N p_N(i)^{-\sigma} P_N^{\sigma-1} + \mu C_S [p_N(i)\tau]^{-\sigma} P_S^{\sigma-1}\tau \qquad (4.18)$$

结合式（4.15），区域 N、i 产品的利润为式（4.19）：

$$\pi_N(i) = [p_N(i)-1]q_N(i) \qquad (4.19)$$

4.2.4　均衡分析

4.2.4.1　生产均衡

区域 N 的每个企业都根据式（4.8）所表示的价格指数 P_N 定价，每个现代部门产品的需求价格弹性为 σ，从而垄断竞争条件下的均衡意味着区域 N 生产的所有产品的均衡价格相等，并且遵从垄断竞争的标准规则如式（4.20）所示：

$$p_N^* \left(1 - \frac{1}{\sigma}\right) = 1 \times \omega_N^L = 1$$

即：
$$p_N^* = 1/\rho \tag{4.20}$$

将式（4.20）代入式（4.9）得式（4.21）：

$$P_N = (1/\rho)\left[n_N + n_S \tau^{(1-\sigma)}\right]^{\frac{1}{1-\sigma}} \tag{4.21}$$

式（4.21）中，n_N 表示区域 N 现代部门产品种类的数量，其取值因区域 N 所能生产的专利数量而不同。令：

$$\phi = \tau^{(1-\sigma)} \begin{cases} = 1, & \text{当 } \tau = 1 \text{ 时} \\ \in (0, 1), & \text{当 } \tau \in (1, \infty) \text{ 时} \\ = 0, & \text{当 } \tau = \infty \text{ 时} \end{cases} \tag{4.22}$$

式（4.22）中，$\tau = 1$ 表示到达的产品数量与发送时的数量相等，即运费为零；$\tau = \infty$ 表示无论发送多少数量，运抵的数量皆为 0，从而运输费用无穷大；一般情况下，$\tau \in (1, \infty)$，亦即运抵的产品数量与发送的产品数量有一定的差别。综合来看，ϕ 可被视为衡量贸易自由度的参数，式（4.22）所示的三种情形分别对应着贸易自由度最大、一般和最小情况。

将式（4.22）代入式（4.21）得式（4.23）：

$$P_N = (1/\rho)\left[n_N + n_S \phi\right]^{\frac{1}{1-\sigma}} = \frac{\sigma}{\sigma - 1}\left[n_N + n_S \phi\right]^{\frac{1}{1-\sigma}} \tag{4.23}$$

将式（4.20）、式（4.23）代入式（4.18），可得区域 N 生产的任意种类产品的均衡产出为式（4.24）：

$$q_N^* = \mu\rho\left(\frac{C_N}{n_N + n_S \phi} + \frac{C_S \phi}{n_N \phi + n_S}\right) \tag{4.24}$$

将式（4.24）代入式（4.19），可得均衡利润为式（4.25）：

$$\pi_N^* = \mu(1-\rho)\left(\frac{C_N}{n_N+n_S\phi}+\frac{C_S\phi}{n_N\phi+n_S}\right) \tag{4.25}$$

区域 S 的均衡产出和均衡利润可依次类推。

4.2.4.2 劳动力市场出清与消费均衡

根据假设，区域 N 现代部门对非熟练劳动力的需求量 L_N^M 为式（4.26）：

$$L_N^M = n_N q_N^* \tag{4.26}$$

由式（4.24）可得区域 S 生产任意产品种类的均衡产出为式（4.27）：

$$q_S^* = \mu\rho\left(\frac{C_S}{n_S+n_N\phi}+\frac{C_N\phi}{n_S\phi+n_N}\right) \tag{4.27}$$

由式（4.24）、式（4.26）、式（4.27）可得式（4.28）：

$$L_N^M + L_S^M = \mu\rho(C_N+C_S) = \mu\rho C \tag{4.28}$$

根据式（4.11），对传统部门产品的总需求 $A=(1-\mu)C$，则传统部门对劳动力 L 的总需求量为式（4.29）：

$$L^T = (1-\mu)C \tag{4.29}$$

在均衡状态下，对劳动力 L 的总需求必然有式（4.30）所示的关系：

$$L = L^T + L_N^M + L_S^M \tag{4.30}$$

假设区域 N 的任一劳动力 j 作为消费者，其当前支出额等于自己的财富，进一步假设时点 t 的利率为 $a(t)$，劳动力 j 在时点 t 的工资率为 $\omega_N(t)$，将其一生的工资折现得式（4.31）：

$$W_{jN}(0) = \int_0^\infty e^{-a(t)t}\omega_N(t)\mathrm{d}t \tag{4.31}$$

假设消费者初始财产额为 W_{0j}，则消费者的跨期预算约束可表示为式（4.32）：

$$\int_0^\infty c_j(t)e^{-a(t)t}\mathrm{d}t = W_{0j} + W_{jN}(0) \tag{4.32}$$

结合式（4.14）与式（4.30），消费支出的均衡解可表示为式（4.33）：

$$\max U_j(0) = V_j(0) - e^{-\gamma t}E_M(t)$$

$$\text{s. t.} \int_0^\infty c_j(t)e^{-a(t)t}\mathrm{d}t = W_{0j} + W_j(0) \tag{4.33}$$

式（4.33）的一阶条件表明式（4.34）成立：

$$g_c(t) = a(t) - \gamma, \quad t \geq 0 \qquad (4.34)$$

式（4.34）中，$g_c(t) = \dot{c}_j(t)/c_j(t)$；$\dot{c}_j(t) = dc_j(t)/dt$。

由式（4.28）、式（4.29）、式（4.30）可得均衡状态下的支出总额为式（4.35）：

$$C^* = \frac{L}{1 - \mu(1-\rho)} = \frac{\sigma L}{\sigma - \mu} \qquad (4.35)$$

对式（4.35）进行微分得式（4.36）：

$$g_C = \dot{c}_j(t)/c_j(t) = g_L = \dot{L}/L \qquad (4.36)$$

式（4.36）表明：均衡状态下的支出总额与人口变化同步。

假设劳动力 L 与劳动力 H 的增长速度相同，由式（4.36）可得单个消费者的均衡消费额为常数。对式（4.36）微分得式（4.37）：

$$g_C = 0 \qquad (4.37)$$

由式（4.34）和式（4.37）可得式（4.38）：

$$a(t) = \gamma, \quad \text{对于所有 } t \geq 0 \qquad (4.38)$$

式（4.38）表明：任意时间的均衡利率均等于主观折现率。由式（4.32）可知，任意消费者 j 的支出在时间上也是一个常数，由式（4.32）、式（4.38）得式（4.39）：

$$c_j(t) = c_j = \gamma[W_{0j} + W_j(0)] \qquad (4.39)$$

结合式（4.12）与式（4.39）可知任意消费者 j 在时间 t 上的间接效用函数为式（4.40）：

$$v_j(t) = c_j \rho^\mu (n_N + n_S \phi)^{\frac{\mu}{\sigma - 1}} \qquad (4.40)$$

而总消费额为式（4.41）：

$$C(t) = e^{\bar{g}_L t} \gamma \int_0^L [W_{0j} + W_j(0)] \, dj \qquad (4.41)$$

式（4.41）中，$\bar{g}_L = (1/t)\int_0^t g_L(i)\,di$，为从时点 0 到时点 t 的人口平均增长率。

综上，该部分从分工视角对劳动力进行了划分，并作了生产者行为、消费者行为及其均衡分析，这些划分与分析是下面相关分析的重要基础。

4.3 效率集聚的形成——劳动力流动与 R&D

4.3.1 研发（R&D）及其作用

由于知识外部性，熟练劳动力都会从对方身上学到知识，进而对这些熟练劳动力的空间分布产生影响。根据藤田昌久、蒂斯（2003），我们假设两区域 R&D 部门的可得知识资本为式（4.42）、式（4.43）所示：

$$B_N = K_n H^\beta \left[(k_N \lambda_N)^\beta + \eta (k_S \lambda_S)^\beta \right], \quad \beta > 1 \tag{4.42}$$

$$B_S = K_n H^\beta \left[(k_S \lambda_S)^\beta + \eta (k_N \lambda_N)^\beta \right], \quad \beta > 1 \tag{4.43}$$

式（4.42）、式（4.43）中，β 为度量熟练劳动力在知识创新中补充程度的参数，是一个可测度的常数；$\eta (0 \leqslant \eta \leqslant 1)$ 表示两个区域之间的知识溢出强度；K 为转换参数。式（4.42）和式（4.43）中，当 $\eta = 1$ 时，$B_N = B_S$，这表示知识扩散没有距离衰减效应，知识在 R&D 部门完全是一种公共产品；相反，当 $\eta = 0$ 时，$B_N = K_n (H k_N \lambda_N)^\beta = K_n H_{nN}^\beta$，$B_S = K_n (H k_S \lambda_S)^\beta = K_n H_{nS}^\beta$，其中，$H_{nN}$ 和 H_{nS} 分别表示区域 N 和区域 S 从事 R&D 的熟练劳动力数量；其含义是，知识作为一种地方性的公共产品，其扩散也具有距离衰减效应，一个区域的知识总量只与本区域从事 R&D 活动的熟练劳动力份额有关，与其他区域的知识总量及熟练劳动力无关；也就是说其他区域的知识很难传播到本区域来。

对式（4.42）、式（4.43）求关于 η 的偏导数，显然有：

$$\frac{\partial B_N}{\partial \eta} = K_n H^\beta (k_N \lambda_N)^\beta > 0$$

$$\frac{\partial B_S}{\partial \eta} = K_n H^\beta (k_S \lambda_S)^\beta > 0$$

$$\frac{\partial (B_N + B_S)}{\partial \eta} = \frac{\partial B_N}{\partial \eta} + \frac{\partial B_S}{\partial \eta} > 0$$

可见，$B(\cdot)$ 是 η 的增函数，从而有 $B_N(\eta) \big|_{\eta=0} \leqslant B_N(\eta) \big|_{0<\eta<1} \leqslant B_N(\eta) \big|_{\eta=1}$ 的基本关系，即无论某一区域还是整个经济的知识总量都是知识溢出强度 η 的增函数。基于此，可以认为 η 是度量知识"外部性"的指标。

4.3.2　劳动力流动

劳动力流动是效率集聚形成的关键，由于为我们假设熟练劳动力可以自由流动且居住无限制，其迁移能够以某种可以预见的方式改变工资，因此，熟练劳动力的迁移不是短视行为。

假设存在 $\bar{\lambda} \in (0, 1)$，在 $\lambda_N = \bar{\lambda}$（$\lambda_S = 1 - \bar{\lambda}$）点上，区域 N 和区域 S 熟练劳动力的分布达到均衡，经济进入到稳态增长路径，此时人口迁移活动停止。也就是说，只要经济中 $\lambda_N \neq \bar{\lambda}$，就存在人口迁移。一般的，假设区域 N 熟练劳动力的初始分布比 $\bar{\lambda}$ 低，设存在时间 $T \in (0, \infty)$，使得从 S 到 N 的熟练劳动力流始于时点 0 而终于时点 T，从而有式（4.44）：

$$\dot{\lambda}_{NS}(t) > 0, \ t \in (0, T)\ ; \ \lambda(t) = \bar{\lambda}, \ t \geq T \qquad (4.44)$$

并且有式（4.45）：

$$\lim_{t \to T} \dot{\lambda}_{NS}(t) = 0 \qquad (4.45)$$

式（4.45）表现了区域 S 的熟练劳动力对迁移到区域 N 的一种期望。在这种情形下，所有居住在区域 N 的熟练劳动力除了迁移时间不同之外并无区别。这样，迁移时间就成了他们共同的标识：对于任意 $t \in (0, T)$，用 $W(0; t)$ 表示在时点 t 从 S 迁移到 N 的熟练劳动力的一生工资，则有式（4.46）：

$$W(0; \ t) = \int_0^t e^{-\gamma s} \omega_s(s) \mathrm{d}s + \int_t^\infty e^{-\gamma s} \omega_N(s) \mathrm{d}s \qquad (4.46)$$

假设其迁移成本为式（4.47）：

$$E_m(t) = D \dot{\lambda}_{\bar{r}r}(t) + (\tau - 1) \qquad (4.47)$$

其中，$\dot{\lambda}_{\bar{r}r}(t)$ 表示从区域 $\bar{r}$（S 或 N）流向另一区域 r（N 或 S）的熟练劳动力流（假设不存在同时双向流动）；$D > 0$ 为一个正的常数。由式（4.45）有式（4.48）：

$$\lim_{t \to T} E_m(t) = \tau - 1 \qquad (4.48)$$

由式（4.14）和式（4.47），一个移民一生的效用函数为式（4.49）：

$$U(0; \ t) = V(0; \ t) - D e^{-\gamma t} \dot{\lambda}_{\bar{r}r}(t) - e^{-\gamma t}(\tau - 1) \qquad (4.49)$$

式（4.49）中，$V(0; t)$ 为一生的迁移成本合成效用函数，结合式（4.13）、式（4.39）、式（4.40）有式（4.50）：

$$V(0; \ t) = \frac{1}{\gamma} \left(\mu \ln \frac{\sigma - 1}{\sigma} + \ln \gamma \right) + \frac{1}{\gamma} \ln \left[W_{0j} + W(0; \ t) \right]$$

$$+ \frac{\mu}{\sigma - 1} \Big[\int_0^t e^{-\gamma s} \ln(n_r \phi + n_{\bar{r}}) \mathrm{d}s + \int_t^{\infty} e^{-\gamma s} \ln(n_r + n_{\bar{r}} \phi) \mathrm{d}s \Big]$$

$$(4.50)$$

对式（4.49）求极限得式（4.51）：

$$U(0; T) = V(0; T) = \frac{1}{\gamma} \Big(\mu \ln \frac{\sigma - 1}{\sigma} + \ln \gamma \Big) + \frac{1}{\gamma} \ln \big[W_{0j} + W(0; T) \big]$$

$$+ \frac{\mu}{\sigma - 1} \Big[\int_0^T e^{-\gamma s} \ln(n_r \phi + n_{\bar{r}}) \mathrm{d}s + \int_T^{\infty} e^{-\gamma s} \ln(n_r + n_{\bar{r}} \phi) \mathrm{d}s \Big]$$

$$(4.51)$$

在均衡中，所有参与迁移活动的熟练劳动力都不再关心他们的迁移时间，从而计入迁移成本之后的一生效用相同，即有式（4.52）：

$$U(0; t) = U(0; T), \quad t \in (0, T) \qquad (4.52)$$

结合式（4.49）、式（4.50）、式（4.51）、式（4.52），对于所有 $t \in (0, T)$ 有式（4.53）：

$$\dot{\lambda}_{\bar{r}r}(t) = \frac{e^{\gamma t} \big[V(0; t) - V(0; T) \big] - (\tau - 1)}{D}$$

$$= \frac{1}{\gamma D} e^{\gamma t} \ln \Big[\frac{W_{0j} + W(0; t)}{W_{0j} + W(0; T)} \Big]$$

$$+ \frac{\mu}{(\sigma - 1)D} e^{\gamma t} \int_t^T e^{\gamma s} \ln \Big[\frac{n_r + n_{\bar{r}} \phi}{n_r \phi + n_{\bar{r}}} \Big] \mathrm{d}s - \frac{\phi^{-\frac{1}{\sigma - 1} - 1}}{D} \qquad (4.53)$$

同时有式（4.54）：

$$\dot{\lambda}_{\bar{r}r}(t) \cdot \dot{\lambda}_{r\bar{r}}(t) \leq 0 \qquad (4.54)$$

如果式（4.55）成立，即：

$$\dot{\lambda}_{\bar{r}r}(t) \cdot \dot{\lambda}_{r\bar{r}}(t) \geq 0, \ \text{则} \ \dot{\lambda}_{\bar{r}r}(t) = \dot{\lambda}_{r\bar{r}}(t) = 0 \qquad (4.55)$$

式（4.53）、式（4.55）描述的是在式（4.44）、式（4.45）的期望条件下的均衡迁移动力学方程，D 是熟练劳动力迁移的调节速度。利用此方程和前面的人力资源积累方程，可以研究经济增长对熟练劳动力分布的影响。

4.4 效率集聚的影响——经济增长与地区差距

在前面分析的基础上，我们将进一步从劳动力流动、知识溢出的分析出发，研究其对经济增长的影响，进一步比较地区经济增长的差异。

4.4.1　基本关系式

基于式（4.43），我们继续定义函数 $b(\cdot)$ 如式（4.56）、式（4.57）所示：

$$b_N(\cdot) = K\big[(k_N\lambda_N)^\beta + \eta(k_S\lambda_S)^\beta\big] \qquad (4.56)$$

$$b_S(\cdot) = K\big[(k_S\lambda_S)^\beta + \eta(k_N\lambda_N)^\beta\big] \qquad (4.57)$$

由于 $\lambda_N + \lambda_S = 1$，式（4.56）、式（4.57）也可表示为式（4.58）：

$$b_r(\cdot) = K\big[(k_r\lambda_r)^\beta + \eta(k_{\bar r}\lambda_{\bar r})^\beta\big] \qquad (4.58)$$

式（4.58）中，$r = (N, S)$，$r \neq \bar r$。

从而式（4.42）、式（4.43）可简写为式（4.59）、式（4.60）：

$$B_N = H^\beta n b_N(\cdot) \qquad (4.59)$$

$$B_S = H^\beta n b_S(\cdot) \qquad (4.60)$$

式（4.59）、式（4.60）意味着，区域 N 与区域 S 处于一种对称关系，其自身的知识资本依赖于熟练劳动力的分布以及从事 R&D 的熟练劳动力的比例，而不依赖于其具体属性。

将式（4.59）代入式（4.3）得式（4.61）：

$$\dot n_N = H^{\beta+1} n k_N \lambda_N b_N(\cdot) \qquad (4.61)$$

由式（4.61）可得式（4.62）：

$$g_H = \dot H / H = \varepsilon(1-k) = \varepsilon\big[1 - (k_N\lambda_N + k_S\lambda_S)\big] \qquad (4.62)$$

从而有 $H = e^{g_H^t}H_0$，H_0 为时点 0 的熟练劳动力数。将式（4.62）代入式（4.61）得式（4.63）：

$$\dot n_N = H_1 n k_N \lambda_N b_N(\cdot) e^{(\beta+1)g_H^t} \qquad (4.63)$$

式（4.63）中，$H_1 = H_0^{\beta+1}$，为一常数。

由于假设专利一经企业购买，便永远在该产品种类的生产上拥有垄断力，专利的使用期限无限，这样便可获得专利（亦为经济中产品种类数量）的动力学方程式（4.64）：

$$\dot n = \dot n_N + \dot n_S = H_1 n\big[k_N\lambda_N b_N(\cdot) + k_S\lambda_S b_S(\cdot)\big] e^{(\beta+1)g_H^t} \qquad (4.64)$$

于是便得整个经济中产品种类数量（专利数量）的增长函数式（4.65）：

$$\begin{aligned}
g_n &= \dot n / n = H^{\beta+1}\big[k_N\lambda_N b_N(\cdot) + k_S\lambda_S b_S(\cdot)\big] \\
&= KH_1\big\{k_N\lambda_N\big[(k_N\lambda_N)^\beta + \eta(k_S\lambda_S)^\beta\big] \\
&\quad + k_S\lambda_S\big[(k_S\lambda_S)^\beta + \eta(k_N\lambda_N)^\beta\big]\big\} e^{(\beta+1)\varepsilon[1-(k_N\lambda_N + k_S\lambda_S)]t}
\end{aligned} \qquad (4.65)$$

式（4.65）表明，整个经济中产品种类数量（专利数量）的增长率是 λ_N（或 λ_S）、η、k_N、k_S 和 t 的函数：$g_n = (\lambda_N, \eta, k_N, k_S, t)$，其中，$\lambda_N$（或 λ_S）是内生变量，η、k_N 和 k_S 是控制变量，t 是时间变量；β 和 ε 是外生变量。

根据式（4.65），区域 N 和区域 S 的增长率分别为式（4.66）、式（4.67）：

$$g_n^N = \dot{n}_N / n_N = H^{\beta+1} k_N \lambda_N b_N(\,\cdot\,) n / n_N$$
$$= KH_1 k_N \lambda_N \big[(k_N \lambda_N)^\beta + \eta (k_S \lambda_S)^\beta \big] e^{(\beta+1)\varepsilon[1-(k_N\lambda_N+k_S\lambda_S)]t} n(t) / n_N(t) \tag{4.66}$$

$$g_n^S = \dot{n}_S / n_S = H^{\beta+1} k_S \lambda_S b_S(\,\cdot\,) n / n_S$$
$$= KH_1 k_S \lambda_S \big[\eta(k_N \lambda_N)^\beta + (k_S \lambda_S)^\beta \big] e^{(\beta+1)\varepsilon[1-(k_N\lambda_N+k_S\lambda_S)]t} n(t) / n_S(t) \tag{4.67}$$

据式（4.66）、式（4.67），可以研究经济如何随着 k（k_N 和 k_S）的变化从新古典增长模式演化为内生增长模式，在不同的增长模式下（即不同 k 值下）增长率如何随 λ（λ_N 和 λ_S）的变化而变化。

4.4.2 效率集聚与经济增长

本书继续假设初始情况下为"匀质"空间，即区域 N 与区域 S 的 k 值相等，并且假设是一个不变的固定值，即 $k = k_N \lambda_N + k_S \lambda_S = k_N = k_S = \tilde{k}$ 成立时，则式（4.65）可变为式（4.68）：

$$g_n = KH_1 k^{\beta+1} \big\{ \lambda_N \big[(\lambda_N)^\beta + \eta(\lambda_S)^\beta \big] + \lambda_S \big[(\lambda_S)^\beta + \eta(\lambda_N)^\beta \big] \big\} e^{(\beta+1)\varepsilon(1-k)t} \tag{4.68}$$

令：

$$b_1(x) = x^\beta + \eta(1-x)^\beta \tag{4.69}$$
$$b_2(x) = xb_1(x) + (1-x)b_1(1-x) \tag{4.70}$$

对于式（4.69）、式（4.70），容易证明：$b(x)$ 和 $b'(x)$ 都关于 $\lambda = 1/2$ 对称。

则式（4.68）可变为式（4.71）：

$$g_n = KH_1 k^{\beta+1} \big[\lambda_N b_1(\lambda_N) + (1-\lambda_N) b_1(1-\lambda_N) \big] e^{(\beta+1)\varepsilon(1-k)t}$$
$$= KH_1 k^{\beta+1} b_2(\lambda_N) e^{(\beta+1)\varepsilon(1-k)t} \tag{4.71}$$

对式（4.71）求导得式（4.72）：

$$\frac{\partial g_n(\eta)}{\partial \eta} = K\beta H^{\beta+1} k_N k_S \lambda_N \lambda_S \left[(k_S \lambda_S)^{\beta-1} + (k_N \lambda_N)^{\beta-1} \right] \quad (4.72)$$

式（4.72）中，当 $\lambda_r \in (0, 1)$ ［或者 $\lambda_{\bar{r}} \in (0, 1)$］时，容易证明：

$$\frac{\partial g_n(\eta)}{\partial \eta} > 0$$

这意味着，知识溢出强度越大经济增长率越高，知识溢出强度与经济增长率成正比。

式（4.72）中，当 $\lambda_r = 0$（或者 $\lambda_{\bar{r}} = 0$）时，有：

$$\frac{\partial g_n(\eta)}{\partial \eta} = 0$$

这意味着，当熟练劳动力集聚于一个区域的时候，知识溢出强度 η 不能对经济增长率产生影响；当然，这个结论可以推广至任意 k_N 和 k_S 值，而无须 $k_N = k_S$ 的限制，即当熟练劳动力完全集聚于一个区域的时候，整个经济体的经济增长率与区际知识溢出强度无关。

至于由熟练劳动力集聚所代表的效率集聚与经济增长率之间的关系，在考虑到知识溢出的情形下，即 $0 \le \eta \le 1$ 时，有式（4.73）：

$$\frac{\partial g_n(\lambda_N, t)}{\partial \lambda_N} \Big|_{t=t_x} = K H_1 k^{\beta+1} e^{(\beta+1)\varepsilon(1-k)t} b_2'(\lambda_N) \quad (4.73)$$

令：

$$\frac{\partial g_n(\lambda_N, t)}{\partial \lambda_N} \Big|_{t=t_x} = 0 \quad (4.74)$$

得：

$$\lambda = \frac{1}{2} \quad (4.75)$$

而：

$$\frac{\partial^2 g_n(\lambda_N, t)}{\partial \lambda_N^2} \Big|_{t=t_x} = K H_1 k^{\beta+1} e^{(\beta+1)\varepsilon(1-k)t} b_2''(\lambda_N) \quad (4.76)$$

容易证明，对于任意的 $0 \le \eta \le 1$：

$$\frac{\partial^2 g_n(\lambda_N, t)}{\partial \lambda_N^2} \Big|_{t=t_x} = K H_1 k^{\beta+1} e^{(\beta+1)\varepsilon(1-k)t} b_2''(\lambda_N) > 0 \quad (4.77)$$

$\lambda = \frac{1}{2}$ 代表熟练劳动在空间上的分散分布，从而根据式（4.74）、式（4.77）有：在知识溢出情形下，经济增长率只依赖于熟练劳动力的空间分布，当熟练劳动力分散时经济增长速度最慢，当其集聚在一个区域时经济增长速度最快。

综上，我们有如下命题：

在知识溢出有壁垒的时候，如果两个区域熟练劳动力中从事 R&D 的比例一致 ($k_N = k_S$)，熟练劳动力的集聚具有增长效应。

知识溢出强度越大，整个经济体的经济增长率越高，经济增长率在完全知识溢出情形下最大，在无知识溢出情形下最小。

当熟练劳动力完全集聚于一个区域的时候，整个经济体的经济增长率与区际知识溢出强度无关，该增长率只依赖于熟练劳动力的空间分布。

4.4.3 效率集聚与地区差距

根据式（4.71），区域 N 与区域 S 的增长率分别为：

$$g_{nN} = KH^{\beta+1}k^{\beta+1}\lambda b_1(\lambda)n/n_N \tag{4.78}$$

$$g_{nS} = KH^{\beta+1}k^{\beta+1}(1-\lambda)b_1(1-\lambda)n/n_S \tag{4.79}$$

根据式（4.78）、式（4.79）有：

$$\frac{\dot{g}_{nN}}{g_{nN}} = (\beta+1)\frac{\dot{H}}{H} + \frac{\dot{\lambda}}{\lambda} + \frac{\beta[\lambda^{\beta-1} - \eta(1-\lambda)^{\beta-1}]\dot{\lambda}}{(\lambda^\beta + \eta\lambda_S^\beta)} + g_n - g_{nN} \tag{4.80}$$

$$\frac{\dot{g}_{nS}}{g_{nS}} = (\beta+1)\frac{\dot{H}}{H} + \frac{\dot{\lambda}}{1-\lambda} + \frac{\beta[\eta\lambda^{\beta-1} - (1-\lambda)^{\beta-1}]\dot{\lambda}}{(\eta\lambda^\beta + \lambda_S^\beta)} + g_n - g_{nS} \tag{4.81}$$

因而有：

$$\frac{\dot{g}_{nN}}{g_{nN}} - \frac{\dot{g}_{nS}}{g_{nS}} = \frac{\dot{\lambda}}{\lambda} + \frac{\dot{\lambda}}{1-\lambda} + \frac{\beta[\lambda^{\beta-1} - \eta(1-\lambda)^{\beta-1}]\dot{\lambda}}{(\lambda^\beta + \eta\lambda_S^\beta)}$$
$$- \frac{\beta[\eta\lambda^{\beta-1} - (1-\lambda)^{\beta-1}]\dot{\lambda}}{(\eta\lambda^\beta + \lambda_S^\beta)} + g_{nS} - g_{nN} \tag{4.82}$$

式（4.82）能够反映两区域经济增长差距及地区差距的变化情况。我们将分别讨论知识溢出强度（η）与熟练劳动力集聚对该差距的影响。

至于知识溢出强度与地区差距之间的关系，根据式（4.82），我们建立关于 η 的函数并整理得：

$$f(\eta) = \frac{\lambda^{\beta-1} - \eta\lambda_S^{\beta-1}}{(\lambda^\beta + \eta\lambda_S^\beta)} - \frac{\eta\lambda^{\beta-1} - \lambda_S^{\beta-1}}{(\eta\lambda^\beta + \lambda_S^\beta)} \tag{4.83}$$

对式（4.83）求导得：

$$\frac{\mathrm{d}f(\eta)}{\mathrm{d}\eta} = -\frac{2\lambda^{\beta-1}\lambda_S^{\beta-1}}{(\lambda^\beta + \eta\lambda_S^\beta)^2} \leq 0 \tag{4.84}$$

式（4.84）中，当 $\lambda = 1$ 或 0 时等号成立。

$$f(\eta)\mid_{\eta=1} = 0, \ f(\eta)\mid_{\eta=0} = \frac{1}{\lambda} + \frac{1}{1-\lambda} \quad (4.85)$$

当 $0 < \lambda < 1$，$0 < \eta < 1$ 时，根据式（4.84）和式（4.85）有：

$$0 < f(\eta) = \frac{(1-\eta)}{(\lambda + \eta\lambda_S)} < \frac{1}{\lambda} + \frac{1}{1-\lambda} \quad (4.86)$$

由式（4.86）可得，并结合式（4.82）有：

$$\left(\frac{\dot{g}_{nN}}{g_{nN}} - \frac{\dot{g}_{nS}}{g_{nS}}\right)\mid_{\eta=1} < \left(\frac{\dot{g}_{nN}}{g_{nN}} - \frac{\dot{g}_{nS}}{g_{nS}}\right)\mid_{0<\eta<1} < \left(\frac{\dot{g}_{nN}}{g_{nN}} - \frac{\dot{g}_{nS}}{g_{nS}}\right)\mid_{\eta=0} \quad (4.87)$$

式（4.87）表明：在一般知识溢出情形下（$0 < \eta < 1$），地区差距变化的速度比在完全知识溢出情形下更快（$\eta = 1$），比区际无知识溢出情形下更慢（$\eta = 0$）。由式（4.84）可知，地区差距变化速度随着知识溢出程度的增大而变小。当然，三种情形下，效率及其在核心区域的集聚均引致经济增长，也使得在整个经济层面上集聚引致增长，区别仅在于引致经济增长的幅度不同。

4.5　小　　结

本章在第 3 章理论分析的基础上，借鉴空间经济学框架下经典模型的建模思路与方法，进一步整理相关文献，并理出了从经济增长效率集聚起源、形成机制到经济影响的整体框架。从建模与证明过程来看，主要可得到以下结论：

第一，分工成为经济增长效率集聚的源头。按照经济建模的一般思路，本书提出了在初始禀赋、技术、开放度等方面是相同的"匀质"环境，进一步将劳动力区分为熟练劳动力和非熟练劳动力，并认为非熟练劳动力从事劳动分工相关工作，而熟练劳动力则从事知识分工相关工作。数理建模分析证实，熟练劳动力和非熟练劳动力的分工，成为经济增长效率集聚的源头。

第二，R&D 及劳动力的流动成为经济增长效率集聚形成的关键机制。数理建模分析表明，由熟练劳动力和非熟练劳动力分工，并在追求消费者效用最大化和生产者利润最大化的均衡形成中，R&D 及其作用及劳动力的流动成为经济增长效率集聚形成的源头，而经济增长效率集聚的形成又进一步深化了劳动力的分工。

　　第三，经济增长及地区差距成为经济增长效率集聚的直观结果。数理建模分析证实，在R&D及劳动力流动的作用下，经济增长率依赖于熟练劳动力的空间分布，当熟练劳动力分散时经济增长速度最慢，当其集聚在一个区域时经济增长速度最快。这表明，熟练劳动力集聚产生了较高的经济增长率，而远离熟练劳动力集聚的地区其经济增长速度也较慢，从而搭建起了完整的"分工—经济增长效率集聚—经济增长与地区差距"的完整链条。

第 5 章

中国地区差距的空间分布及其
影响因素分析

5.1 引　言

近年来，我国经济以近两位数的速度快速增长，经济社会面貌大为改观，国内外学术界称这种现象为"中国奇迹"，然而与这种快速变化相伴随的是我国经济活动空间布局的深刻变化，地区差距的扩大便是该变化中凸显出的重要问题。然而，过大的经济发展差距，不仅会使落后地区产生对整个国家的疏离感，还会激发国家内部区域之间的冲突（金相郁、武鹏，2010），因此，如何缓解和缩小地区差距已成为社会关注、政府关心、极具现实意义的经济社会问题。

从目前的相关研究来看，学术界已经从多方面对中国地区差距问题作了较为深入的分析，这些研究在测度方法、地理单位的选择、影响因素以及治理措施等方面都有一定的差异。首先，从测度方法来看，相关研究分别运用 Gini 系数（石磊、高帆，2006）、Theil 指数和变异系数（张茹，2008）测度了中国地区差距及其变化情况，然而，由于 Gini 系数、Theil 指数和变异系数分别对中等水平、高等水平和低水平的样本较为敏感（李敬、冉光和，2007），从而单一方法均存在一定缺陷；此外，地区差距作为存在于空间中的经济问题，这些测度方法均对空间因素的关注不足。其次，从地理单位的选择来看，相关研究主要以省（市、区）为分析单位，又分别基于东中西"三分法"（贾男、甘犁，2010）、东中西及东北"四分法"（覃成林、张华，2011）和八大区域（洪兴建，2010）等划分方法测度了这些区域之间的差距；可以看出，这些划分并不是通过对微观基础区域之间的地区差距进行比较、进而将差距水平相同或相近的地区划分为一组的"归纳法"，而是基于区划内部在地理位置、资源禀赋和经济发展水平等方面具有"匀质性"，而区划之间具有"差异性"的前定假设，以及由此所做的测度与验证，然而地区差距情况与这些因素的分布情况可能并不完全相同。再次，从影响因素的研究来看，目前一些研究较多关注中央对地方的倾斜性发展政策（林毅夫、蔡昉，1998；德莫格尔、萨克斯，2002a），然而近年来的西部大开发、振兴东北老工业基地、中部崛起等针对落后地区的政策倾斜，依然使得地区差距在高位运行甚至还出现了扩大，从而这背后还隐藏着一些尚未探明的、影响地区差距的因素；此外，还有一些研究则关注了地理位置、资源禀赋等"第一性因素"对地区差距的影响（德莫格尔、萨克斯，2002b），"第一性因素"在地区差距形成中的确具有重要作用，但这些"第一性因素"不仅难以完全解释不断变化的地区差距，还对通过可变因素缩小地区差距的政策空间形成了一定限制，从而必须挖掘这些因素后面的其他因素；当然，还有相关研究者分别从人力资本、金融、FDI 等要素视角入手探究了地区差距的影响因素（泽波雷哥，2002；张军、金煜，2006；弗莱舍，2010），的确，经济发展中需要投入生产要素，从而要素的丰裕程度也成为分析地区差距的理想切入点，但是地区差距的形成是在这些因素的综合作用下形成的，从而有必要将其纳入统一分析框架，而生产函数成为我们建立分析框架的理想切入点（贾男、甘犁，2010）。最后，由于分析视角不同，在地区差距治理措施的选择上也存在一定差异。

鉴于上述情况，5.2 节将在对近年来中国经济活动及地区差距的时空演变进行统计描述的基础上，基于经济与要素匹配的视角构建能够反映空间因素及其作用的地区差距衡量指标；5.3 节将基于传统生产函数框架分析地区差距形成的一般过程，并实证检验我国地区差距的影响因素；5.4 节将进一步对地区差距做经济地理上的分解，并分析相关影响因素的影响方向和影响强度；5.5 节将总结相应的结论与启示。

5.2　中国地区差距的统计描述

5.2.1　中国经济活动的时空演进

为了清晰描述中国经济活动的时空演进情况，首先必须解决地理单位的选择和经济活动指标的选取两个问题。对于地理单位的选择，理论界主要有根据经济区域的三分法、根据行政区域的六分法、根据经济区域的八分法以及根据省级行政区域的 34 分法等①，这些划分方法各有其优缺点。我们选择地理单位的主要标准是方便直观且便于分析，由于"八分法"②中的地理单位保持了相对稳定和独立，且各区域在自然禀赋、经济发展水平等方面接近，因此我们主要采用该方法对我国经济活动的变动趋势和空间分布进行分析。对于经济活动指标，地区总量 GDP 和地区人均 GDP 都是反映地区经济活动的综合性指标，我们在用这两个指标做统计分析的基础上，还将适当引入不受价格变化影响的人口密度指标来描述我国总量经济活动的时空演进。

5.2.1.1　总量 GDP 及其变化

按照我国地理单位"八分法"所计算的 1952 年以来主要年份中国各地区总量 GDP 及其变化情况如表 5.1 所示。为了便于比较，我们还根据相关统计资料计算了相应地区土地面积所占的比重，并在表 5.1 最后一列中列示。

---

① 三分法：东部、中部、西部；六分法：华北地区、东北地区、华东地区、中南地区、西南地区、西北地区；八分法：东北地区、北部沿海地区、东部沿海地区、南部沿海地区、黄河中游地区、长江中游地区、西南地区、西北地区；34 分法：全部省级行政区域。

② 国务院发展研究中心《中国（大陆）区域社会经济发展特征分析》中所提出的八分法中，各地理单位所包含的区域为：东北地区（辽宁、吉林、黑龙江）、北部沿海地区（北京、天津、河北、山东）、东部沿海地区（上海、江苏、浙江）、南部沿海地区（福建、广东、海南）、黄河中游地区（陕西、山西、河南、内蒙古）、长江中游地区（湖北、湖南、江西、安徽）、西南地区（云南、贵州、四川、重庆、广西、西藏）、西北地区（甘肃、青海、宁夏、新疆）。

表 5.1　　　　　中国八大地区 GDP 份额、土地面积
份额及其变化（1952～2011 年）　　　　单位：%

地区	总量 GDP 比重								土地面积比重
	1952 年	1960 年	1970 年	1980 年	1990 年	2000 年	2005 年	2011 年	2010 年
东北地区	14.15	13.15	15.32	13.94	12.14	9.99	8.72	8.70	8.28
北部沿海	17.63	16.11	17.38	17.50	17.74	18.20	19.87	18.69	3.90
东部沿海	18.48	21.42	17.89	18.84	16.92	19.65	20.75	19.30	2.20
南部沿海	7.12	6.73	7.40	8.27	12.03	14.80	14.84	14.06	3.54
黄河中游	13.00	11.27	12.14	11.64	11.50	10.09	11.27	12.47	17.90
长江中游	15.86	14.75	15.69	14.93	14.63	13.34	11.39	12.72	7.36
西南地区	10.93	10.24	10.51	11.14	11.46	10.99	10.27	11.12	26.92
西北地区	2.81	1.99	3.66	3.74	3.59	2.95	2.89	2.95	29.91

资料来源：（1）根据《新中国 60 年统计资料汇编》《中国统计年鉴》（2009～2012）、《中国区域经济统计年鉴（2011）》计算所得；（2）相关年份的 GDP 份额按当年价格计算。

从表 5.1 可以看出，1952 年以来我国各区域总量 GDP 及其变量情况呈现以下特点：其一，新中国成立之初，我国沿海地区已经具备了较大的经济总量，如 1952 年，沿海地区（包括北部沿海、东部沿海、南部沿海，以下同）以不到 10% 的土地面积集聚了超过 40% 的 GDP，而西部地区（包括西北地区和西南地区，以下同）以 56.83% 的土地面积仅创造了 13.74% 的 GDP；其二，1952～1980 年，中国各地区经济总量所占份额的变化并不是十分明显，如沿海地区的 GDP 份额仅增加了 1.11%，西部地区的 GDP 份额也仅增加了 1.14%；其三，1980～2005 年，随着我国经济的快速发展，经济总量的空间分布不平等情况不但没有改变，反而表现出扩大趋势，如沿海地区的 GDP 份额增加了 10.85%，西部地区的 GDP 份额却下降了 1.72%；其四，2005～2011 年，经济总量空间不平等的情况有了一定程度的缓解，如沿海地区的 GDP 份额下降了 3.41%，西部地区的 GDP 份额上升了 0.91%，而其他地区的 GDP 份额上升了 2.50%。

5.2.1.2　人均 GDP 及其变化

1978 年以来，我国八大地区人均 GDP（用 GDP 平减指数剔除物价因素后的实际值，1978 年 =1）及其变化情况如表 5.2 所示。

表 5.2　中国八大地区人均 GDP 及其变化情况（1978～2011 年）

地区	人均 GDP（元）							人均 GDP 增长率（%）	
	1978 年	1985 年	1990 年	1995 年	2000 年	2005 年	2011 年	1978～2011 年	与全国之差
东北地区	564.04	899.02	1223.17	1726.81	2565.25	3806.68	7182.22	7.75	-0.81
北部沿海	435.78	1612.84	2203.53	3626.42	5782.68	8415.23	9990.22	9.81	1.25
东部沿海	606.35	1053.23	1384.06	2611.72	3952.96	6776.60	11147.28	9.04	0.48
南部沿海	336.80	715.77	1213.09	2251.87	3340.05	5274.10	8446.02	10.12	1.57
黄河中游	277.65	513.61	684.07	1002.85	1545.81	2847.57	5878.67	9.53	0.98
长江中游	284.91	523.41	703.95	987.06	1499.40	2389.91	5053.34	8.91	0.36
西南地区	239.02	405.57	596.11	896.59	1283.60	2000.52	4196.05	8.88	0.32
西北地区	346.39	552.13	754.60	1000.22	1520.46	2380.25	4484.29	7.81	-0.75
全国	381.23	668.98	904.34	1519.62	2193.94	3384.23	6102.76	8.55	0.00

资料来源：（1）根据《新中国 60 年统计资料汇编》《中国统计年鉴》（2009～2012）计算所得；（2）相关年份的 GDP 份额为 GDP 平减指数（1978 年 = 1）剔除物价因素后的实际值。

　　从表 5.2 可以看出，1978 年以来，我国八大地区人均实际 GDP 及其变化情况表现出以下特征：其一，南部沿海地区的人均 GDP 及其增长表现出良好态势，1978 年南部沿海地区的人均 GDP 在八大地区中居于倒数第三位，而经过 30 余年的快速发展，到 2011 年该地区人均 GDP 已仅次于东部沿海地区、居于八大地区中的第二位，较全国平均水平高出 2343.26 元，增速也高出全国平均水平的 1.57%；其二，东北地区人均 GDP 及其增长的绩效有待提升，1978 年东北地区人均 GDP 仅次于东部沿海地区，而到 2011 年已降为第四位，平均增速也低于全国平均水平的 0.81%；其三，西部地区人均 GDP 与其他地区有着较大差距，到 2011 年，西北地区和西南地区的人均 GDP 分别低出全国平均水平 1618.47 元和 1906.71 元，并一起成为我国目前人均 GDP 最低的地区。

5.2.1.3　人口密度及其变化

　　一个地区的人口密度不仅能够反映其经济活动的空间分布情况，且不受地区之间物价因素的影响，从而也是反映经济活动空间分布情况的理想指标。1978～2011 年主要年份我国八大地区及其人口密度变化情况如表 5.3 所示。

表 5.3　　　中国八大地区人口密度及其变化情况 (1978～2011 年)

单位: 人/平方公里

地区	1978 年	1985 年	1990 年	1995 年	2000 年	2005 年	2011 年	绝对变化
东北地区	109.52	117.96	125.02	129.89	133.47	135.25	138.48	28.96
北部沿海	370.29	403.32	445.12	463.45	481.11	497.99	542.89	172.60
东部沿海	506.95	543.78	583.10	605.31	632.47	651.64	745.43	238.48
南部沿海	237.01	266.45	296.12	334.30	378.81	399.71	445.27	208.26
黄河中游	82.29	90.73	99.42	104.96	109.50	112.29	112.15	29.85
长江中游	250.46	273.63	298.53	315.64	325.89	335.01	323.92	73.46
西南地区	74.02	80.17	86.48	91.02	94.20	93.67	93.25	19.22
西北地区	13.36	14.80	16.41	17.79	19.14	20.07	20.90	7.54

资料来源: 根据《新中国 60 年统计资料汇编》《中国统计年鉴》(2009～2012) 计算所得。

从表 5.3 可以发现, 1978 年以来, 我国八大地区人口密度及其变化呈现以下特征: 其一, 总体来说, 随着我国人口总量的不断上升, 1978～2011 年我国八大地区的人口密度大多呈现增加态势 (相对于 2000 年, 西南地区 2005 年、2011 年人口密度出现了下降); 其二, 尽管沿海地区土地面积占比不到 10%, 但人口密度的增加最快, 由此成为我国人口集聚的"中心区", 而西部地区尽管有广袤的土地面积, 但人口密度的提升较慢, 并由此成为我国人口集聚的"外围区"。

通过上述的简单描述可以发现: 其一, 沿海地区成为经济和人口的集聚地区, 而西部地区在经济份额和人口份额上均与沿海地区有一定差距; 其二, 改革开放以来, 经济和人口进一步向沿海地区集中, 从而使我国总体的地区差距在高位运行。当然, 上述统计描述仅提供了对我国地区差距时空演进的大致了解, 至于我国地区差距的具体情况, 还需构造综合指标进行测度。

5.2.2　中国地区差距的具体测度

在地区差距的测度上, 现有研究主要采用变异系数、对数转换变异系数、基尼系数、泰尔指数等方法。具体的，变异系数（coefficient of varia-tion，CV）及对数转换变异系数（logarithm coefficient of variation，LCV）的具体计算公式为：

$$CV = \frac{\sqrt{\dfrac{1}{n}\displaystyle\sum_{i=1}^{n}(y_i - \mu)^2}}{\mu} \tag{5.1}$$

$$LCV = \sqrt{\frac{\displaystyle\sum_{i=1}^{n}(\log y_i - \log \mu)^2}{n}} \tag{5.2}$$

式（5.1）和式（5.2）中，y_i 为反映区域经济发展水平的指标，n 为区域数量，μ 为全部区域平均的经济发展水平。一般的，CV 和 LCV 越大表示地区差距程度越大。需要说明的是，CV 具有收入转移效应的"中立性"特征，即将高发展水平和低发展水平区域的收入转移同等看待，然而考虑到边际报酬递减规律，低发展水平区域的收入转移效应显然要大于高发展水平区域。当然，经过对数变换后的 LCV 指标，使较高发展水平区域的单位变化对变异系数能够产生较小的影响，而较低发展水平区域的单位变化对变异系数能够产生较大的影响。用 CV 和 LCV 所测度的我国地区差距及其变化如图 5.1 所示。

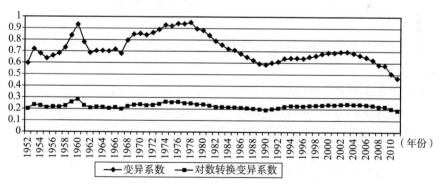

图 5.1　用 *CV* 和 *LCV* 测度的我国地区差距及其变化（1952～2010 年）

图 5.1 中，CV 和 LCV 较为一致地反映出了 1952 年以来我国地区差距的变化情况，从而也较为简便地勾勒出了我国地区差距的演进趋势：1966年之前，除个别极值点之外，我国地区差距情况表现得较为平稳；分别以1978 年、1991 年、2003 年为临界点，我国地区差距大致经历了较大幅度

攀升、缓慢下降、缓慢提升、逐步缓解的总体态势，从而使我国地区差距的总体变动表现出"U"型与倒"U"型曲线首尾相接而波动的态势。需要指出的是，尽管 CV 与 LCV 的描述能够反映出地区差距的演进趋势，但难以与相关"数量界限""警戒线""临界点"的比较来判断该差距的严重程度。为此，我们又计算了能够反映地区差距且能通过一定比较进而判断该差距严重程度的"基尼系数"来反映我国地区差距情况。为了计算"基尼系数"，我们基于程永宏（2007）所提供的收入分布函数计算了1985～2011 年我国农村、城镇及综合基尼系数，具体如图 5.2 所示。

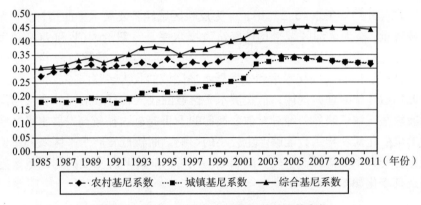

图 5.2　1952～2011 年中国地区差距及其变化

图 5.2 所反映的我国地区差距具有以下特征：其一，与图 5.1 所示的大致趋势相同，图 5.2 也反映了 1985 年以来我国地区差距由逐步上升到逐步稳定和下降的长期趋势；其二，1985 年以来，我国农村的"基尼系数"总体上要高于城镇的该指标；其三，2011 年底，我国"基尼系数"为 0.4419，处于"差距悬殊"级别（速水佑次郎、神门善久，2009）。

5.2.3　衡量地区差距的新视角

尽管上述变异系数、对数转换变异系数、基尼系数、泰尔指数等指标，能够在一定程度上反映地区差距及其变化情况，但正如本章引言部分所述，这些指标均有其内在的缺陷，从而在地区差距衡量指标的构建上必须另辟蹊径。一般地，地区差距作为经济增长过程中形成的、在空间中体现的重要经济问题，经济增长理论与空间经济学的结合框架理应是理解地区差距的理想视角；在两者结合的框架下，经济增长是劳动力、资本、技术等生产要素集聚及由此产生的外部性与收益递增机制综合作用的结果（Fujita and Thisse，2004），那么这些要素在空间中集聚的数量和质量不同、进而外部性和收益递增的形成渠道不一致，经济绩效的差异和地区差距也便由此产生了。按此逻辑，要素集聚和经济集聚的速度不一致，换言之，是要素与经济的非协同集聚导致了空间中经济增长绩效的差异和地区差距的产生。

按照上述要素与经济非协同集聚思路，我们便可构建地区差距的衡量指标。理论上讲，我们可以从劳动力、资本、技术等全部生产要素与经济非协同集聚的视角来构建衡量地区差距的指标，但资本、技术等要素的外延无疑比较广泛并且难以准确测度，因此人口与经济非协同集聚的视角便成为要素与经济非协同集聚的"代理变量"。具体地，从人口与经济非协同集聚视角构造地区差距的衡量指标，首先可以建立地区差距的理想状态，随后将各地区的具体情况与该理想状态进行比较来获得地区差距的总体情况。一般地，经济社会发展中地区差距的理想状态与各地区的经济发展水平一致。若用人均 GDP 来表示地区经济的发展水平，那么各地区人均 GDP 与全国总体水平的人均 GDP 相等，便出现了各地区经济社会发展水平相一致的理想状态，亦即应保证式（5.3）成立：

$$\frac{RGDP_i}{RPOP_i} = \frac{GDP}{POP} \qquad (5.3)$$

式（5.3）中，$RGDP_i$ 表示地区 i 的 GDP，$RPOP_i$ 表示地区 i 的人口，GDP 表示全国 GDP，POP 表示全国总人口。对式（5.3）作等式变换：

$$\frac{RGDP_i}{GDP} = \frac{RPOP_i}{POP} \qquad (5.4)$$

式（5.4）表明，若 i 地区的 GDP 占全国 GDP 的份额与该地区的人口占全国总人口的份额一致，也就达到了各地区经济社会发展水平一致的理想状态。按此思路，可以认为地区差距是相应地区承载了较大的经济份额却没有集聚相应份额的人口，或者该地区承载了较大的人口份额却没有集聚相应份额的经济，而这两种非协同集聚都使得相应地区的发展偏离了整个国家或区域经济发展的总体水平。事实上，人口与经济的非协同集聚也意味着要素的长距离、大规模流动，由此"冰山成本"的产生也将是必然结果，这也是经济发展中典型的效率问题；再者，经济发展水平较高地区的就业岗位供给较为充足，经济发展水平较低地区的就业岗位供给则比较有限，从而人口与经济的非协同集聚也反映了由就业机会不平等所代表的经济发展中的公平问题。可见，人口与经济的非协同集聚在能够衡量地区差距的同时，也反映了经济发展中效率与公平的基本矛盾，而该矛盾一定程度上也是地区差距的本质（Cai and Wang，2002）。具体来说，全国总体水平地区差距的大小便可通过对相应地区的 GDP 份额与人口份额差异的加总来测度，具体如式（5.5）所示：

$$M = \sum_{i=1}^{n} \left| \frac{RGDP_i}{GDP} - \frac{RPOP_i}{POP} \right| \tag{5.5}$$

式（5.5）中，M 便为相应时期全国总体水平上的地区差距，n 为区域个数，其他变量的含义与式（5.3）相同。可以看出，M 的取值范围为 $[0，1]$，$M=0$ 表示各地区的人口份额与经济份额完全相等，进而人口与经济完全匹配地分布；$M=1$ 表示人口（经济）完全集中于一个地区而经济（人口）完全集中于另一个地区，从而人口与经济完全不匹配；因此，M 值越趋近于 0 表示人口与经济的匹配程度越高、进而地区差距越小，而 M 值越趋近于 1 表示人口与经济的匹配程度越低、进而地区差距越大。可见，我们所构建的 M 指数是一个便于操作、容易理解的地区差距衡量指标。

根据式（5.5）所示的 M 指数，通过计算不同年份的 M 指数便可获得地区差距的时序演进情况。考虑到数据的可得性，我们收集了 1952～2011 年我国大陆地区除海南省之外的 30 个省（市、区）的 GDP 及人口情况，进而测算了由 M 指数所表征的全国总体水平的地区差距情况，具体如图 5.3 所示。

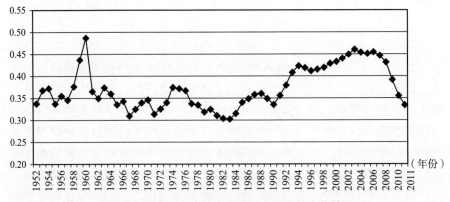

图 5.3　1952～2011 年中国地区差距及其变化情况

资料来源：1952～2008 年的相关数据来自《新中国 60 年统计资料汇编》，2009 年、2010 年、2011 年的数据来自相应年份的《中国统计年鉴》。

如图5.3所示，M指数及其变化情况表明1952～2011年我国地区差距及其变化具有以下特征：其一，从1952～2011年的长时间尺度来看，分别以1967年、1971年、1978年、1983年、1990年、1997年为转折点，我国地区差距总体上表现为几个倒"U"型和"U"型首尾相接的"波浪形"曲线；该结论与德莫戈（Démurger，2001），坎布、张（Kanbur and Zhang，2005），金相郁、武鹏（2010）的研究大致相同。其二，从短时间尺度来看，对上述M指数曲线作更为细致的分解可以发现，以5～8年为周期，M指数的波动可形成一个"U"型或倒"U"型，从而我国地区差距的时序演进体现出一定的周期性。其三，以1983年为界，在1983年以前（较为异常的1960年除外），其余年份的M指数尽管有波动，但幅度较小；1983年之后，经过一段时期较为平稳的增长之后，M指数于2003年开始下降，由此而来的问题便是威廉姆森的倒"U"型假设是否成立，亦即这是否意味着我国地区差距降低的"拐点"已到来？这将是我们的实证分析应当解决的问题之一。

5.3 中国地区差距的影响因素分析

5.3.1 理论框架与研究假设

5.3.1.1 理论框架

在上述地区差距衡量指标构建时，我们认为是要素集聚和经济集聚的速度不一致，或者说，是要素与经济的非协同集聚导致了空间中经济增长绩效的差异和地区差距的产生。按照该非协同发展的思路，我们可借鉴空间经济学的基本逻辑来描述地区差距形成的一般过程。假设一国具有初始禀赋完全相同的两个区域（A和B），每个区域均有农业部门和现代部门两个部门，农业部门的规模报酬不变，现代部门的规模报酬递增且产品具有差异化，但由于偶然的原因（例如政策因素的作用），区域A企业的数量增加，并在经济内生力量的作用下最终发展成为中心区，而区域B最终将发展成外围区。在该过程中，在前后向"关联效应"和本地市场效应等"集聚力"的作用下，A区域的企业数量和人口集聚速度将快速增加，经济也将快速发展。但随着经济的发展，在交通运输成本、生活成本效应及资源禀赋等"分散力"的限制下（Fujita and Krugman，2011），人口集聚和经济集聚的速度终将下降，并使人口与经济的不匹配维持在较低的水平上。该过程具体如图5.4所示。

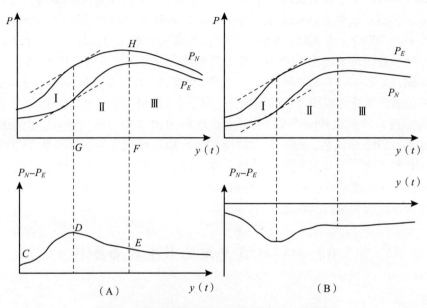

图5.4　不匹配视角下地区差距形成的一般过程

图5.4中，图5.4（A）与图5.4（B）分别表示区域A与区域B的情形，其中上半部分反映了人口（P_N）与经济（P_E）的变化趋势，纵轴为人口或经济的份额，横轴为经济发展水平 $[y(t)]$；下半部分表示地区差距的变化趋势，如图5.4（A）的 CDE 曲线表示了由人口份额与经济份额偏离所表示的地区差距的发展趋势。图5.4（A）中，阶段Ⅰ表示在相应"集聚力"的作用下，人口集聚与经济集聚的速度加快，并在 G 时刻 P_N 与 P_E的斜率相等且不匹配程度达到最大；在阶段Ⅱ，受区域A经济快速发展态势和产业升级等因素的吸引，其人口集聚的速度进一步加快并高于经济集聚的速度，该趋势将一直持续到 F 时刻，而不匹配程度也如 E 点所示；在阶段Ⅲ，由于劳动力迁移壁垒、资源禀赋差异、人力资本差异等原因，人口与经济集聚的速度将有所下降，从而不匹配也将稳定在较低的水平上。与区域A相对应，在政策倾斜等因素的作用下，区域B成为人口流出地区，但在人口总量增长的大环境下，其人口数量也有所增长，但低于区域

A 人口集聚的速度；此外，在缓慢增长的人口及其他要素投入的作用下，区域 B 的经济增长速度一般会高于其人口增长速度，从而也会出现因人口与经济的不匹配所导致的地区差距的扩大。

需要指出的是：其一，上述过程仅是以劳动力为例所作的一般说明，资本、技术等要素的作用亦可借鉴上述一般过程来理解；其二，除劳动力、资本、技术等要素投入之外，其他因素（如政策变动）等对地区差距的作用将通过影响上述人口与经济曲线的位置来表现。

5.3.1.2　研究假设

按照上述要素与经济非协同集聚的基本逻辑，我们根据主要生产要素和中国经济发展的实际情况，提出以下假设：

假设 1：劳动力流动壁垒的提高会拉大不匹配程度。劳动力流动壁垒将通过对劳动力规模与质量的作用进而影响到地区差距。就规模而言，区域间就业机会和收入的差异诱致劳动力流动，然而由于流动壁垒的存在，不仅使劳动力流出的成本增加，还使劳动力在流入地的公共需求和服务得不到有效保障，从而使流入的劳动力在为流入地创造财富的同时却不能在当地"扎根"。就质量而言，人力资本积累较高的劳动力具有较高的流动倾向，从而在高质量劳动力流向发达地区之后，人力资本积累相对有限的劳动力留在了落后地区，从而进一步加大了不匹配程度。

假设 2：地区间资本边际产出的不同变化趋势拉大了不匹配程度。从实际情况看，在资本边际产出上升阶段，率先发展地区因具有较高的资本收益，会诱导投资向该地区集中，进而带动该地区的资本集聚和经济集聚；在资本边际报酬下降阶段，落后地区因资本回报率下降更快从而使资本流出该区域；这两种作用一则通过影响资本的流动影响地区经济增长的绩效，二则还会使经济无法由相对发达地区向落后地区扩散，进而推动了地区差距的形成与扩大。

假设 3：技术吸收能力差异的扩大会拉大不匹配程度。在技术因素对地区差距的影响中，技术溢出效应则有着重要作用，而技术溢出效应起作用的机制无疑取决于地区的技术吸收能力。具体来说，若落后地区的技术吸收能力强，那么该地区就可以通过消化、吸收发达地区的技术溢出和培养内部能力以达到技术追赶；若落后地区的技术吸收能力有限，那么该地区将无法吸收发达地区的技术溢出，从而使地区之间的技术差距越来越大，进而导致地区经济差距也无法收敛。

5.3.2 模型设定与变量说明

5.3.2.1 模型设定

为验证上述假设，我们基于要素投入而建立的地区差距形成的函数形式为式（5.6）：

$$mi = f(lb, mpk, ts) \tag{5.6}$$

与式（5.6）对应的计量经济学模型为：

$$\ln mi_{it} = \beta_0 + \beta_1 \ln lb_{it} + \beta_2 \ln mpk_{it} + \beta_3 \ln ts_{it} + \gamma \ln X + \mu_{it} \tag{5.7}$$

式（5.7）中，mi 为衡量地区差距的指标，i 和 t 分别表示 i 地区和 t 时期，β_0 为常数项，β_1、β_2、β_3 分别为劳动力流动制度性壁垒（lb）、资本边际产出（mpk）、技术吸收能力（ts）对地区差距影响的系数；X 为控制变量，如下面即将说明的，我们的控制变量主要包括经济发展水平（el）、非农劳动生产率（np）等；γ 为控制变量组的系数向量；μ_{it} 为随机误差项。

此外，考虑到地区差距的变动速度较慢且当前水平取决于过去水平，因此，在式（5.7）所示的基本计量模型的基础上，引入被解释变量的滞后项，从而将其扩展为动态面板模型（dynamic panel data）。动态面板模型一方面可以防止基本计量模型的设定偏误，另一方面还可以消除一些解释变量的内生性偏误。基于此，对式（5.7）引入被解释变量滞后项的动态一阶自回归模型如式（5.8）所示：

$$\ln mi_{it} = \beta_0 + \rho \ln mi_{i,t-1} + \beta_1 \ln lb_{it} + \beta_2 \ln mpk_{it} + \beta_3 \ln ts_{it} + \gamma \ln X + \alpha_{it} + v_{it} \tag{5.8}$$

式（5.8）中，$\ln mi_{i,t-1}$ 为被解释变量的一阶滞后项，ρ 是衡量上一期地区差距对当期地区差距影响的系数，α_{it} 为非观测的区域固定效应，μ_{it} 为随机误差项。

5.3.2.2 变量说明

对于被解释变量，人口与经济的不匹配程度是衡量地区差距的理想指标，从而可利用该不匹配的思路来衡量各地区、各时期的地区差距情况。在本书中，某一地区（i）人口与经济不匹配程度（mi）依然可用该地区的产值份额与人口份额之差的绝对值来表示，其中产值份额为该地区 GDP 与全国 GDP 的比值，人口份额为相应年份该地区年末总人口与当年全国年末总人口的比值。

对于解释变量，为验证 1 ~ 3 假设，需要为劳动力流动壁垒（lb）、资本边际产出（mpk）、技术吸收能力（ts）寻找合适的代理变量。

对于劳动力流动壁垒（lb），我们拟用城乡人均实际收入差距来衡量。主要原因为：由于经济的城乡二元化，城镇的收入水平高于农村、就业机会也多于农村，城镇是劳动力的流入地、农村则是劳动力的流出地，如果不存在劳动力流动壁垒，那么从农村向城市的劳动力流动在为城市供给劳动力的同时，也使城乡居民的收入差距保持在较小范围。此外，为反映收入的实际差距，我们用各地区的 GDP 平减指数（1978 年 = 1）剔除了物价因素的影响。

对于资本边际产出（mpk），其计算方法主要有三种（Caselli and Feyrer, 2007）：其一，直接用金融市场的利率来代替；其二，用当年 GDP 增量与全社会固定资产投资之比作为代理变量；其三，建立总生产函数并作参数估计，以资本投入的系数为代理变量。就实际情况而言，我国利率市场化程度有限，从而第一种计算方法并不合适；第三种方法难以剔除其他因素的影响；第二种方法的使用中难以保证其他因素不变，但其简单易行，且其含义也可以理解为包含劳动力要素在内的广义资本边际产出，因此我们使用该思路[①]。

对于技术吸收能力（ts），我们拟用人均受教育年限指标来衡量。具体原因为，经济增长理论已充分说明技术在经济增长中的重要作用，而技术进步的来源主要有自主创新和技术引进；不过，不论技术进步的何种来源方式，人力资本的水平越高、技术溢出能力越高、其对技术吸收的效果就越显著（Heckman and Krueger, 2005）。因此，我们用当地的人均受教育年限来衡量[②]人力资本水平、进而间接地反映了相应地区的技术吸收能力。

对于经济发展水平（el），我们用不变价的人均 GDP（1978 年 = 1）来表示。该设置主要是用来分析我国地区差距是否随着经济发展水平的提高而出现变动，以及该变动所表现出的形式。

---

① 该思路下，mpk 的具体计算公式为：$mpk = \dfrac{\mathrm{d}y}{\mathrm{d}k} \approx \dfrac{\Delta y}{I}$，其中，$I$ 为投资额，我们用全社会固定资产投资额来代替，y 为国内生产总值。

② 至于人均受教育年限的具体计算方法，我们对普通高等教育赋值 16、普通中等教育赋值 12、普通中学教育赋值 10、普通小学教育赋值 6，然后分别以这几类学校在校学生人数乘以相应赋值得总受教育年限数，最后以总受教育年限数除以各地在校学生人数即可获得人均受教育年限指标。

对于非农劳动生产率（np），我们用第二产业、第三产业的实际产值（1978 年 =1）与从业人数之比来表示。劳动生产率是地区生产力发展水平的重要体现，能够有效衡量地区科技发展水平、生产过程的组织和管理程度等，这些对区域经济增长和地区差距的形成均有重要影响。

这些数据均取自《新中国 60 年统计资料汇编》《中国统计年鉴》（2009~2011）、《中国区域经济统计年鉴（2011）》、国研网数据库，对于个别缺失的数据，笔者用相邻年份的平均增长率做了简单"外推"而获得。

对于上述各变量，我们对相关主要变量作简单统计描述，结果如表 5.4 所示。

表 5.4　　　　　　　主要变量的统计描述（1978~2011 年）

变量	1978 年	1992 年	1999 年	2003 年	2007 年	2011 年
lnmi	−5.655129 (2.083976)	−4.916697 (1.222927)	−4.733717 (1.153569)	−4.643185 (1.079349)	−4.628067 (1.012374)	−4.968927 (1.161255)
lnlb	5.252852 (0.271796)	6.305696 (0.244628)	6.977648 (0.288705)	7.362431 (0.241883)	7.685858 (0.269390)	7.884686 (0.299214)
lnmpk	−0.304558 (0.637528)	−0.572776 (0.318315)	−1.747669 (0.369397)	−1.208428 (0.244403)	−1.175707 (0.210583)	−1.307652 (0.177664)
lnts	2.110962 (0.079780)	2.111643 (0.067441)	2.153449 (0.076297)	2.222446 (0.074035)	2.260097 (0.068933)	2.286817 (0.060731)
lnnp	−1.568912 (0.348486)	−0.952805 (0.306217)	−0.360621 (0.433018)	−0.024841 (0.434403)	0.3028857 (0.440825)	0.6501636 (0.388332)

注：括号中的数据为标准差。

如表 5.4 所示，mi 指数、资本的边际产出呈现倒"U"型变动的趋势，劳动力流动壁垒表现出缩小的趋势，技术吸收能力、非农劳动生产率等指标表现出递增趋势。

在上述统计描述的基础上，为了能够比较直观地反映各省（市、区）人口与经济不匹配的演化情况，我们给出了我国大陆地区 31 个省（市、自治区）1978~2011 年地区差距演化的折线图，其中，纵轴为不匹配指数，横轴为年份，具体如图 5.5 所示。

如前所述，为了实现地区差距的缩小，我们所构造的 mi 指数理应不断趋近于零，而图 5.5 所反映的 1978 年以来我国大陆 31 个省（市、区）mi 指数的变迁情况表明，我国大多数发达地区的该指数有所下降，而大多数落后地区该指数的变化较为有限。

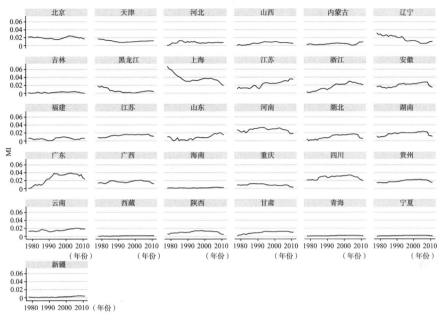

图 5.5　1978～2011 年中国 31 省（市、区）mi 指数变化情况

5.3.3　计量方法与实证结果

5.3.3.1　计量方法

由于我们面板数据的时间维度（T）为 1978～2011 年，截面维度（N）为我国大陆地区的 31 个省市区，是典型的"大时间维度、小截面维度"的长面板数据（T＞N），并且在式（5.8）所示的动态一阶自回归模型中引入了被解释变量的滞后项（$\ln mi_{i,t-1}$），从而容易导致该滞后项与复合误差项中的非观测区域固定效应 v_{it} 存在自相关，进而不论混合最小二乘估计还是固定效应的估计结果都是有偏的。此外，本书所关注劳动力流动壁垒、技术吸收能力等主要变量都可能是内生的，例如，较低的劳动力流动壁垒有助于促进劳动力在城乡、区域之间的流动，从而在推动经济增长的同时缩小城乡、区域之间的差距，而经济增长与地区差距的缩小又会产生进一步的劳动力需求，进而刺激劳动力流动壁垒的"弱化"和劳动力流动规模的提升，最终在劳动力流动壁垒与地区差距变迁之间形成"循环累积因果效应"；再者，较强的技术吸收能力显然有利于加快技术吸收与创新步伐，进而在推进经济增长的同时也加大了地区之间的差距，与此同时，现实经济世界的制约产生克服"瓶颈性"因素的需求，该需求的有效满足可能又会加大对人力资本的投资、进而提升技术吸收能力，从而在技术吸收能力与地区差距变迁之间形成"循环累积因果效应"。在内生性问题的处理上，阿雷拉诺和本德（Arellano and Bond，1991）提出了"差分广义矩估计法"（DIFF – SYS），阿雷拉诺和博韦尔（Arellano and Bover，1995）和阿雷拉诺和本德（1998）提出了"系统广义矩估计法"（SYS – GMM），相比较而言，SYS – GMM 能同时利用变量的水平变化和差分变化的信息，且具有更好的有限样本性质，从而是目前解决联立内生性问题的较为理想的方法。因此，本书用"SYS – GMM"法进行估计。

在具体使用中，"SYS – GMM"估计的有效性有赖于以下假设（陈强，2010）：其一，一次差分后的随机扰动项不存在二阶序列相关（一阶序列相关是允许的）；其二，工具变量选取的有效性。对此，我们用差分转换方程的序列相关检验（Abond Test For AR(1) &AR(2)）来判断随机扰动项是否存在序列相关，用过度识别检验（sargan test）来判断工具变量的有效性。

5.3.3.2　实证结果

基于上述动态面板数据和式（5.8）所示的动态一阶自回归模型，为了检验假设 1 ~ 假设 3 是否成立，我们首先将地区差距指数的滞后项、劳动力流动壁垒、资本边际产出和技术吸收能力建立了模型（1）；为了估计 *mpk* 对东部省区和内陆地区是否具有不同影响[1]，我们引入了地区虚拟变量（东部 11 省区为 1，内陆省份为 0）和资本边际产出的交叉项建立了模型（2）；为了分析效率因素对地区差距的影响，我们引入了非农劳动生产率并建立了模型（3）；为了分析地区差距随着经济发展水平所呈现的变化形式，我们在模型（4）、模型（5）、模型（6）分别引入了经济发展水平的原始值、二次方项和三次方项[2]；为了检验 2003 年我国地区差距是否出现了"拐点"，我们在模型（7）中引入了时间虚拟变量（2003 年及以后取值为 1，2003 年以前取值为 0）及该虚拟变量与经济发展水平原始值的互动项。我们用 Stata 12.0 对上述模型的估计结果如表 5.5 所示。

---

[1]　东部地区包括北京、天津、河北、辽宁、上海、江苏、浙江、福建、山东、广东和海南 11 个省（市）。
[2]　在引入经济发展水平的四次方项后，该项的作用并不显著，因此我们不再列示。

表 5.5　我国地区差距影响因素的计量分析结果

mi 指数（lnmi）

被解释变量 解释变量	模型（1）	模型（2）	模型（3）	模型（4）	模型（5）	模型（6）	模型（7）
$lnmi_{t-1}$	0.6694961 (0.008844) [0.000]	0.6710795 (0.009904) [0.000]	0.401606 (0.010445) [0.000]	0.704732 (0.011276) [0.000]	0.604294 (0.017734) [0.000]	0.6058515 (0.014182) [0.000]	0.6507211 (0.019027) [0.000]
$lnlb$	0.0357237 (0.015827) [0.024]	0.0462312 (0.017195) [0.000]	0.4040916 (0.013896) [0.000]	0.0809536 (0.034118) [0.018]	0.0920533 (0.031501) [0.003]	0.1357634 (0.063771) [0.033]	0.1027638 (0.063865) [0.018]
$lnmpk$	0.0497434 (0.005242) [0.000]	0.0926922 (0.014693) [0.000]	0.0127338 (0.003708) [0.001]	0.0422116 (0.010898) [0.000]	0.0299577 (0.005669) [0.000]	0.0475703 (0.006794) [0.000]	0.0927384 (0.008664) [0.000]
$lnts$	0.5341713 (0.141921) [0.000]	0.4016536 (0.174015) [0.021]	1.413956 (0.261306) [0.000]	1.233752 (0.47869) [0.010]	1.651191 (0.236427) [0.000]	0.9960405 (0.392484) [0.011]	2.065002 (0.277570) [0.000]
$lnnp$	—	—	-0.1305522 (0.030505) [0.000]	-0.1893936 (0.07331) [0.010]	-0.1448391 (0.062537) [0.021]	-0.242908 (0.078838) [0.002]	—
$lnel$	—	—	—	0.1288149 (0.045257) [0.000]	1.712291 (0.200814) [0.000]	-11.16852 (1.210149) [0.000]	-17.87129 (2.210262) [0.000]

续表

mi 指数（lnmi）

被解释变量 解释变量	模型 (1)	模型 (2)	模型 (3)	模型 (4)	模型 (5)	模型 (6)	模型 (7)
lnsel	—	—	—	—	-0.1178775 (0.013380) [0.000]	1.697774 (0.170066) [0.000]	2.744348 (0.324644) [0.000]
lncel	—	—	—	—	—	-0.0834004 (0.007695) [0.000]	-0.1372596 (0.015782) [0.000]
x	—	—	—	—	—	—	-4.360145 (0.576553) [0.000]
x×lnel	—	—	—	—	—	—	0.5388035 (0.07253) [0.000]
d×lnmpk	—	-0.1187538 (0.042389) [0.005]	—	—	—	—	—
constant	-2.951806 (0.289504) [0.000]	-2.71292 (0.238582) [0.000]	-2.615355 (0.564569) [0.000]	-3.68826 (0.829516) [0.000]	-12.26862 (1.133663) [0.000]	18.73536 (2.998395) [0.000]	15.11602 (3.966093) [0.000]

续表

被解释变量	mi 指数 (lnmi)						
解释变量	模型 (1)	模型 (2)	模型 (3)	模型 (4)	模型 (5)	模型 (6)	模型 (7)
AR(1)	0.0492	0.0474	0.0440	0.0486	0.0429	0.0490	0.0497
AR(2)	0.1934	0.0474	0.1671	0.1965	0.1840	0.1880	0.1938
sargan	1.0000	1.0000	1.0000	1.0000	1.0000	1.0000	1.0000
sig	—	0.0000					0.0000

注：(1) 各系数所对应的第一行数字为解释变量的估计系数，(＊) 为标准差，[＊] 为对应的 P 值；(2) AR(1)、AR(2) 分别代表一阶、二阶序列相关性的 P 值；(3) sargan 为工具变量过度识别检验的 P 值；(4) sig 为联合显著性，原假设为 "$H_0 = \gamma = \delta = 0$"，$\gamma$、$\delta$ 分别为虚拟变量和交互项的系数。

如表 5.5 所示，在上述建模过程中，序列相关的 AR（1）、AR（2）检验证明了上述模型一阶序列相关、二阶序列不相关，这符合模型的相关要求；采用 SYS－GMM 的两步法（two step）估计后，工具变量过度识别检验（sargan test）的 P 值均为 1，从而接受"工具变量有效的原假设"。通过上述分析，主要结论有：

第一，劳动力流动壁垒与地区差距呈正向变动关系。表 5.5 所示的 7 个模型中，在 5% 的显著性水平下，$\ln lb$ 的系数显著均为正，这说明 1978 年以来，劳动力流动壁垒的存在是地区差距扩大的原因之一，从而证实了我们的假设（1）。

第二，地区间资本边际产出的变化趋势不同拉大了不匹配程度。表 5.5 所示的 7 个模型均表明资本的边际产出与地区差距之间具有显著正向关系，在引入地区虚拟变量之后，mpk 及其交互项的作用依然显著为正，其中，东部省区资本边际产出与地区差距的系数为 $\ln mpk$ 与 $d \times \ln mpk$ 之和（为 −0.026），这表明东部地区资本边际产出与地区差距呈负向变化。结合原始数据来看，近年来，东部地区和中部、西部地区的资本边际产出均呈现下降趋势，但中部、西部地区的下降速度更快，从而东部地区的 mpk 相对上升，而地区差距的扩大也随之成为中部、西部地区的 mpk 下降更快所导致，这证实了我们的假设（2）。

第三，技术吸收能力和非农劳动生产率的作用值得关注。表 5.5 所示的 7 个模型均表明技术吸收能力（$\ln ts$）的作用显著为正，这说明近年来我国人均受教育程度的提高成为推动地区差距加大的因素，从而支持我们的假设（3）。对于非农生产率，模型（3）~模型（6）中 $\ln np$ 的作用均显著为负，这说明非农劳动生产率的提高成为减小地区差距的力量。事实上，$\ln ts$ 与 $\ln np$ 均与生产率及效率相关，从而二者理应呈现同向变动，而该反向变动的原因可能在于受教育程度提高推动了人力资本离开落后地区并进入发达地区所致。

第四，中国地区差距呈现三次函数波动的情形。模型（4）、模型（5）、模型（6）中引入经济发展水平（$\ln el$）的原始值、二次方项、三次方项的分析表明，中国地区差距表现出"⌣型"变动态势；模型（7）加入时间虚拟变量后的分析表明，时间虚拟变量（x）及该虚拟变量与经济发展水平（$\ln el$）"交互项"的作用依然显著，这就表明我国地区差距在 2003 年的确出现了"拐点"。

5.4　中国地区差距的经济地理分解

在通过上述模型分析了各相关因素如何对地区差距产生影响的基础上，由此而来的问题便是我国地区差距的空间分布如何以及这些因素对各地区的影响是否一致？为了回答该问题，我们将进一步通过"回溯法"对上述模型作出分解。具体分解方法为：首先，测度中国地区差距的空间相关性，了解中国各地区之间是否存在空间集中现象；其次，运用相关分析技术，对中国经济发展的经济地理格局进行划分；再其次，根据经济地理格局，对各区域地区差距影响因素的作用方式作进一步分析。

5.4.1　中国地区经济发展的空间相关性

一般的，大部分空间数据存在一定程度的空间相关性，通过测度面积单元（即区域）之间是否存在空间相关性可了解地区之间是否存在空间集中现象，而对空间模式时间变化的分析则可帮助理解空间模式从过去到现在、从现在到未来的变化趋势（安瑟林，2000）。基于此，我们可通过分析我国各省（市、区）经济发展的空间自相关性来了解我国经济发展中是否存在地理集中，以及该地理集中的演进轨迹。具体地，时空结合视角下地区差距的演进情况可用反映临近面积单元上变量值相似程度的 Moran's I 指数来测度，其具体计算公式为（王远飞、何洪林，2007）：

$$I = \frac{n}{\sum_{i=1}^{n} (y_i - \bar{y})^2} \cdot \frac{\sum_{i=1}^{n} \sum_{j=1}^{n} (y_i - \bar{y})(y_j - \bar{y})}{\sum_{i=1}^{n} \sum_{j=1}^{n} W_{ij}} \tag{5.9}$$

式（5.9）中，y_i 与 y_j 分别为区域 i 和 j 的观测值，$\bar{y}$ 为 y_i 的算术平均数，n 为区域数量；W 为表示区域空间的关系的 $n \times n$ 空间权重矩阵，W_{ij} 为 W 中第 i 行、第 j 列元素，W_{ij} 的计算主要有相邻标准和距离标准，由于本书要分析相邻区域是否相似而不是相互影响程度，从而采用相邻标准即可，即对边界毗邻的地区赋值为 1，不接壤地区赋值为 0[①]。Moran's I 的变

[①]　考虑到空间的邻近程度和经济的联系程度，我们视广东省与广西壮族自治区为海南省的相邻区域。

化范围为（-1，1），$I>0$ 表示地区间某经济变量空间正相关，亦即存在空间集聚现象；$I<0$ 表示地区间某经济变量空间负相关，亦即存在空间分散现象；$I=0$ 表示地区将某经济变量与区位分布相互独立；Moran's I 的绝对值越大表示空间相关性越强。

在获得理论 I 值的基础上，可构造服从正态分布的 Z 统计量，由此检验空间自相关的显著性。Z 统计量的计算公式为：

$$Z = \frac{[I - E_I(i)]}{\sqrt{\mathrm{var}(I)}} \tag{5.10}$$

式（5.10）中，$\mathrm{var}(I)$ 为 I 的方差，E_I 为 I 的数学期望，Z 统计量的零假设和备择假设分别为：

$H_0 = n$ 个区域单元的该经济变量不存在空间自相关；

$H_1 = n$ 个区域单元的该经济变量存在空间自相关；

上述 Z 检验的显著性可由 P 值确定。

基于上述 Moran's I 指数，我们选取人均 GDP 指标来反映各省区的经济发展水平，并由此测算的 1952～2011 年我国大陆各省市区的 Moran's I 指数如图 5.6 所示。出于直观性的考虑，我们将 1 减去 P 值所确定的显著性水平一起在图 5.6 中标示。

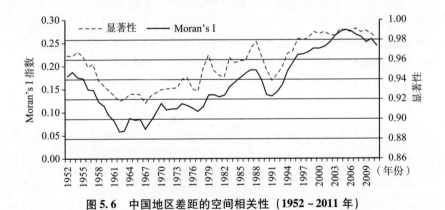

图 5.6 中国地区差距的空间相关性（1952～2011 年）

从图 5.6 可以发现：其一，1952～2011 年我国临近省级单位之间一直存在正向空间自相关性，且该自相关性一直在统计上显著，这就说明省级层面上我国区域经济发展一直具有局部空间集聚特征，亦即相邻地区的局部差距要小于全国整体的差距水平。其二，从演进趋势来看，1952 年以来我国省级单位经济发展的空间相关性可划分为"快速下降—低水平波动—低水平倒'U'型波动—高水平倒'U'型波动"四个阶段，与实际情况相对应，1952～1961 年局部区域差距水平在缩小，而 1978 年以来则表现出集聚区内部差距在缩小而集聚区之间差距在扩大的特征，进而使地区经济发展出现"落后俱乐部"和"富裕俱乐部"并存的特征。其三，1952～2011 年，大致在 1961 年、1978 年、1991 年时，Moran's I 指数的曲线出现转折，而这些转折点与我国计划经济体制确立、计划经济向市场经济的转型、改革开放等一系列经济政策的启动时期相"耦合"，从而经济政策对空间相关性、地区差距的作用值得关注。其四，图 5.6 中，Moran's I 指数的取值与其显著性保持了高度相关性，但从 Moran's I 指数的计算来看，其取值与显著性理应是独立的，这也就说明了两者有着共同的决定因素，但这些共同的决定因素是什么呢？结合前面 Moran's I 曲线与相应经济政策"耦合"的事实，以及计划经济与市场经济对空间自相关的影响方式[①]，这也从侧面印证了政策因素在我国地区差距中的重要作用。

5.4.2　中国地区差距的空间分布

上述 Moran's I 指数及其时序演进已表明我国各省（市、区）在经济发展中存在空间自相关，亦即我国区域经济发展存在空间上的集中现象，然而该空间集中的地理分布格局如何呢？为解答该问题，我们在前面经济与人口匹配的思路及 M 指数的基础上，进一步将空间因素考虑进来，结合各地区面积的比重来构造经济集聚指数和人口集聚指数，进而通过对这两项指数的比较获取地区差距的地理集中情况。具体来说，经济集聚指数（EI）和人口集聚指数（PI）的计算方法为：

$$EI = \frac{RGDP_i}{GDP} \bigg/ \frac{PLAND_i}{LAND} \tag{5.11}$$

$$PI = \frac{RPOP_i}{POP} \bigg/ \frac{LAND_i}{LAND} \tag{5.12}$$

式（5.11）和式（5.12）中，$PLAND_i$ 表示 i 地区的土地面积，$LAND$

---

① 一般地，计划经济体制下，计划是调度资源的重要手段，但由于计划分配在空间层面的随机发散倾向会导致空间相关性的减弱；在市场经济体制下，市场是配置资源的主要方式，并且由于空间邻近的区域有着相似的初始状态和生产函数结构，因此市场均衡状态下的要素空间配置将会呈现出较强的空间相关性；计划经济所引致的空间发散和市场经济所引致的空间集聚将会对空间相关性的方差造成影响。

为区域总土地面积，$RGDP_i$、$RPOP_i$ 依然为 i 地区的经济总量和人口数量，GDP 和 POP 为全部地区的经济总量和人口总量。

具体来说，对式（5.11）、式（5.12）所示的经济集聚指数和人口集聚指数分别取自然对数，然后以（0，0）为原点，分别以这两个对数值为 X 轴和 Y 轴建立直角坐标系，绘制各省关于这两个指数对数值的散点图，然后根据该散点图便可确定相应年份我国的经济地理格局。根据我国大陆地区的实际情况，2011 年我国大陆地区经济地理格局区分结果如图 5.7 所示。

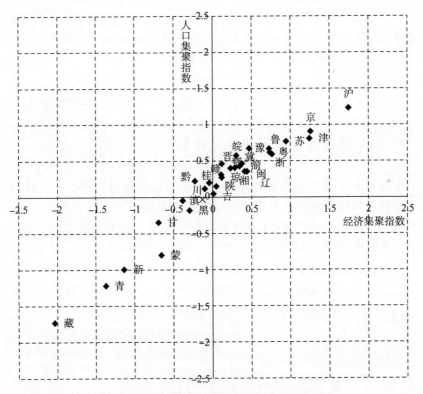

图5.7 2011 年我国大陆地区经济地理格局划分

图 5.7 中，由经济集聚指数和人口集聚指数所确定的 2011 年我国大陆地区 31 个省（市、区）的经济空间集中情况主要位于第一、第二、第三象限，其中，第一象限相关省（市、区）的两个指数均大于 1，第三象限相关（市、区）的两个指数均小于 1，而第二象限相关（市、区）的人

口集聚指数大于 1、经济集聚指数小于 1。根据所处象限不同，首先可以
将我国经济的空间集中划分为这三种类型。此外，由于第一象限集中了较
多的省区，我们又绘制了贯穿第一、第三象限且与 X 轴正方向成 45 度角
的直线，从而第一象限中位于该直线之上的省（市、区），其人口集聚指
数大于经济集聚指数，而位于该直线之下的省（市、区），其人口指数小
于经济集聚指数。基于此，我国大陆各省（市、区）的经济地理格局可区
分为四类：A 类地区经济与人口所占的比重均大于其所占土地面积的比
重，且经济集聚程度大于人口集聚程度；B 类地区经济与人口所占的比重
也均大于其所占土地面积的比重，但人口集聚程度大于经济集聚程度；C
类地区相关省（市、区）人口所占的比重大于其土地面积的比重，而经
济所占的比重小于其土地面积的比重；D 类地区相关省（市、区）经济
与人口所占的比重均小于其所占土地面积的比重，按照上述思路，我们
对 1952～2011 年平均水平意义的我国经济地理格局作了区分，具体结
果如表 5.6 所示。

表 5.6　　　　　　　　相关年份我国经济地理格局划分结果

年份	A 类	B 类	C 类	D 类
1952	北京、天津、河北、山西、辽宁、上海、江苏、浙江、江西	安徽、福建、山东、河南、湖北、湖南、广东、重庆	广西、四川、贵州、陕西	内蒙古、吉林、黑龙江、云南、西藏、甘肃、青海、宁夏、新疆
1978	北京、天津、辽宁、上海、江苏、广东、吉林	河北、陕西、浙江、安徽、福建、江西、山东、河南、湖北、湖南、海南、重庆、四川、陕西	广西、贵州	内蒙古、黑龙江、云南、西藏、甘肃、青海、宁夏、新疆
1992	北京、天津、辽宁、上海、江苏、浙江、福建、山东、广东、海南	河北、山西、吉林、安徽、江西、河南、湖北、湖南、广西、重庆	四川、贵州、陕西	内蒙古、黑龙江、云南、西藏、甘肃、青海、宁夏、新疆
2011	北京、天津、辽宁、上海、江苏、浙江、福建、山东、广东	河北、山西、吉林、安徽、江西、河南、湖北、湖南、海南、重庆、陕西	广西、四川、贵州	内蒙古、黑龙江、云南、西藏、甘肃、青海、宁夏、新疆

续表

年份	A 类	B 类	C 类	D 类
1978～2011	北京、天津、辽宁、上海、江苏、浙江、福建、山东、广东	河北、山西、吉林、安徽、江西、河南、湖北、湖南、海南、重庆	四川、贵州、陕西	内蒙古、黑龙江、广西、云南、西藏、甘肃、青海、宁夏、新疆
1952～2011	北京、天津、辽宁、吉林、上海、江苏、浙江、广东	河北、山西、安徽、福建、江西、山东、河南、湖北、湖南、重庆、陕西	广西、四川、贵州	内蒙古、黑龙江、云南、西藏、甘肃、青海、宁夏、新疆

注：由于海南省 1952～1977 年的 GDP 数据缺失，因此 1952 年和 1952～2011 年的区分结果中不包括海南省。

根据图 5.7 及表 5.6 可以发现：其一，我国大陆地区经济地理格局并不是与东部、中部、西部、东北的传统划分完全对应，以 2011 年为例，相对于其他地区，东部地区的河北、河南发展相对滞后，西部地区的陕西、重庆发展较为领先，东北地区的辽宁处于领先位置，而中部地区六省发展程度较为接近。其二，我国大陆地区的经济地理格局呈现梯次分布特征，以 2011 年为例，按照从 A 类到 D 类地区的次序，上述各地区的分布也逐步呈现从东到西的梯次演进特征，亦即发达地区主要集中在东部沿海，而落后地区主要集中在西部，从而各省市区的经济发展水平呈现明显的地理集中现象。

5.4.3　中国地区差距形成因素的分解

在上述中国地区差距形成因素分析及经济地理格局划分的基础上，由此而来的问题使地区差距的形成因素在各类型地区之间的作用有何异同？为解答该问题，我们拟通过以下步骤获得比较直观的结果：第一，对于作为被解释变量的地区差距指数（mi），我们首先计算 1978～2011 各年份的 M 指数，然后计算 1978～2011 年该 M 指数的算术平均值；随后，在前面构造的 MI 指数的基础上，计算 1978～2011 年各省（市、区）该指数的算术平均值；最后，用各省（市、区）的 MI 指数的算术平均值减去 M 指数的算术平均值，便可获得各省（市、区）的 MI 指数与全国平均水平地区差距的差异。第二，对于劳动力流动壁垒（lb）、资本边际产出

（mpk）、技术吸收能力（ts）及非农劳动生产（np）率等解释变量，我们
依然首先计算 1978～2011 年各年份这些变量的算术平均值（1），其次计
算该算术平均值的算术平均值（2），再次计算各截面（省、市、区）
1978 年以来相应指标的算术平均值（3），最后用各截面相应指标的算术
平均值（3）减去算术平均值（2），便可获得省（市、区）的相关解释变
量与全国平均水平的差异。第三，对于 lb、mpk、ts、np 等解释变量，我
们再运用主成分分析法作降维分析，最后提取一个指标来综合指标体现这
四个指标。通过这样的测算，我们便可以通过比较各省区与全国平均水平
的地区差距以及那些影响地区差距的因素差异，从而直观获得是什么因素
使得该省份的地区差距大于（或者小于）全国的平均水平。表 5.7 给出了
1978～2011 年我国大陆各省（市、区）与全国平均水平之间的差距以及
差距形成因素的分解结果。

表 5.7　　　　1978～2011 年中国各省（市、区）地区差距分解结果

地区	mi	lb	mpk	ts	np	综合
A 类地区						
北京	0.006892	119.206574	−0.078875	1.249010	0.375402	0.435310
天津	−0.001561	98.887911	−0.086727	0.849305	0.441854	0.362090
辽宁	0.003967	−124.017242	−0.035230	0.405164	0.171547	−0.454320
上海	0.024956	1012.640424	−0.065620	1.130784	1.450450	3.708240
江苏	0.009489	168.814947	0.087523	0.311573	0.261185	0.618350
浙江	0.004231	271.461390	0.093090	0.269742	0.033488	0.991780
福建	−0.007065	39.670030	0.093769	0.038647	−0.016189	0.146090
山东	−0.004114	−35.456437	0.028289	0.284029	0.029779	−0.128490
广东	0.012761	471.004898	0.085675	−0.145296	0.227557	1.723970
B 类地区						
河北	−0.005434	−135.976842	−0.019057	0.094784	−0.021543	−0.498250
山西	−0.006855	−170.183558	−0.050496	0.218819	−0.068385	−0.622720
吉林	−0.010401	−280.428325	−0.019041	0.393227	−0.024235	−1.025430
安徽	0.007898	−85.108339	0.051439	−0.030549	−0.296972	−0.311540
江西	0.000790	−241.069398	0.106542	−0.016754	−0.317724	−0.882650

地区	mi	lb	mpk	ts	np	综合
B 类地区						
河南	0.015093	− 180.065671	0.084404	− 0.046833	− 0.169252	− 0.659330
湖北	− 0.002452	− 31.121304	0.013552	0.198224	− 0.144173	− 0.113850
湖南	0.005105	− 142.667815	0.077873	− 0.975926	− 0.316545	− 0.523880
海南	− 0.011154	− 65.057547	0.071353	− 0.292032	− 0.052707	− 0.238320
重庆	− 0.003921	159.558494	0.086572	− 1.052251	− 0.192791	0.585400
C 类地区						
四川	0.015052	15.915700	0.048518	− 0.177298	− 0.236010	0.058220
贵州	0.005805	− 101.242990	0.011799	− 1.469710	− 0.292951	− 0.370120
陕西	− 0.002407	4.270297	− 0.058027	0.181178	− 0.134787	0.014290
D 类地区						
内蒙古	− 0.008725	− 148.275576	− 0.001175	0.257654	0.213185	− 0.542180
黑龙江	− 0.006461	− 341.207522	− 0.012100	0.391575	0.045227	− 1.248750
广西	0.004106	− 176.776127	0.112661	− 0.307862	− 0.325665	− 0.648350
云南	0.002734	− 24.006268	0.027488	− 0.469982	− 0.166177	− 0.088220
西藏	− 0.011655	444.741610	− 0.142026	− 0.990067	0.011284	1.628790
甘肃	− 0.003501	172.837371	− 0.074945	− 0.153933	− 0.078398	0.633000
青海	− 0.011367	− 211.219227	− 0.181435	− 0.120822	− 0.248224	− 0.772820
宁夏	− 0.011251	− 223.033383	− 0.143213	− 0.073703	− 0.165695	− 0.816760
新疆	− 0.010553	− 262.096078	− 0.112582	0.049303	0.007468	− 0.959530

　　如表5.7所示，根据经济地理特征所区分的我国四种类型的区域中，各省（市、区）的地区差距指数及其形成因素的直观表现有以下几个方面。

　　第一，A 类地区。从地理分布来看，A 类地区全部为我国大陆版图上东部沿海地区，并由此构成了我国经济地理的"第一梯队"。该类型地区有着全国最发达的经济但所容纳的人口还小于经济的比重，这说明该地区有着较高的生产率之外，还说明该区域在地区差距形成中扮演着推动"上限扩大者"的角色。从各形成因素来看，大多数省（市、区）的劳动力流动壁垒、技术吸收能力和非农劳动生产率均高于全国平均水平，一些地区的资本边际产出出现了低于全国平均水平的局面。总体来说，通过 A 类地区发展缩小地区差距的切入点在于，通过进一步克服"城市病"等措施来提高人口集聚水平。

第二，B 类地区。从地理位置来看，B 类地区集中了我国中部地区的六省区、经济区划意义上东部地区经济发展靠后的部分省区和西部经济发展靠前的部分省区，并由此构成了我国经济地理的"第二梯队"。该类型地区有着较为发达的经济，但相对于人口份额其所集聚的经济份额还略显不足。从各形成因素来看，大多数省（市）的城乡收入差距和非农劳动生产率要低于全国平均水平，同时大多数省区的资本边际产出要高于全国平均水平，从而以提高非农劳动生产率和缩小城乡收入差距为"切入点"，成为这些地区提升经济集聚份额，进而缩小人口与经济不匹配程度的重要方式。

第三，C 类地区。从地理位置来看，C 类地区为我国西部地区三个相互接壤进而形成的"连片区"。这三个省级单位，所集聚的人口比例高于土地面积占比，但经济总量占比却低于土地面积比重，从而缩小人口与经济不匹配程度的切入点为适当推动人口流动并提高经济发展水平。从各形成因素来看，城乡收入差距与全国平均水平基本持平或略低，这说明需进一步推动城镇的发展以形成经济发展的"引力"；四川、贵州两省的资本边际产出较高而人均受教育程度较低，因此应进一步满足其资本需求和提升受教育程度；对于低于全国平均水平的非农劳动生产率作为这三省的共同特征，因进一步发挥接近发达地区的地理优势，切实吸收、引进一批技术和管理人才，从而提升生产率水平。

第四，D 类地区。从地理位置来看，D 类地区主要包括经济区划意义上的我国西部地区的八省（市、区）及东北地区的黑龙江省，这些地区的共同特征为与我国经济发达地区的空间距离较大，并由此构成了我国经济地理的"第四梯队"。这些地区成为我国人口与经济发展不匹配的"下限扩大者"。从地区差距的形成因素来看，该类地区中的大多数省级单位在城乡收入差距、资本边际产出、受教育程度和非农劳动生产率方面低于全国平均水平，从而应从降低人口份额与提升经济份额两方面出发以减小目前的人口与经济不匹配程度。

5.5　结论与启示

本章在统计描述中国地区差距时空特征的基础上，从要素与经济发展匹配性的角度提出了分析地区差距的新视角，并基于 1978～2011 年我国大陆地区 31 个省（市、区）的长面板数据检验了劳动力流动壁垒、资本边际产出、技术吸收能力和非农劳动生产率等因素对地区差距的总体影响，最后又在测度中国地区差距空间相关性的基础上，根据人口与经济的匹配性将我国经济地理格局划分为四种类型，并分析了不同影响因素对各类地区在影响方式和影响程度上的差异。基于上述分析，我们可以得到以下结论与启示：

第一，劳动力流动壁垒成为推动地区差距扩大的显著因素。实证检验证实了劳动力流动壁垒与地区差距的正向关系，因此，降低劳动力流动的壁垒也随之成为缩小地区差距的理想"切入点"。一般地，劳动力流动的壁垒也主要包括自然条件、基础设施等方面的自然壁垒，还包括现行制度下的一些政策壁垒，从而降低劳动力流动壁垒的主要措施为：通过加大对中西部落后地区公路、通信等基础设施的建设与投资，降低劳动力流动的交通成本；通过构建与完善劳动力迁出地与迁入地之间的劳动力市场，降低劳动力流动的信息成本；通过户籍制度的改革、城市流动人口管理制度的完善、公共产品与服务分配制度健全等方式，降低劳动力流动的制度壁垒。

第二，资本边际产出的地区差异成为扩大地区差距的显著因素。实证检验已经表明资本边际产出与地区差距之间显著正向关系成立的主要原因在于，中西部地区的资本边际产出相对于东部地区下降更快所致，从而资本视角缩小地区差距的着力点还在于提高中西部地区的资本收益率。具体地，应该从国家财政支持与区域金融市场完善两个方面入手来提高中西部地区的资本收益率：首先，国家财政支持的重要性不仅在于完善中西部地区的基础设施与服务，更重要的还在于推动这些地区金融的"独立性"；其次，区域金融市场完善的重点则在于提高中西部地区的资本回报率，进而建立与东部地区金融市场的良好互动机制。

第三，技术吸收能力与非农生产率对地区差距的作用方向具有一定差异。一般地，技术吸收能力和非农生产率均与效率相关，但前者对地区差距具有正向影响，而后者对地区差距具有负向影响，其原因可能在于受教育程度的提高在提升劳动力素质的同时，也为这些劳动力离开落后地区并进入发达地区提供了必要条件。因此，技术与生产率视角缩小地区差距的侧重点还在于中西部地区产业的发展以及培养落后地区亟须的人才，以实现这些人才的就地"消化"。

第四，我国的地区差距随着经济发展表现出了先扩大再缩小的趋势。实证检验表明，近年来我国地区差距表现出倒"U"型曲线的态势，但鉴于1978年以来我国的地区差距已经至少出现两次缓解的现象，因此，如何保证该缩小趋势不反弹便显得十分重要。此外，值得注意的是，尽管近年来我国地区差距有所缩小，但无疑我国地区差距还在高位运行，因此，如何在地区差距得以遏制的基础上弥合地区差距仍显得十分重要。

第五，我国经济地理格局表现出明显的空间自相关性。本书的实证研究表明，按照经济集聚与人口集聚的不同，我国经济地理格局可被划分为依次递进且集中连片的四类地区，而这四类地区与"第一自然"中的对外开放条件等因素具有高度"耦合性"。在此背景下，有效利用该"第一自然"来科学区分我国经济地理格局，进而从经济地理的角度缩小我国地区之间的差距便成为现实选择。具体来说，可按照完善对外开放格局的要求，在要素、经济在东部沿海集聚的同时，进一步通过政策扶持、交通基础设施完善等手段推动这些要素在南部和西部的集聚，进而形成和推动我国向西开放、向南开放的全面开放格局。

第 6 章

中国区域经济增长效率的空间
分布及其影响因素分析

6.1 引　　言

改革开放 40 年以来，我国经济以近两位数的速度快速增长，经济社会面貌大为改观，然而与这种快速变化相伴随的是巨大的生态环境代价、有限的资源使用效率和严峻的资源环境约束。从生态环境代价来看，环境保护部环境规划院的《2009 年中国环境经济核算报告》显示[①]，2009 年我国生态破坏损失和环境退化成本达到 13916.2 亿元，占当年全国 GDP 的 4.1%；从资源使用效率来看[②]，按 2005 年不变价购买力平价计算的 2009 年我国万美元 GDP 能耗为 2.73 吨标准油/万美元，为当年世界平均水平的 1.48 倍、高收入水平国家的 1.83 倍、中等收入国家的 1.21 倍；从资源环境约束来看，世界能源机构的预测表明[③]，2030 年中国一次能源需求量将达到 38.27 亿吨油当量，占同期亚洲能源需求量的 59.3%，为当年美国一次能源需求量的 1.60 倍；另外，据该机构的预测，2030 年中国二氧化硫（SO_2）的排放量将达到 2900 万吨，占当年亚洲 SO_2 排放总量的 55%；二氧化碳（CO_2）的排放量将达到 70.62 亿吨，为当年美国该排放量的 2.23 倍。基于此背景，正如我国"十二五"规划所指出的，必须增强危机意识，加快构建资源节约、环境友好的生产方式和消费模式，增强

---

① http://www.caep.org.cn/ReadNews.asp? NewsID = 3105.
② 根据《国际统计年鉴 2011》计算所得。
③ IEA, World Energy Outlook 2011。

可持续发展能力。落实到具体实践，既要保持经济增长又要实现节能减排的任务，那么效率或生产率的提高便是解决该矛盾的必然出路。

目前，生产率或效率的测度方法主要有增长核算法、生产函数法、随机前沿分析法和数据包络分析法（Hulten，2001），其中，前三种测算方法均需设定具体的函数形式，而函数形式不恰当设定会对测算结果的准确性造成影响；相对而言，数据包络分析方法却因不需要设定具体的生产函数形式、不需要特定的行为和制度假设，也不要求对无效率分布作先定假设等优势，在最近的研究中备受关注（杨万平，2011）。具体来说，伴随着数据包络分析方法（DEA）的不断完善，该方法的运用及对生产率及技术效率的测算大致经历了以下几个主要阶段。

第一，不考虑资源环境约束的效率测度。源于 1997 年金融危机后，克鲁格曼等学者对中国 TFP 太低从而不足以支持可持续增长的质疑，相关研究者便运用 DEA 方法测算中国的 TFP（郑京海、胡鞍钢，2005；王志刚、龚六堂，2006；吴延瑞，2008），进而间接获得我国的经济增长绩效。这些研究得到了许多有意义的结论，但重要缺陷还在于仅考虑了 GDP 等期望产出，而对生产过程中的 COD、CO_2、SO_2 等“非期望产出”未加考虑，然而忽视这些“非期望产出”因素的结论不仅不能体现经济的可持续发展能力，还扭曲了对经济绩效和社会福利的评价，从而有可能误导政策建议（Hailu and Veeman，2000）。

第二，考虑资源环境约束的效率测度。皮特曼（Pittman，1983）在测度威斯康星州造纸厂的效率时首次尝试引入了“非期望产出”；钟、费尔（Chung and Färe，1997）基于方向性距离函数，进一步提出能够同时考虑“好”产出增加和“坏”产出减少的 Malmquist – Luenberger（ML）生产率指数；此后，运用考虑“非期望产出”的 *ML* 生产率指数的实证研究逐步增多，如度马利克韦伯（Domazlicky Weber，2004）、古玛（Kumar，2006）等。当然，随着研究方法的进展，以中国经济绩效为研究对象且考虑了非期望产出的研究也不断涌现，根据所考虑的因素不同，这些研究大致可分为仅考虑环境约束（吴军、笪凤媛，2010）等、仅考虑资源约束（李国璋、王双，2008）等以及将资源与环境因素同时纳入分析框架的研究（袁晓玲、张宝山，2009）等三类。在现实经济世界中，经济活动不仅受到资源投入的制约，同时还受到环境污染的约束，从而将资源与环境约束同时纳入分析框架是理想的选择。

第三，对环境约束的处理方法。在同时考虑资源环境约束的研究中，资源一般被视为投入，但在环境污染方向的处理及纳入模型的方式上均存在一定的分歧。在对环境污染方向的处理上：其一，一些研究将其视为投入（李胜文、李新春，2010），但由于环境污染具有产出特征，从而应当被视为产出而不应当是投入；其二，将其视为产出，该视角下，对环境污染负外部性的认识上也具有一定的分歧，一些研究没有考虑环境污染的负外部性并将其与好产出一样对待；事实上，环境污染不仅是生产过程的副产品，还是"非期望产出"，从而在测算过程中应将其与期望产出进行严格区分（朱承亮、岳宏志，2012）。具体地，"期望产出"与"非期望产出"的区分方式主要有：将非期望产出向量乘以 −1 进而转换成"合意产出"的"逆产出模型"（索尔福德，2002）、将非期望产出取倒数进而转化成期望产出的"倒数法模型"（谢尔，2001）和 ML 生产率指数模型（费尔、格罗斯科普夫，2004）。需要指出的是，"逆产出模型"因局限于在规模报酬可变条件下求解从而限制了其适用性，而"倒数法模型"因与将环境污染视为投入处理的逻辑一样而不符合现实，而基于 ML 生产率指数的模型因正确处理了非期望产出而被广泛应用（Watanabe and Tanaka，2007；胡鞍钢、郑京海，2008；陈诗一，2010）。

第四，投入与产出的松弛性问题。库珀、索尔福德（Cooper and Seiford，2006）根据 DEA 模型的度量办法不同将其划分为径向的和角度的、径向的和非角度的、非径向的和角度的、非径向的非角度的四种类型。其中，角度是指投入或产出角度，径向是指投入或产出的同比例变动以达到有效。然而，传统的 DEA 模型大多属于径向的和角度的，从而不能充分考虑投入和产出的松弛性问题，而测度结果也大多是有偏的。基于此，托恩（Tone，2001）又提出了非径向、非角度的 SBM（slack-based measure，SBM）模型来解决传统 DEA 分析中投入产出松弛性问题，托恩（Tone，2004）又在初始 SBM 的基础上将非合意产出纳入了 SBM 模型；后来，福山、韦伯（Fukuyama and Weber，2009）和费尔、格罗斯科普夫（Färe and Grosskopf，2010）发展出了更具一般性的非径向、非角度，且考虑非合意产出的方向性距离函数。随后，有一批研究者基于 SBM 模型测算了中国的经济效率或生产率情况（李静，2009；王兵、吴延瑞，2010）。

第五，动态分析中技术退步问题。需要指出的是，上述有关效率的测度均使用当期观测值来确定当期的生产前沿，但产出的短期波动无疑会对生产前沿造成影响，从而在动态分析中可能会出现因技术倒退所产导致的前沿"凹陷"情况，并进一步导致计算结果出现偏差。有鉴于此，金东玄、阿尔马斯（Donghyun and Almas, 2010）基于序列 DEA（Sequential DEA）思想所提出的 SML（sequential malmquist-luenberger）指数法则能够较好地克服该弊端。基于此，国内一些研究也运用该方法测度了我国的 TFP 及其变化情况（王兵、王丽，2010；贺胜兵、周华蓉，2011；田银华、贺胜兵，2011；杨文举、龙睿赟，2012），但需要指出的是，这些研究均仅考虑了环境污染的约束，但并没有考虑到资源投入的约束；尽管程云鹤、齐晓安（2012）的研究同时考虑到资源与环境的约束并运用 SML 指数法测度了 1987 ~ 2009 年中国 TFP 的时空演变，但其对 TFP 空间的变化基于传统的东部、中部、西部划分法，从而并不是基于"内生"的效率变迁进行区分与分析的。

有鉴于此，本书拟从以下几个方面进行拓展性研究：其一，基于序列 DEA 思想，测算 1998 ~ 2011 年我国各地区资源环境双重约束下的 SML 指数和环境技术效率情况，并将 SML 指数进一步分解为技术进步指数、技术效率变化指数和规模效应指数；其二，对于异质性的地区经济增长效率，在空间经济学框架下寻找可能导致这些异质性的原因，并对其进行实证检验；其三，基于上述实证分析结果，运用相关技术方法，刻画技术效率与 SML 生产率指数的空间分布情况；最后，在总结研究结论的基础上给出相应的政策启示。

6.2 经济增长效率测度方法

测度资源环境双重约束下经济增长效率的基本思路是，首先通过数据包络分析法得出生产的前沿面，再通过方向性距离函数测算技术效率和 ML 生产率，而对 ML 指数的进一步分解便可获得技术进步、技术效率和规模效应情况。

6.2.1 环境技术

在实际经济生活中，所谓资源环境的双重约束就是在保持经济增长的同时减少对环境的污染，亦即在增加"期望产出"的同时降低"非期望产出"。费尔、格罗斯科普夫（Färe and Grosskopf, 2007）对这一生产过程进行了模型化，并给出了该生产过程的生产可能集：$P(x) = \{(y, b):$ x 可以生产 $(y, b)\}$，$x \in R_+^N$，该生产可能集必须满足单调性、凸性、投入和期望产出的强可处置性、期望与非期望产出的"零联合"处置等假设。进一步地，假设生产过程可以由 N 种投入要素 $x = (x_1, x_2, \cdots x_N)$，$x \in R_+^N$；生产出 M 种期望产出 $y = (y_1, y_2, \cdots y_M)$，$y \in R_+^M$；生产出 I 种非期望产出 $b = (b_1, b_2, \cdots, b_I)$，$b \in R_+^I$，从而经济活动中决策单元（$k = 1, 2, \cdots, K$）在每一个时期（$t = 1, 2, \cdots, T$）的投入产出组合为（$x_k^t$，$y_k^t$，$b_k^t$）。据此假设，运用数据包络分析法（DEA）将该生产过程可表示为式（6.1）：

$$P^t(x) = \begin{cases} (y, b) \mid \sum_{k=1}^{K} z_k^t y_{km}^t \geqslant y_{km}^t, \forall m; \sum_{k=1}^{K} z_k^t b_{ki}^t = b_{ki}^t, \forall i \\ \sum_{k=1}^{K} z_k^t x_{kn}^t \leqslant x_{kn}^t, \forall n; z_k^t \geqslant 0, \sum_{k=1}^{K} z_k^t = 1 \end{cases} \quad (6.1)$$

式（6.1）中，z_k^t 为各决策单元观测值的权重，$z_k^t \geqslant 0$ 表示规模报酬不变的情形（CRS），$z_k^t \geqslant 0$ 且 $\sum_{k=1}^{K} z_k^t = 1$ 则表示规模报酬可变。

需要指出的是，式（6.1）所示的 DEA 模型具有以下特点：其一，用当期观测值来确定生产可能性集，即 $P^t(x^t) = \{(y^t, b^t): x^t$ 可以生产 $(y^t, b^t)\}$，$t = 1, 2, \cdots, T$，从而在经验分析中难以避免地会出现技术倒退的结论；其二，假定合意产出的增加与非合意产出的减少按照相同比例变动，这往往与现实情况不相符。

6.2.2　方向性距离函数与序列数据包络分析

钟、费尔（1997）所提出的在规模报酬不变情况下（CRS），同时考虑合意产出增加与非合意产出减少的方向性距离函数及相应的环境效率函数为式（6.2）：

$$TE^t = \frac{1}{1 + \vec{D}_0^t (x_{k'}^t, y_{k'}^t, b_{k'}^t; y_{k'}^t, -b_{k'}^t)} = \frac{1}{1 + \beta} \quad (6.2)$$

式（6.2）中，TE^t 表示 t 期的环境效率函数，$\vec{D}_0(*)$ 表示方向性距离函数，β 表示投入和产出变动的比例。

对于式（6.1）所示的传统 DEA 模型不能有效处理技术倒退的缺陷，金东玄、阿尔马斯（Donghyun and Almas, 2010）所发展的序列 DEA 模型则能较为理想地避免该缺陷。具体地，序列 DEA 中第 t 期生产可能性集则包括了前期所有的观测值，即 $\bar{P}^t(x^t) = P^1(x^1) \cup P^2(x^2) \cup \cdots \cup P^t(x^t)$，$(1 \leq t \leq T)$，结合"弱可处置性"的要求及式（6.2）所示的方向性距离函数，则可通过求解式（6.3）所示的线性规划来求解时期 t、决策单位 k 的方向性距离函数 $\vec{D}_0^t(x_{k'}^t, y_{k'}^t, b_{k'}^t; y_{k'}^t, -b_{k'}^t)$：

$$\vec{D}_0^t(x_{k'}^t, y_{k'}^t, b_{k'}^t; y_{k'}^t, -b_{k'}^t) = \max \beta$$

$$\text{s. t.} \sum_{\tau=1}^{t} Y^\tau Z^\tau \geq (1 + \beta) y_k^t,$$

$$\sum_{\tau=1}^{t} B^\tau Z^\tau = (1 - \beta) b_k^t,$$

$$\sum_{\tau=1}^{t} X^\tau Z^\tau \leq (1 - \beta) x_k^t, \quad .$$

$$Z^\tau \geq 0 \tag{6.3}$$

$$\vec{D}_0^t(x_{k'}^t, y_{k'}^t, b_{k'}^t; y_{k'}^t, -b_{k'}^t) = \min \frac{1 - \alpha}{1 + \dfrac{\omega_g \beta + \omega_b \gamma}{(\omega_g + \omega_b)}}$$

$$\text{s. t.} \sum_{\tau=1}^{t} Y^\tau Z^\tau - (1 + \beta) y_{k'}^t - s^{g+} = 0$$

$$\sum_{\tau=1}^{t} B^\tau Z^\tau - (1 - \gamma) b_{k'}^t + s^{b+} = 0$$

$$\sum_{\tau=1}^{t} X^\tau Z^\tau - (1 - \alpha) x_{k'}^t + s^- = 0$$

$$Z^\tau \geq 0 \tag{6.4}$$

式（6.3）中，Y^τ 为第 τ 期 $M \times K$ 维期望产出矩阵，B^τ 为第 τ 期 $J \times K$ 维非期望产出矩阵，X^τ 为第 τ 期 $N \times K$ 维投入矩阵；相应的，y、b、x 分别为期望产出、非期望产出与投入向量；Z^τ 为构建序列生产可能性前沿过程中每个决策单位敏感程度的 $K \times 1$ 维列向量。

对于式（6.1）所示的传统 DEA 模型要求合意产出与非合意产出比例性变动的缺陷，我们可以通过调整式（6.3）中产出变化的比例 β 来解决该问题。具体来说，我们可以借鉴钟、费尔（1997）在初始构造方向性距离函数时的做法，假设投入减少、合意产出增加、非合意产出减少的最大可能比例分别为 α、β、γ（三者不一定相等），进一步假设 ω_g、ω_b 分别为期望好产出权重与期望坏产出权重，那么可通过求解式（6.4）所示的线性规划来求解时期 t、决策单位 k 的方向性距离函数 $\vec{D}_0^t(x_{k'}^t, y_{k'}^t, b_{k'}^t; y_{k'}^t,$

$-b^t_{k'})$。

相比较而言，式（6.4）所示的序列 DEA 方法具有以下优点：其一，避免了经验分析中技术倒退结论的产生；其二，充分吸收了技术追赶（catching up）思想，即后发者可通过模仿创新进而达到追赶先发者；其三，排除了短期波动对生产前沿构建的影响；其四，避免了混淆技术进步与技术效率变化对 TFP 的相对作用（Timmer，Los，2005）；其五，纠正了投入、合意产出、非合意产出同比例变动的不当假设。

6.2.3　SML 指数及其分解

根据式（6.3）、式（6.4）所示的方向性距离函数，便可借鉴钟、费尔（Chung and Färe，1997）的 Malmquist 生产率指数及其两重分解方法，得出以 t 期为基期的 $t+1$ 期的序列 ML 生产率指数（SML），具体由式（6.5）表示：

$$SML^{t+1}_t = \left[\frac{1+\vec{D}^t_0(x^t, y^t, b^t; g^t)}{1+\vec{D}^t_0(x^{t+1}, y^{t+1}, b^{t+1}; g^{t+1})} \right.$$
$$\left. \times \frac{1+\vec{D}^t_0(x^t, y^t, b^t; g^t)}{1+\vec{D}^{t+1}_0(x^{t+1}, y^{t+1}, b^{t+1}; g^{t+1})} \right]^{\frac{1}{2}} \quad (6.5)$$

由式（6.5）亦可分解出技术进步指数（STC）与效率变化指数（SEC）：

$$SEC^{t+1}_t = \frac{1+\vec{D}^t_0(x^t, y^t, b^t; g^t)}{1+\vec{D}^{t+1}_0(x^{t+1}, y^{t+1}, b^{t+1}; g^{t+1})} \quad (6.6)$$

$$STC^{t+1}_t = \left[\frac{1+\vec{D}^t_0(x^t, y^t, b^t; g^t)}{1+\vec{D}^t_0(x^t, y^t, b^t; g^t)} \right.$$
$$\left. \times \frac{1+\vec{D}^t_0(x^{t+1}, y^{t+1}, b^{t+1}; g^{t+1})}{1+\vec{D}^{t+1}_0(x^{t+1}, y^{t+1}, b^{t+1}; g^{t+1})} \right]^{\frac{1}{2}} \quad (6.7)$$

并且有：

$$SML^{t+1}_t = SEC^{t+1}_t \times STC^{t+1}_t \quad (6.8)$$

式（6.5）、式（6.6）、式（6.7）中，SML、SEC、STC 大于（小于）1 分别表示决策单元经历了生产率的提高（降低）、技术效率的改善（恶化）、技术进步（倒退）。式（6.5）~式（6.8）所示的 SML 生产率指数及其分解中，需要指出的是：其一，每一个生产率的变化需要求解包括两个当期环境技术效率、两个混合环境技术效率在内的四个线性规划；其二，为了避免下一期（$t+1$）投入产出值在当期（t）未必可行从而无解情况的出现，我们的序列 DEA 中每一年的参考技术由当期（t）及前一期（$t-1$）的投入产出值决定。

此外，费尔、格罗斯科普夫（Färe and Grosskopf, 1997）指出，在规模报酬可变（VRS）时，还可以将规模效应（SCH）考虑进来并具有式（6.9）所示的基本关系：

$$SML(CRS) = SML(VRS) \times SCH = SEC \times STC \times SCH \qquad (6.9)$$

式（6.9）中，SEC、STC 表示技术可变条件下的技术效率变化、技术进步，SCH 表示规模效应。

6.3　中国经济增长效率测度

6.3.1　指标设计及数据描述

我们拟采用 SML 指数法测算各地区的经济增长效率情况，所选取的投入与产出指标如下：

劳动投入：考虑到劳动力素质及"干中学"效应带来的人力资本存量增加对经济增长的重要性，我们用滞后三年的人力资本存量来表示劳动力投入。具体来说，我们拟借鉴岳书敬、刘朝明（2006）关于人力资本存量的计算方法，用平均受教育年限和劳动力数量的乘积来表示。

资本投入：我们拟用"永续盘存法"所测算的年均资本内存量来表示。具体来说，我们借鉴单豪杰（2008）的测算方法计算评估期各决策单元的年均资本存量，并用各地区相应年份的 GDP 平减指数将其统一折算到 1998 年的可比价格。

资源投入：我们用"能源消费总量"来表示。该指标包括了终端能源消费量、能源加工转换损失量、能源损失量等三部分，综合衡量了经济生产过程中的能源投入，也是非期望产出的主要来源。

期望产出：我们用地区 GDP 来表示。GDP 是反映地区经济活动的综合性指标，我们用各地区相应年份的 GDP 平减指数将其统一折算到 1998 年的可比价格。

非期望产出：我们用 SO_2 和 COD 排放量来表示。一般地，经济运行和生产过程中环境污染物是多样的，用单一指标来衡量非期望产出势必暗含各污染物的构成比例一致的假定，因此，我们用"十二五"规划中所规定的 SO_2 和 COD 排放量作为衡量非期望产出的指标。

对于上述指标，我们的基础数据来自相应年份的《中国统计年鉴》《中国环境统计年鉴》和《中国能源统计年鉴》。根据数据收集的实际情况，我们研究的时间段为 1998～2011 年，决策单元为我国大陆地区的 29 个省级单位（西藏数据不完全故暂不测算；为保持统计口径一致，四川省的数据包括重庆市）。至此，对各变量的统计描述结果如表 6.1 和图 6.1 所示。

表 6.1 变量的描述性统计

变量	N	T	均值	标准差	最小值	最大值	单位
人力资本	29	14	21352.89	15004.62	2040.06	61299.90	万人
资本存量	29	14	13060.65	12920.47	570.55	77510.09	亿元
能源消费量	29	14	8860.47	6801.95	407.00	38784.00	万吨标准煤
GDP	29	14	6377.62	6236.44	220.92	38255.83	亿元
SO_2	29	14	75.00	50.53	2.00	214.10	万吨
COD	29	14	46.27	29.10	3.20	124.60	万吨

如表 6.1 与图 6.1 所示，1998～2011 年，投入产出视角下的我国总量经济增长呈现以下特征：其一，计算期内，上述六个指标中平均增速位于前列的分别为资本存量（14.93%）、区域 GDP（11.72%）和能源投入（9.47%），这恰好反映出了计算期内我国经济增长的"高投入、高增长、高能耗"特征，由此带来的结果必定是"高污染"；其二，计算期内人力资本变化的平均速度较慢，仅为 2.42%，这一则与生育政策约束下人口增长速度较慢有关，也与基础劳动力相对有限的平均受教育年限有关；其三，SO_2 排放和 COD 排放分别表现出倒"U"型和倒"N"型变动态势，并且转折点均在 2006 年前后，这说明"十一五"以来我国节能减排规制的效果开始逐步显现。

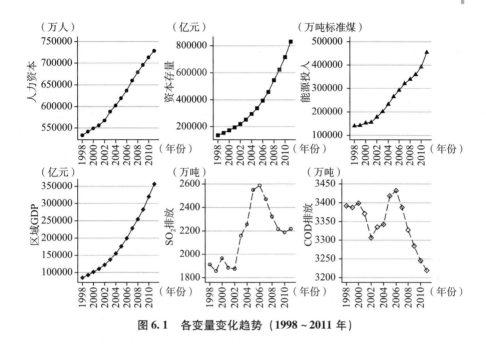

图 6.1　各变量变化趋势（1998～2011 年）

6.3.2　SML 指数测度及分解

6.3.2.1　测度结果

结合 1998～2011 年中国各地区的投入产出数据，我们用 GAMS 软件测算了考虑资源环境约束情况下，规模报酬不变（CRS）和规模报酬可变（VRS）时的 SML 生产率指数。限于篇幅，我们仅给出 1999 年、2005 年、2011 年底及 1998～2011 年平均水平意义上的测算结果，具体如表 6.2 所示。

表 6.2　　　　　各区域 SML 指数测算结果（1998～2011 年）

地区	规模报酬不变（CRS）				规模报酬可变（VRS）			
	1999 年	2005 年	2011 年	1998～2011 年	1999 年	2005 年	2011 年	1998～2011 年
安徽	1.0990	1.1170	1.0765	1.1089	1.0888	1.1320	1.1050	1.1239
北京	1.4925	1.1721	1.0245	1.2612	1.1128	1.2766	1.1227	1.2640

续表

地区	规模报酬不变（CRS）				规模报酬可变（VRS）			
	1999 年	2005 年	2011 年	1998 ~ 2011 年	1999 年	2005 年	2011 年	1998 ~ 2011 年
福建	1.0362	0.9381	1.0614	1.1523	1.0563	0.9501	1.0842	1.1355
甘肃	1.0670	1.1165	0.9518	1.0211	1.0532	1.1783	1.0361	1.0505
广东	1.0136	1.1639	1.0136	1.1414	1.0023	1.1589	1.0023	1.1355
广西	0.9580	1.0813	0.9931	1.0390	0.9413	1.1357	1.0439	1.0727
贵州	0.9755	0.9908	0.9125	1.0133	0.9852	1.0356	1.0032	1.0536
海南	1.0029	1.0029	1.0029	1.0317	1.0160	0.9665	1.0367	1.1465
河北	1.0029	1.1541	1.0101	1.0830	1.0083	1.1667	1.0056	1.0866
河南	0.9655	1.1158	0.9619	1.0726	0.9602	1.1339	0.9548	1.0790
黑龙江	0.9548	1.0709	0.9197	0.9980	0.9475	1.1014	0.9727	1.0096
湖北	1.0429	1.1041	1.0294	1.0591	1.0368	1.1385	1.0260	1.0665
湖南	1.0280	1.1351	1.0586	1.0901	1.0180	1.0972	1.0774	1.0972
吉林	1.0292	0.9671	1.1228	1.0895	1.0328	0.9887	1.1426	1.1129
江苏	1.2853	1.3663	1.2376	1.3060	1.2749	1.3595	1.2011	1.2092
江西	1.0547	1.0646	1.1951	1.0934	1.0662	1.1076	1.2246	1.1256
辽宁	1.0536	1.1706	1.0428	1.1238	1.0469	1.1531	1.0892	1.1225
内蒙古	1.0478	1.0523	1.1261	1.1108	1.0709	1.0601	1.1339	1.1474
宁夏	1.0231	0.9106	0.8998	0.9970	1.0438	0.9736	0.9844	1.0600
青海	0.9019	0.9613	0.9361	0.9559	0.9644	1.0688	0.9689	1.0643
山东	1.0179	1.1808	1.1520	1.1601	1.0342	1.1395	1.1440	1.1368
山西	1.0323	1.0926	0.9261	1.0377	1.0102	1.1236	0.9463	1.0543
陕西	0.9739	1.0774	1.0900	1.0504	0.9732	1.1127	1.1037	1.0731
上海	1.0119	1.1019	1.0119	1.1262	1.0889	1.0961	1.0007	1.1501
四川	1.0649	1.2215	1.0370	1.1171	1.0628	1.2284	1.0637	1.1321
天津	1.1381	1.2668	1.0184	1.1885	1.1425	1.4062	1.0066	1.2181
新疆	1.0384	0.9439	0.8566	0.9979	1.0429	0.9592	0.8755	1.0195
云南	1.0262	0.8957	0.9740	1.0388	1.0610	0.9539	0.9908	1.0700

续表

地区	规模报酬不变（CRS）				规模报酬可变（VRS）			
	1999 年	2005 年	2011 年	1998 ~ 2011 年	1999 年	2005 年	2011 年	1998 ~ 2011 年
浙江	1.1573	0.8189	0.9962	1.1276	1.1633	0.8006	0.9824	1.1156
东部平均	1.1102	1.1215	1.0519	1.1547	1.0860	1.1340	1.0614	1.1564
中部平均	1.0258	1.0834	1.0363	1.0687	1.0201	1.1029	1.0562	1.0836
西部平均	1.0077	1.0251	0.9777	1.0341	1.0199	1.0706	1.0204	1.0743
全国平均	1.0516	1.0778	1.0220	1.0894	1.0450	1.1035	1.0458	1.1080

对于表 6.2 所示的测算结果，可以发现：其一，总体来看，规模报酬可变（VRS）情形下 SML 指数的增长率普遍要高于规模报酬不变（CRS）情形下的该增长率，如 1998 ~ 2011 年 CRS 情形下 SML 指数的平均增长率约为 8.9%，但 VRS 情形下该指数的平均增长率约为 10.8%，这说明 1998 年以来我国的经济增长效率整体上呈现递增趋势。其二，从 SML 指数增长率的空间分布来看，1998 ~ 2011 年，CRS 情形下东部、中部、西部地区 SML 指数的平均增长率分别为 15.5%、6.9% 和 3.4%，VRS 情形下东部、中部、西部地区 SML 指数的平均增长率分别为 15.6%、8.3% 和 7.4%，从而两种情形下的 SML 指数增长率均表现出东部 > 中部 > 西部的态势；当然，这只是根据"前定"判断所确定的 SML 指数的空间分布，并不是根据 SML 的测算结果所"内生"划分的空间分布。其三，从各省级单位 SML 指数的空间分布来看，1998 ~ 2011 年 CRS 情形下 SML 生产率指数平均增长率最快的省级单位包括江苏、北京、天津、山东、福建等，这些地区全部位于东部沿海地区；该增长率最慢的省级单位包括青海、宁夏、新疆、贵州、甘肃等，这些地区全部位于西部内陆地区；1998 ~ 2011 年 VRS 情形下 SML 生产率指数平均增长率最快的省级单位包括北京、天津、江苏、海南、上海等，这些地区全部位于东部沿海地区；该增长率最慢的省级单位包括新疆、贵州、甘肃、宁夏等，这些地区全部位于西部内陆地区；从而两种情形较为一致地反映出了我国地区经济增长效率的明显地理集中现象。

6.3.2.2 测算结果分解

在表 6.2 所示 SML 指数测算结果的基础上，我们又根据式（6.6）~

式（6.9）对 1998~2011 年各省份 SML 指数的内容构成作了进一步分解，表 6.3 就给出了 1999 年、2011 年及 1999~2011 年平均水平上的技术效率（SEC）、技术进步（STC）和规模效应（SCH）等 SML 指数构成内容及其变化情况。

表 6.3   **SML 指数的内容构成及其分解**

地区	技术效率（SEC）			技术进步（STC）			规模效应（SCH）		
	1999 年	2011 年	1999~2011 年	1999 年	2011 年	1999~2011 年	1999 年	2011 年	1999~2011 年
安徽	1.0445	1.0706	1.0274	1.0580	1.0121	1.0859	1.0040	1.0400	1.0265
北京	1.2556	1.0000	1.0252	1.1898	1.0242	1.2294	0.7715	1.1243	1.0253
福建	0.9480	0.9966	0.9876	1.0897	1.0618	1.1635	1.0331	1.0349	0.9971
甘肃	1.0626	0.9528	0.9816	1.0109	1.0055	1.0469	1.0016	1.1060	1.0439
广东	1.0000	1.0000	1.0000	1.0227	1.0227	1.1505	0.9999	0.9999	1.0044
广西	0.9445	0.9913	0.9913	1.0180	1.0054	1.0531	1.0001	1.0685	1.0478
贵州	0.9587	0.9083	0.9695	1.0184	1.0049	1.0454	1.0269	1.1196	1.0566
海南	1.0000	1.0000	1.0000	1.0000	1.0000	1.0288	1.0315	1.0522	1.1296
河北	0.9640	1.0045	0.9991	1.0494	1.0152	1.0926	1.0183	1.0075	1.0156
河南	0.9388	0.9559	0.9919	1.0330	1.0105	1.0861	1.0093	1.0066	1.0192
黑龙江	0.9418	0.9220	0.9391	1.0199	1.0037	1.0694	1.0059	1.0716	1.0248
湖北	0.9890	1.0268	0.9800	1.0583	1.0061	1.0844	1.0082	1.0109	1.0208
湖南	1.0109	1.0523	1.0217	1.0190	1.0082	1.0694	1.0021	1.0300	1.0174
吉林	0.9792	1.1106	1.0008	1.0464	1.0077	1.0842	1.0174	1.0300	1.0345
江苏	1.0000	1.0000	1.0000	1.2950	1.2473	1.3157	0.9945	0.9729	0.9279
江西	1.0438	1.1896	1.0330	1.0133	1.0079	1.0610	1.0274	1.0400	1.0463
辽宁	0.9773	1.0565	1.0205	1.0831	0.9913	1.1056	1.0044	1.0566	1.0089
内蒙古	1.0199	1.1261	1.0424	1.0263	1.0002	1.0650	1.0397	1.0226	1.0496
宁夏	0.9998	0.9161	0.9899	1.0405	1.0000	1.0243	1.0370	1.1135	1.0802
青海	0.9305	0.9296	0.9476	0.9730	1.0108	1.0135	1.1004	1.0662	1.1436
山东	1.0070	1.0340	1.0250	1.0141	1.1167	1.1347	1.0264	1.0021	0.9886
山西	1.0106	0.9251	0.9791	1.0287	1.0080	1.0665	0.9926	1.0367	1.0295

续表

地区	技术效率（SEC）			技术进步（STC）			规模效应（SCH）		
	1999 年	2011 年	1999 ~ 2011 年	1999 年	2011 年	1999 ~ 2011 年	1999 年	2011 年	1999 ~ 2011 年
陕西	0.9497	1.0838	0.9884	1.0258	1.0069	1.0627	1.0139	1.0256	1.0355
上海	1.0000	1.0000	1.0000	1.0126	1.0126	1.1269	1.0894	1.0012	1.0327
四川	1.0432	1.0360	1.0450	1.0279	1.0081	1.0765	1.0106	1.0394	1.0259
天津	1.0665	1.0197	1.0530	1.0801	1.0108	1.1422	1.0221	1.0077	1.0428
新疆	0.9700	0.8539	0.9313	1.0729	1.0054	1.0747	1.0201	1.0399	1.0372
云南	0.9960	0.9771	0.9834	1.0381	1.0039	1.0633	1.0495	1.0333	1.0450
浙江	0.9894	0.9561	0.9579	1.1645	1.0376	1.1717	1.0157	0.9977	0.9995
东部平均	1.0189	1.0061	1.0062	1.0910	1.0491	1.1510	1.0006	1.0234	1.0157
中部平均	0.9948	1.0316	0.9966	1.0346	1.0080	1.0758	1.0083	1.0332	1.0274
西部平均	0.9875	0.9775	0.9870	1.0252	1.0051	1.0525	1.0300	1.0634	1.0565
全国平均	1.0014	1.0033	0.9969	1.0527	1.0226	1.0963	1.0129	1.0399	1.0330

对于表6.3所示的测算结果，可以发现：其一，从总体来看，1998 ~ 2011 年，全国各省级单位资源环境约束下技术效率（SEC）、技术进步（STC）、规模效应（SCH）的平均增长速度分别为 – 0.3%、9.6% 和 3.3%，由此可见，1998 年以来由 SML 指数所代表的生产率增长中，技术进步是最主要的推动力。其二，从地区分布来看，1998 ~ 2011 年，我国东部地区 SEC 的平均增长速度为正部，中部、西部该增速为负，但总体上表现出东部 > 中部 > 西部的总体态势；我国东部、中部、西部地区 STC 的平均增长速度分别为 15.1%、7.6% 和 5.3%，从而在总体上也表现出东部 > 中部 > 西部的态势；至于 SCH，东部、中部、西部地区该效应的增速分别为 1.6%、2.7% 和 5.7%，从而在总体上表现出东部 < 中部 < 西部的态势；SEC、STC、SCH 三者的结合无疑说明，较之东部地区，中部、西部地区以规模扩张为主要方向的粗放增长方式。其三，从各省份来看，SEC 增速最快的省份包括北京、天津、山东等东部地区，增速最慢的省份包括新疆、青海、贵州等西部地区；STC 增速最快的省份包括江苏、北京、浙江、福建、天津等东部地区，最慢的省份包括青海、宁夏、贵州、甘肃等西部地区；SCH 增速最快的地区包括青海、宁夏、内蒙古等西部地

区，最慢的省份包括江苏、福建、山东、浙江等东部地区；可见，从省际单位来看，SML 指数各组成部分的增长速度均存在一定空间集中现象。

6.3.3　环境技术效率及其测度

鉴于表 6.2、表 6.3 主要反映了 SML 指数及其各组成部分的动态变化，我们又根据式（6.4）所示的方向性距离函数，结合 1998～2011 年中国各地区的投入产出数据，测算了四种情形下的中国 29 个省级单位的环境技术效率状态，以期获得我国各地区经济增长效率的静态分布情况。这四种情形分别为：其一，忽略环境约束且规模报酬不变（CRS）；其二，忽略环境约束且规模报酬可变（VRS）；其三，考虑环境约束且规模报酬不变（CRS）；其四，考虑环境约束且规模报酬可变（VRS）。限于篇幅，我们给出了 2011 年底及 1998～2011 年平均水平意义上的测算结果，具体如表 6.4 所示。

表 6.4　　　四种情形下的各区域环境技术效率值（1998～2011 年）

地区	忽略资源环境约束				考虑资源环境约束			
	CRS		VRS		CRS		VRS	
	2011 年	1998～2011 年	2011 年	1998～2011 年	2011 年	1998～2011 年	2011 年	1998～2011 年
安徽	0.6350	0.6250	0.7590	0.7470	1.0000	0.9280	1.0000	0.9360
北京	0.7380	0.7460	0.8300	0.7970	1.0000	1.0000	1.0000	1.0000
福建	0.8030	0.8680	0.8250	0.8860	1.0000	1.0000	1.0000	1.0000
甘肃	0.2890	0.2870	0.3010	0.2970	0.6200	0.6410	0.6220	0.6490
广东	0.8520	0.8590	1.0000	1.0000	1.0000	0.9310	1.0000	1.0000
广西	0.4640	0.4390	0.5170	0.4860	0.6590	0.6350	0.6620	0.6390
贵州	0.3030	0.2860	0.3060	0.2910	0.6410	0.6050	0.6530	0.6190
海南	0.5430	0.5730	0.8920	0.9350	1.0000	1.0000	1.0000	1.0000
河北	0.5650	0.5680	0.6970	0.7180	0.7400	0.7240	0.7460	0.7430
河南	0.4490	0.4310	0.7300	0.7430	0.7480	0.7260	0.7550	0.7500
黑龙江	0.6680	0.7080	0.6830	0.7260	0.7840	0.7840	0.7880	0.7870

续表

地区	忽略资源环境约束				考虑资源环境约束			
	CRS		VRS		CRS		VRS	
	2011 年	1998 ~ 2011 年	2011 年	1998 ~ 2011 年	2011 年	1998 ~ 2011 年	2011 年	1998 ~ 2011 年
湖北	0.5620	0.6030	0.6510	0.7030	0.7670	0.7490	0.7720	0.7590
湖南	0.5020	0.5060	0.7020	0.6990	0.7290	0.7030	0.7300	0.7100
吉林	0.6360	0.6130	0.6500	0.6210	0.7360	0.7120	0.7440	0.7190
江苏	0.6770	0.7210	0.8790	0.9010	0.8360	0.8930	1.0000	1.0000
江西	0.3140	0.3380	0.3550	0.3740	0.6190	0.6590	0.6230	0.6630
辽宁	1.0000	1.0000	1.0000	1.0000	1.0000	1.0000	1.0000	1.0000
内蒙古	0.5490	0.5090	0.6460	0.5630	0.6520	0.6380	0.6550	0.6420
宁夏	0.4740	0.4380	0.9990	0.5870	0.5580	0.8640	0.9330	
青海	0.4540	0.4440	1.0000	1.0000	0.6460	0.7030	0.8040	0.8490
山东	0.6300	0.6290	0.8490	0.8830	0.8480	0.8070	1.0000	0.9240
山西	0.6010	0.5340	0.6150	0.5440	0.6860	0.6430	0.6870	0.6440
陕西	0.4030	0.3760	0.4330	0.4000	0.6650	0.6380	0.6660	0.6400
上海	1.0000	1.0000	1.0000	1.0000	1.0000	1.0000	1.0000	1.0000
四川	0.4980	0.4700	0.9350	0.9350	0.7350	0.6950	0.7670	0.7650
天津	1.0000	1.0000	1.0000	1.0000	1.0000	1.0000	1.0000	1.0000
新疆	0.5410	0.5910	0.5530	0.6020	0.6490	0.6730	0.6510	0.6810
云南	1.0000	1.0000	1.0000	1.0000	1.0000	1.0000	1.0000	1.0000
浙江	0.7470	0.7730	0.8490	0.8730	1.0000	0.9350	1.0000	0.9700
全国平均	0.617	0.619	0.747	0.749	0.805	0.792	0.838	0.832

对于表 6.4 所示的测算结果，可以发现：其一，总体来看，考虑资源环境约束下的年均效率值测算结果（0.792 和 0.832）要比忽略环境因素下的测算结果要大（0.619 和 0.749），这表明在考虑资源环境约束下我国整体水平上的经济效率向生产前沿移动（胡鞍钢、郑京海，2008）。其二，从我国经济增长平均效率情况来看，由于考虑资源环境约束且规模报酬可变（VRS）更符合实际情况，而该情况下 1998~2011 年的平均效率值为

0.832, 2011 年底的效率值为 0.838, 这表明还有部分省份的平均效率还没有达到生产前沿, 也表明在现有技术水平及要素投入前提下, 我国经济增长的平均效率还有 17% 左右的提升空间。其三, 从经济增长平均效率的空间分布来看, 考虑资源环境约束和规模报酬可变情况下, 1998~2011 年平均水平上的最佳实践省份包括北京、天津、上海、福建等 9 个省级单位, 这些省份大多数分布在东部沿海地区, 仅包括青海和云南两个西部省份; 而经济增长绩效排名靠后的省份包括贵州、广西、陕西、甘肃、新疆等省级单位, 这些地区大多数分布在西部内陆地区, 从而仅从空间分布来看, 我国地区经济增长绩效表现出明显的地理集中状态。

6.4 中国经济增长效率的影响因素分析

前面的分析已表明我国各地区经济增长效率具有显著的空间集聚特征, 然而在经济学视阈中, 经济增长效率与空间集聚并非新论题, 相关研究人员已从多方面对其进行了深入分析。该部分我们将根据经济增长效率集聚是在经济增长过程中形成的、在地理空间中表现出来的经济现象这一直观特征, 在空间经济学框架下寻找影响经济增长效率集聚的因素并对其进行实证检验。

6.4.1 理论基础与研究假设

6.4.1.1 理论基础

前面的分析已表明我国各地区经济增长效率具有明显的空间集聚特征, 从而在空间经济学框架下寻找经济增长效率及其集聚的影响因素便是理想切入点。具体地, 关于经济集聚的影响因素, 学术界主要有以下几种提法: 第一, 传统经济理论中, 经济活动空间分布的差异往往通过资源禀赋、环境差异等因素来解释, 而这些因素给当地带来的优势也被称为 "第一性" 优势 (施米茨勒, 1999); 第二, 由于集聚往往与经济增长联系在一起, 而集聚中心往往就是经济增长中心, 从而一些研究认为作为推动经济增长重要因素的技术进步便是引起集聚的因素; 第三, 马歇尔 (Marshall, 1890) 指出, 外部性及由此产生的锁定效应 (lock-in) 是推动经济集聚形成的关键性因素，进一步，藤田昌久（2007）等人又将外部性的概念区分为经济关联（E – linkage）与知识关联（K – linkage），并认为两者共同推动经济集聚的形成与发展；第四，随着克鲁格曼（1991）"核心—边缘模型"（CP 模型）的开发及广泛应用，作为模型形成关键机制的报酬递增和运输成本也随之成为解释经济集聚的必要条件（藤田昌久，蒂斯，2004）。

对于上述集聚影响因素的四种解释，资源禀赋说因将经济社会因素从研究视野中排除，并且不能完全解释经济集聚现象，从而其解释力比较有限；技术进步是知识关联的重要组成部分，从而应纳入外部性的框架。至此，关于效率集聚影响因素分析的视角自然集中到规模收益递增说和外部性说。具体地，根据规模收益递增说和外部性说的相关理论，我们实证检验的主要因素则重点集中在外部性的两个组成部分（经济关联和知识关联）、规模收益和交通运输条件。

6.4.1.2　研究假设

根据上述理论分析，我们提出以下四个有关经济地理因素对中国地区经济增长效率影响的假说：

假说 1：经济关联及其所表征的劳动力市场共享和投入产出关联有利于经济增长效率的提高。正如藤田昌久（2007）所指出的，经济关联以及由此产生的价值链整合有利于形成交易成本下降、市场范围拓展效应，而这两种效应将进一步通过深化分工与专业化，进而推动经济增长效率的提高。

假说 2：知识关联及其所表征的知识与技术外溢有利于经济增长效率的提高。正如夏洛特、迪朗东（Charlot and Duranton，2004）所指出的，知识关联的形成及集聚中心的出现，将通过强化知识与技术的外溢，进而推动专业化效应、多样化效应与竞争效应的产生，而这三种效应显然都有利于创新活动的开展、实施与应用，并最终有利于经济增长效率的提升。

假说 3：规模收益递增有利于经济增长效率的提高。无论企业层面还是行业与区域层面的规模收益递增，都要求生产要素的集聚与生产规模的扩大，这将进一步通过夏洛特、迪朗东（2001）所强调的共享、匹配、循环累积因果关系等机制，推动交易费用的降低与经济增长效率的提高。

假说 4：交通设施的改善与经济增长效率提高之间呈正向关系。在空间经济学框架下，交通成本是不可移动要素、土地租金、拥塞及其他外部经济等"分散力"的代表，但在现实经济世界中，一个更符合实际的情况是随着经济发展水平的提高，交通基础设施在不断改善，从而这些因素作为"分散力"的强度也不断减小，也因此成为推动经济增长效率提高的重要力量之一。

6.4.2 模型设定与变量说明

6.4.2.1 模型设定

为验证上述假设，我们基于要素投入而建立的经济增长效率影响因素的函数形式为式（6.10）：

$$eff = f(elk, klk, sr, te) \tag{6.10}$$

与式（6.10）对应的计量经济学模型为：

$$\ln eff_{it} = \beta_0 + \beta_1 \ln elk_{it} + \beta_2 \ln klk_{it} + \beta_3 \ln sr_{it} + \beta_4 \ln te_{it} + \gamma \ln X + \mu_{it} \tag{6.11}$$

式（6.11）中，eff 为衡量经济增长效率的指标，i 和 t 分别表示 i 地区和 t 时期，β_0 为常数项，β_1、β_2、β_3、β_4 分别为经济关联（elk）、知识关联（klk）、规模收益（sr）和交通基础设施（te）对经济增长效率影响的系数；X 为控制变量，如下面即将说明的，我们的控制变量主要包括经济发展水平（el）、外商直接投资（fdi）、产业结构（is）和结构因素（rcl）等；γ 为控制变量组的系数向量；μ_{it} 为随机误差项。

此外，考虑到经济增长效率的变动速度较慢且当前水平取决于过去水平，因此，在式（6.11）所示的基本计量模型的基础上，引入被解释变量的滞后项，将其扩展为可以防止基本计量模型设定偏误和可以消除一些解释变量内生性偏误的动态面板模型（dynamic panel data）。对式（6.11）引入被解释变量滞后项的动态一阶自回归模型如式（6.12）所示：

$$\ln eff_{it} = \beta_0 + \rho \ln eff_{i,t-1} + \beta_1 \ln elk_{it} + \beta_2 \ln klk_{it} + \beta_3 \ln sr_{it} + \beta_4 \ln te_{it}$$
$$+ \gamma \ln X + \alpha_{it} + v_{it} \tag{6.12}$$

式（6.12）中，$\ln eff_{i,t-1}$ 为被解释变量的一阶滞后项，ρ 是衡量上一期经济增长效率对当期经济增长效率的影响系数，α_{it} 为非观测的区域固定效应，μ_{it} 为随机误差项。

6.4.2.2 变量说明

对于被解释变量，我们将使用前面已测度的 SML 指数、环境技术效率与非农劳动生产率指标分别建模测算。具体原因为，SML 指数考虑了资源环境约束、妥善处理了技术退步问题，更主要的是体现了经济增长效率的动态变化性，从而该指标能较好地反映我国区域经济增长效率的发展方向；至于环境技术效率，该指标不仅反映了资源环境约束，也较好地反映了我国经济增长效率的静态分布；至于非农生产率，该指标测算简单且不能排除资源环境约束，可通过与其他两个指标的比较挖掘一些非科学发展的因素；三个被解释变量的结合，则有利于从动态、静态及不考虑资源环境约束三方面全面了解我国经济增长效率的影响因素。具体地，SML 指数与环境技术效率便是我们前面所测算的结果；非农劳动生产率用第二、第三产业的产值与第二、第三产业的从业人员之比得到，而相应产值指标为用 GDP 平减指数（1998 年 = 1）剔除物价因素后的实际值。

对于解释变量，为验证假设 1 ~ 假设 4，需要为经济关联（elk）、知识关联（klk）、规模经济（sr）和交通基础设施（te）等寻找合适的代理变量。

对于经济关联（elk），我们拟用市场潜能指标来衡量。市场潜能被认为通过金融外部性进而对经济增长效率和经济集聚有着重要影响（Krugman，1992），我们用哈里斯（Harris，1954）所提供的计算方法来测算市场潜能[①]，进而检验其对经济增长效率的影响。

对于知识关联（klk），我们拟用人口密度指标来衡量。具体原因为，人口密度反映了地区自身市场规模的大小和经济活动的密集程度，而非经济关联的活动在规模较大和较为密集的地区更为显著，因此，我们用人口密度来捕捉密集经济活动所带来的技术外部性及由此带来的知识关联对经济增长效率的影响。

对于规模经济（sr），我们拟用企业的平均规模来表示[②]。规模经济的定义主要强调了产出规模与平均成本下降之间的关系，由于平均成本涉及难以准确计量的投入问题，而产出相对稳定且较为容易计量，因此我们参考有关学者的方法，用企业的平均规模（工业总产值与企业单位数之比）来衡量规模经济的大小（Amiti，Konings，2007）。

对于交通基础设施（te），我们拟使用每平方公里土地面积公路里程数

---

① 哈里斯（Harris，1954）所给出的市场潜能的计算公式为：$mp_r = \sum_{j \neq r} Y_j/d_{rj} + Y_r/d_{rr}$，其中，$Y_j$、$Y_r$ 分别是第 j 和第 r 个地区的 GDP，d_{rj} 是第 r 和 j 个地区之间的距离，d_{rj} 的具体测算方法见 Crozet（2004）；d_{rr} 表示区域内部的距离，其计算公式为 $d_{rr} = 2/3 \sqrt{area_r/\pi}$，$area_r$ 为区域土地面积。对于 d_{rj}，我们用省会城市之间的距离来表示，而距离信息来自国家测绘局公布的国家基础地理信息系统。

② 企业平均规模 = 工业总产值/企业单位数，统计口径为全部国有及规模以上非国有工业企业，数据来自国研网数据库，1998 年、2004 年缺失的数据由《新中国 55 年统计资料》获得。

来衡量。改善交通基础设施成为降低分散力，进而推动区域经济集聚的重要措施。我们参照贝伦思·盖涅（Behrens Gaigné, 2009）的方法，用区域每平方公里土地面积所拥有的高速公路里程数来表征交通基础设施情况。

对于经济发展水平（el），我们用各地区不变价的人均 GDP（1998 年 =1）来衡量。该设置主要是用来分析我国经济增长效率是否随着经济发展水平的提高而出现变动，以及该变动所表现出的形式。

对于外商直接投资（fdi），我们用各地区外商投资企业的投资总额来衡量。该设置主要是考虑到外商投资企业在带来资金的过程中，往往还带来一些先进的技术和管理经验，这些是我们所定义的经济增长效率的重要组成部分。

对于产业结构（is），我们用工业增加值与地区总产值之比来衡量。该设置主要是考虑到不同产业对经济增长效率提升的作用不同，一般地，若地区经济发展中工业所占的比重过高无疑会加大粗放型增长的可能性，从而不利于经济增长效率的提升。

对于禀赋结构（rcl），我们用前面已计算过的物质资本存量与劳动力投入之比来衡量。该设置主要是考虑到地区劳动密集型或资本密集型的不同资源禀赋结构，对地区的经济增长效率有着不同影响，考虑到资源环境约束下经济结构的影响可能更为明显。

这些数据均取自《新中国 60 年统计资料汇编》、相应年份的《中国统计年鉴》《中国区域经济统计年鉴（2011）》和国研网数据库。对于上述各变量，我们对其作简单的统计描述，结果如表 6.5 所示。

表 6.5 变量的描述性统计

变量	N	T	均值	标准差	最小值	最大值	单位
lnnp	29	13	9.3592	0.5264	8.2516	10.9235	元/人
lnelk	29	13	5.2644	1.1712	2.0227	7.8207	—
lnklk	29	13	5.3771	1.2469	1.9609	8.2166	人/平方公里
lnsr	29	13	9.1915	0.6632	7.7369	11.3171	万元/个
lnte	29	13	-5.0780	1.5814	-11.4349	-2.0627	公里/平方公里
lnel	29	13	9.3306	0.6669	7.7466	11.2268	元/人
lnfdi	29	13	5.3093	1.5247	1.3894	8.6532	亿美元
lnis	29	13	-0.9252	0.7576	-3.1444	1.1555	%
lnrcl	29	13	10.8454	0.7281	9.1551	12.8785	元/人

对表 6.5 中所列示的结果, 我们又计算了全国平均水平上的各变量, 具体如图 6.2 所示。

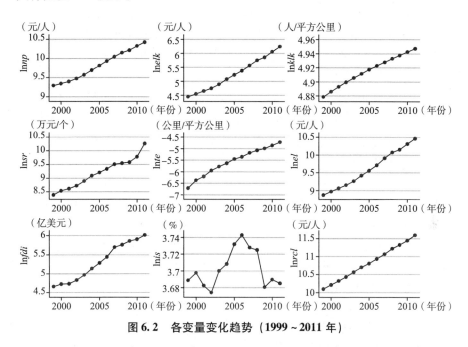

图 6.2　各变量变化趋势 (1999 ~ 2011 年)

如表 6.5 与图 6.2 所示, 1999 ~ 2011 年, 经对数转换后的经济增长效率影响因素的变化趋势呈现以下特征: 其一, 总体上来看, 非农劳动生产率及其他各变量都呈递增趋势 (产业结构因素除外); 其二, 尽管各变量表现出递增的态势, 但在增长速度上表现出一定差异, 如衡量知识关联的人口密度的增长速度较小; 其三, 有些变量的递增速度表现出一定的波动性, 如外商直接投资 (FDI)、企业平均规模 (sr) 等出现较小幅度的变化, 而产业结构因素的变化幅度较大。

6.4.3　计量方法与实证结果

6.4.3.1　计量方法

我们面板数据的时间维度 (T) 为 1999 ~ 2011 年, 截面维度 (N) 为我国大陆地区的 29 个省市区, 是典型的 "小时间维度、大截面维度" 的短面板数据 (T < N); 此外, 由于式 (6.12) 所示的模型中, 用序列 DEA 测算

的效率结果具有序列相关性，且式（6.12）中引入了被解释变量的滞后项（$\ln eff_{i,t-1}$）并建立了动态一阶自回归模型，从而容易导致该滞后项与复合误差项中的非观测区域固定效应 v_{it} 存在自相关，基于此，我们将参考关、蓝辛克（Guan and Lansink，2006）的做法，选用能够有效解决序列相关问题且能够很好处理内生性问题的"动态广义矩估计法"，对经济增长效率的影响因素进行分析。具体来说，动态广义矩估计法包括"差分广义矩估计法"（DIFF - SYS）和"系统广义矩估计法"（SYS - GMM）两种，但 SYS - GMM 比 DIFF - SYS 能够同时利用变量的水平变化和差分变化的信息且具有更好的有限样本性质（里德曼，2006），因此，我们将选用 SYS - GMM。再者，SYS - GMM 又分为一步估计（one step）和两步估计（two step），但在有限样本条件下，两步估计量的标准误会严重向下偏倚（Blundell and Bond，2000），因此我们选用一步 GMM 估计法。当然，对于短面板数据的估计方法还有混合 OLS 估计（pooled regression）、固定效应估计（fixed effects estimation）和随机效应回归（random effects estimation）等，但鉴于式（6.12）所示的模型具有序列相关性、内生性等问题，这些传统方法的估计也会产生严重的偏误，但我们在使用一步 GMM 估计时，可继续参考布伦德尔、邦德（2000）所提出的检验方法，将滞后变量的 GMM 结果与混合 OLS 估计、固定效应的估计结果进行对比，若前者位于后两者之间，则表示GMM 估计结果是有效和可靠的。在具体使用中，在使用一步 GMM 估计之后，我们还将使用过度识别检验（sargan test）来判断工具变量的有效性。

6.4.3.2　实证结果

按照上述方法，我们分别用前面 SML 指数所估计的生产率、环境技术效率和非农劳动生产率为被解释变量，结合相关解释变量，用混合OLS、SYS - GMM 和固定效应回归方法，对中国各地区经济增长效率影响因素分析的具体结果如表 6.6 所示。

表 6.6 所示的实证结果中，sargan test 的检验均表示在 5% 的显著性水平上接受"所有工具变量都有效"的原假设，证实了各 SYS - GMM 检验工具变量的选取是有效的。此外，将 SYS - GMM 估计结果与 OLS、FE 估计结果相比较，可以发现，SYS - GMM 估计结果中一阶滞后项的系数均位于 OLS 与 FE 之间，因此可以认为 SYS - GMM 的估计结果是有效的。具体来说，在 5% 的显著性水平下，表 6.6 所示的实证结果表明各变量对经济增长效率的影响方式为：

表 6.6　我国各地区经济增长效率影响因素的计量分析结果

被解释变量	SML 指数			环境技术效率			非农劳动生产率		
解释变量	OLS	SYS-GMM	FE	OLS	SYS-GMM	FE	OLS	SYS-GMM	FE
L_1	0.2990294 (0.0790788) [0.001]	0.013382 (0.049762) [0.788]	-0.0114260 (0.0110313) [0.309]	0.9560554 (0.0231981) [0.000]	0.8174414 (0.0276285) [0.000]	0.5819933 (0.0883602) [0.000]	0.9756815 (0.0203898) [0.000]	0.9135605 (0.0243926) [0.000]	0.7466141 (0.0712249) [0.000]
$\ln elk$	0.0315097 (0.0082794) [0.001]	0.0363687 (0.0078719) [0.000]	0.2870613 (0.1276882) [0.033]	0.0011812 (0.0032701) [0.721]	-0.0207644 (0.0062794) [0.001]	0.0993617 (0.0792787) [0.220]	0.0176772 (0.0068364) [0.015]	0.0198047 (0.0064658) [0.002]	-0.0707517 (0.0738889) [0.346]
$\ln klk$	-0.0170663 (0.0101476) [0.104]	-0.0182271 (0.0069428) [0.009]	-0.3304244 (0.20796) [0.123]	0.005138 (0.0023448) [0.037]	0.0112402 (0.0045699) [0.014]	-0.359113 (0.1923913) [0.072]	-0.0043205 (0.0046086) [0.357]	-0.0193327 (0.0062432) [0.002]	-0.0369275 (0.136591) [0.789]
$\ln sr$	-0.0382717 (0.0121112) [0.004]	-0.0611139 (0.007726) [0.000]	-0.0450049 (0.0090878) [0.000]	-0.0049865 (0.0032204) [0.133]	-0.0032102 (0.0050828) [0.528]	0.0021015 (0.0085473) [0.808]	-0.0082063 (0.0073605) [0.274]	-0.0151462 (0.0062862) [0.016]	-0.010635 (0.0088608) [0.240]
$\ln te$	0.0099946 (0.0078205) [0.212]	0.0109688 (0.0047068) [0.020]	-0.0057 (0.0053288) [0.294]	0.0000573 (0.0016025) [0.972]	-0.0009727 (0.0032068) [0.762]	-0.0093491 (0.0044148) [0.043]	-0.0118549 (0.0044113) [0.012]	0.0127039 (0.0049517) [0.010]	0.0021623 (0.0121597) [0.860]
$\ln el$	-0.1594799 (0.1806148) [0.385]	0.517412 (0.1669642) [0.002]	-0.0383309 (0.4598711) [0.934]	0.2293523 (0.1016833) [0.032]	0.4510771 (0.1167013) [0.000]	-0.0169802 (0.2997499) [0.955]	0.0876025 (0.2315092) [0.708]	0.2901003 (0.1174475) [0.014]	0.5675181 (0.386398) [0.153]
$\ln sel$	0.0068601 (0.0091445) [0.459]	-0.0245831 (0.0074975) [0.001]	-0.0129349 (0.0157827) [0.419]	-0.0109116 (0.0046593) [0.027]	-0.0179641 (0.0051866) [0.001]	-0.0026724 (0.0105702) [0.802]	-0.0069115 (0.0116282) [0.557]	-0.0149905 (0.0056776) [0.008]	-0.0186921 (0.0171833) [0.286]

续表

被解释变量	SML 指数			环境技术效率			非农劳动生产率		
解释变量	OLS	SYS – GMM	FE	OLS	SYS – GMM	FE	OLS	SYS – GMM	FE
ln*fdi*	-0.0012994 (0.0074299) [0.862]	-0.0199695 (0.006881) [0.014]	-0.0188831 (0.0242622) [0.448]	-0.0067129 (0.0045064) [0.148]	-0.0174607 (0.0077227) [0.024]	-0.0172674 (0.0157347) [0.282]	0.003827 (0.0059555) [0.526]	0.0136385 (0.0063311) [0.031]	0.0128769 (0.0103302) [0.223]
ln*is*	0.0095293 (0.0063562) [0.145]	0.0154336 (0.0060834) [0.011]	0.0192323 (0.0403541) [0.637]	-0.0054975 (0.0018208) [0.005]	-0.0128999 (0.0050273) [0.010]	-0.0165487 (0.0193437) [0.400]	-0.0002372 (0.0052208) [0.964]	0.0110964 (0.0062261) [0.045]	-0.0462629 (0.038208) [0.236]
ln*rcl*	0.032844 (0.0214086) [0.136]	-0.0240701 (0.0295125) [0.415]	-0.0085302 (0.0355885) [0.812]	-0.0098265 (0.0101316) [0.340]	-0.0605162 (0.0207497) [0.004]	-0.0033892 (0.022689) [0.882]	0.0502356 (0.0248379) [0.053]	0.0438612 (0.0223054) [0.049]	0.0810993 (0.0491226) [0.110]
constant	1.609818 (0.9996432) [0.119]	-0.795376 (0.6849266) [0.246]	3.513697 (3.047366) [0.259]	-0.9963431 (0.4445166) [0.033]	-1.738296 (0.4835577) [0.000]	2.198297 (2.302237) [0.348]	-0.5216977 (1.079219) [0.633]	-0.9712815 (0.5632197) [0.085]	-1.535309 (2.424041) [0.532]
sargan	—	0.0559	—	—	0.0743	—	—	0.2812	—
R – squared	0.5021	—	—	0.9611	—	—	0.9903	—	—
F 统计量	—	—	12.91 [0.0000]	—	—	94.26 [0.0000]	—	—	1828.11 [0.0000]

注：(1) OLS、SYS – GMM、FE 分别表示混合 OLS 估计、一步 GMM 估计和固定效应估计；
(2) L.1 指各被解释变量的一阶滞后项；
(3) 各系数所对应的第一行数字为解释变量的估计系数，（*）为标准差，[*] 为对应的 P 值；
(4) sargan 为工具变量过度识别检验的 P 值。

（1）一阶滞后项。环境技术效率与非农劳动生产率的一阶滞后项对其具有显著正向影响，SML 生产率指数的作用为正但并不显著。这表明，上一期环境技术效率和非农劳动生产率为正，可以促进下一期的环境技术效率和非农劳动生产率的提高；而上一期的 SML 生产率指数对下一期该指标的作用并不显著，其原因可能在于 SML 生产率指数包含了较多的内容，而不同时期各项内容的变动方向并不一致。

（2）经济关联。由市场潜能所衡量的经济关联对 SML 生产率指数及非农劳动生产率的变动具有显著正向作用，该结论与空间经济学中市场潜能及经济关联对生产率作用的预期相一致，即一个地区拥有较大规模的市场有助于产生由经济关联所致的货币外部性，进而提高生产率。此外，经济关联对环境技术效率的作用显著为负，其原因可能在于在较大规模上配置资源的能力不足所致。

（3）知识关联。由人口密度所衡量的知识关联对 SML 生产率指数与非农生产率的作用显著为负，但对环境技术效率的作用显著为正。这表明，由人口密度提升所表征的知识关联加强有助于环境技术效率的改善，但还需进一步理顺其推动总体生产率提升的渠道。

（4）规模经济。由企业平均规模所衡量的规模经济对 SML 生产率指数及非农劳动生产率的作用显著为负，对环境技术效率的作用为负但不显著。这表明，企业规模的提升并没有推动企业生产率的大幅度提升，进一步地，本书用大型或者规模以上工业企业衡量企业规模，结合我国大型或者规模以上工业企业中的国有企业占比较高的现实，这说明国有企业在一定程度上成为阻止区域生产率提升的障碍。

（5）交通运输。由每平方公里土地面积所拥有的高速公路里程所表征的交通基础设施改善，对 SML 生产率指数及非农劳动生产率均具有正向显著影响，但对环境技术效率的作用不显著。这表明，由交通运输条件所表征的"分散力"的弱化有助于我国生产率整体上的提升，但仍需进一步改善具体生产中的投入产出方式。

（6）经济发展水平。由人均实际 GDP 所衡量的经济发展水平对 SML 生产率指数、环境技术效率、非农劳动生产率具有显著正向影响，但其平方项对这三个被解释变量具有显著的负向影响。这表明，经济增长效率与经济发展水平之间的变动之间具有倒"U"型关系，在发展初期，经济增长效率的提升较快，但随着经济的进一步发展，经济增长效率的提升速度将有所下降。

（7）FDI。FDI 对 SML 生产率指数与环境技术效率具有显著负向影响，但对非农劳动生产率具有显著负向影响。这表明 FDI 有助于非农劳动生产率的提升，但却降低了 SML 生产率指数与环境技术效率。对比这三个被解释变量，前两者考虑到了资源环境的双重约束，但后者未考虑资源环境的约束，这也就是说，在不考虑环境技术效率的情形下，FDI 有助于经济增长效率的提升，但在考虑资源环境约束的情形下，FDI 导致经济增长效率的降低，从而在一定程度上验证了我国是"污染天堂"[①] 的说法（杨文举、龙睿赟，2012）。

（8）结构因素。由工业产值占比所表征的产业结构和资本劳动比重所表征的禀赋结构与环境技术效率之间均呈现显著负向变动关系，与非农劳动生产率之间均呈现显著正向变动关系。这表明，尽管较高的工业产值比重与资本密集型禀赋结构均会推动劳动生产率的提升，但在资源环境的严重约束下，这种发展方式显然不利于经济增长效率的改善。

6.5　中国经济增长效率的经济地理分解

在上述 SML 指数及环境技术效率测度结果的基础上，我们还可以结合这两方面的测度结果，进一步对我国各地区经济增长效率的空间分布作经济地理上的分解。

6.5.1　分解方法

一般来说，现实经济世界必定包括经济系统和资源环境系统两个部分，经济系统主要由要素投入与 GDP 等"期望产出"构成，资源环境系统由资源投入与表征环境污染的"非合意产出"构成，这两个系统的有机结合便构成了生产的一般过程。当然，本书所测算的考虑资源环境双重约束的 SML 指数及其各组成部分，在某种程度上也成为我国各省（市、区）生产过程中经济系统与资源环境系统协调发展情况的测量。为了便于观察

[①]　科普兰（Copeland，1994）指出，由于发达国家或地区的环境标准一般要高于发展中国家，从而在逐利动机驱使下，这将诱使一些企业尤其是大型跨国公司将具有较高污染产出产品的生产投向发展中国家，从而进一步导致东道国绿色 TFP 的降低，这便是著名的"污染天堂"假说。

与描述，我们可以通过相应技术手段，将前面已测算的我国各地区的 SML 指数及其各组成部分划分为不同类型。

本书中，我们将统计学中反映数据离散程度的"六西格玛标准"，对上述测算结果进行分类。具体来说，假设 x 为综合得分、$\bar{x}$ 为得分的平均值、σ 为得分的标准差，将 $\bar{x}$ 与 σ 结合起来便可获得相应指标在决策单元总体中所处的位置。具体地，评价结果可划分为四类：其一，若 $x > \left(\bar{x} + \dfrac{\sigma}{2}\right)$，这说明该决策单位的相应得分在所分析决策单位总体中处于优势水平；其二，若 $\bar{x} \leqslant x < \left(\bar{x} + \dfrac{\sigma}{2}\right)$，这说明该决策单元的相应得分在所分析决策单位总体中处于较好水平；其三，若 $\left(\bar{x} - \dfrac{\sigma}{2}\right) \leqslant x < \bar{x}$，这说明该决策单元的相应得分在所分析决策单位总体中处于较差水平；其四，若 $x < \left(\bar{x} - \dfrac{\sigma}{2}\right)$，这说明该决策单位的相应得分在所分析决策单位总体中处于劣势水平。根据该划分结果，我们将处于优势水平、较好水平、较差水平、劣势水平的各地区可分别称为 A 类地区、B 类地区、C 类地区、D 类地区。

6.5.2　基于 SML 指数的分解

以表6.2、表6.3 所示的 SML 指数及其构成为依据，按照上述"六西格玛标准"，我们对 1998～2011 年平均水平上的我国 SML 指数的空间布局作了划分，具体结果如表6.7 所示。

表6.7　　　　　基于 SML 指数的我国经济地理格局划分结果

年份	A 类	B 类	C 类	D 类
1999	江苏、浙江、北京、天津、安徽、上海	内蒙古、云南、江西、四川、甘肃、宁夏、新疆、福建	辽宁、湖北、吉林、山东、海南、湖南、山西	河北、广东、贵州、陕西、青海、河南、黑龙江、广西
2003	北京、天津、浙江、云南、福建、上海、山东、	江苏、广东、内蒙古、安徽、江西	海南、四川、新疆、辽宁、河北、宁夏、青海、吉林	陕西、山西、河南、湖南、广西、贵州、湖北、甘肃、黑龙江

续表

年份	A类	B类	C类	D类
2007	北京、天津、福建、广东、海南、江苏、内蒙古	上海、山东、浙江、辽宁、四川、江西、云南	河北、湖南、陕西、河南、吉林、湖北、安徽	广西、贵州、青海、宁夏、山西、新疆、黑龙江、甘肃
2011	北京、江苏、吉林、山东、内蒙古、陕西、安徽、江西	辽宁、福建、安徽、四川、广西	上海、广东、天津、河北、贵州、湖北、甘肃、海南	云南、宁夏、浙江、青海、黑龙江、河南、山西、新疆
1998~2011	北京、天津、上海、江苏、海南、内蒙古	广东、浙江、福建、山东、四川、江西、安徽、辽宁、吉林	湖南、河北、河南、广西、陕西、青海、云南	湖北、宁夏、贵州、山西、甘肃、新疆、黑龙江

表6.7所示的我国大陆地区SML指数空间分布的划分结果表明：其一，我国大陆地区SML指数的空间分布具有明显的空间集中特征，从1998~2011年的平均水平来看，A类、B类地区集中了我国东部地区的大多数省份，而C类、D类地区则集中了西部地区的大多数省份，从而在总体上呈现出空间集中的特征。其二，我国大陆地区SML指数的空间分布格局并不是与东部、中部、西部、东北的传统划分完全对应，以2011年为例，相对于其他地区，西部地区内蒙古、陕西的发展相对靠前，东部地区的上海、广东等地区略为靠后，而B类、C类地区也多为东部、中部、西部地区的混合。其三，我国大陆地区SML的空间分布呈现一定的从东到西的梯次演进特征，以2011年为例，按照从A类地区大多集中在东部沿海地区，D类地区则主要集中在西部边疆地区，而中间的安徽、辽宁等B类地区明显承担着由A类地区向C类地区"过渡"的角色，而陕西、湖北、湖南等省级单位则承担了由B类地区向D类地区演进"过渡者"的角色，并由此构成了SML指数空间分布从东部地区向西部地区梯次演进的格局。

6.5.3　基于环境技术效率的分解

根据测算结果及上述对经济与资源环境的协调性发展情况的划分方法，1998~2011年平均水平意义上的我国环境技术效率的空间布局划分结果如表6.8所示。

表6.8　　　　基于环境技术效率的我国经济地理格局划分结果

年份	A 类	B 类	C 类	D 类
1998	北京、天津、上海、江苏、福建、广东、海南、辽宁、四川、云南、青海、宁夏	安徽、浙江、山东、黑龙江	广西、甘肃、湖南、新疆、江西、河北、河南、湖北	贵州、陕西、山西、内蒙古、吉林
2003	北京、天津、上海、江苏、浙江、福建、广东、海南、辽宁、云南、山东、宁夏	青海、安徽、黑龙江	湖南、江西、新疆、四川、吉林、河北、河南、湖北	贵州、广西、山西、内蒙古、甘肃、陕西、
2007	北京、天津、上海、浙江、福建、山东、广东、海南、辽宁、云南、江苏、安徽	青海、湖南、四川、黑龙江	山西、湖北、河北、河南、吉林、宁夏	江西、甘肃、新疆、内蒙古、贵州、广西、陕西
2011	北京、天津、上海、浙江、福建、山东、广东、海南、辽宁、云南、江苏、安徽	宁夏、湖南、四川、黑龙江、青海	陕西、山西、湖北、河北、河南、吉林	江西、甘肃、新疆、内蒙古、贵州、广西
1998~2011	北京、天津、上海、福建、广东、海南、辽宁、云南、江苏	山东、安徽、浙江、宁夏、湖北、四川、黑龙江、青海	甘肃、江西、新疆、湖南、吉林、河北、河南	贵州、广西、陕西、内蒙古、山西

根据表6.8所示的划分结果，表6.8所示的我国大陆地区环境技术效率空间分布的划分结果表明：其一，我国大陆地区环境技术效率的空间分布具有明显的空间集中特征，以2011年为例，A类地区集中了我国东部地区的大多数省份，而D类地区则集中了西部地区的大多数省份，从而在总体上呈现出空间集中的特征。其二，我国大陆地区环境技术效率的空间分布格局并不是与东部、中部、西部、东北的传统划分完全对应，以2011年为例，相对于其他地区，西部地区云南省的发展相对靠前，东部地区的山东与浙江略为靠后，而B类、C类地区也多为东部、中部、西部地区的

混合。其三，我国大陆地区环境技术效率的空间分布呈现一定的从东到西的梯次演进特征，以 2011 年为例，按照从 A 类地区大多集中在东部沿海地区，D 类地区则主要集中在西部边疆地区，而中部地区的省级单位则主要承担了由 A 类地区向 D 类地区演进"过度者"的角色。

6.6　结论与启示

本章基于非径向非角度的序列 DEA 方法，测算了 1998 年以来我国环境技术效率及 SML 生产率指数，根据测算结果分析了我国各地区经济发展与资源环境协调性的空间分布情况，基于此，从空间经济学视角提出了经济增长效率的相关影响因素，并进一步检验了这些因素的作用强度与作用方式，最后还对我国各省级单位的经济增长效率作了经济地理上的分解。根据上述实证分析结果，我们可以得到以下结论与启示：

第一，经济增长效率的分布具有明显的空间集聚性。本章基于方向性距离函数与序列 DEA 的测度及经济地理分解表明，尽管高、中、低经济增长效率与东部、中部、西部的区划结构不是完全对应，但大多数环境技术效率较高，亦即具有较高经济增长效率的地区的确在我国东部地区集中，而大多数环境技术效率较低的地区则集中在我国西部地区，而中部地区则在某种程度上既承担了由东部向西部地区过渡的"中间地带"，也承担了经济增长效率从中部向西部地区过渡的"中间地带"。在此经济地理格局下，如何分享经济增长效率集聚的成果，亦即在集聚中走向平衡和实现区域经济的协调发展便是需要深入思考的重要议题。

第二，资源与环境的双重约束在中国省域经济增长效率分析中具有重要影响。本章对环境技术效率的测度表明，考虑和不考虑资源环境约束情形下中国省域环境技术效率的测度结果有较大差异，该结论直接影响着现实经济生活中经济增长效率改进方向的选择，究竟是以推动技术进步为主，还是通过有效改善生产组织方式提升技术效率为主。本书 SML 指数及其分解结果已经表明，近年来我国省域经济增长效率提升主要是由技术进步所推动的，而技术效率已明显成为"短板"，因此如何在相对较快的技术进步情况下，改善相关区域的生产组织方式，推动一些发展落后区域向生产前沿的移动以提升技术效率，将是未来一段时间我国经济增长效率提升的"着力点"。

　　第三，经济关联、交通运输条件及产业结构等因素成为提升环境技术效率的"切入点"。中国经济增长效率影响因素分析表明，规模经济、经济发展水平、FDI、禀赋结构等因素对 SML 指数和环境技术效率有着相同的作用方向，而经济关联、交通运输条件、产业结构等因素对 SML 指数与环境技术效率的作用方向却相反。根据空间经济学的理论，交通运输条件和市场潜能所衡量的经济关联，无疑统一于良好的运输条件与较大市场规模的结合，进而通过前后向关联效应提升技术效率（Charlot and Duranton，2004），从而我国省域技术效率提升速度有限的根源还在于运输条件与市场规模之间没有建立起良好的循环机制，这也意味着着力于产业结构完善，改善交通运输条件和利用市场潜能成为技术效率提升的现实路径。

　　第四，调结构、上水平成为协调经济增长与资源环境约束的重要环节。我国经济增长效率影响因素的检验表明，尽管 FDI 与禀赋因素对非农劳动生产率有着正向影响，但这两个因素考虑到资源环境约束后的 SML 指数与环境技术效率均有着负向影响，这一则说明外资使用与资本密集的禀赋结构有利于非农劳动生产率的提升，再则表明这两者不利于缓解资源与环境的约束，从而充分说明外资使用和资本密集型禀赋结构是一把"双刃剑"。因此，应将提升人力资本水平和东道国的主动选择相结合，注重外资利用过程中的"适量"与"优质"原则，将效率提升与环境协调作为吸引外资的重要内容，力争实现经济增长与环境保护的双赢。

　　第五，在进一步推动经济集聚的同时为经济增长效率的空间溢出做好准备。实证测算结果表明，我国环境技术效率绩效较好的地区大多数分布在东部沿海地区集聚，中西部地区则集中了绩效较差的地区，而 SML 指数则表明近年来落后地区的增速较快、发达地区的增速较慢；再者，经济增长效率影响因素的分析表明，经济增长效率与经济发展水平之间呈现出倒"U"型变动的关系；这表明经济增长效率集聚的步伐本身会随着经济发展水平的提高而放缓，从而也预示着经济增长效率的趋同和溢出现象。可见，目前协调区域发展的理想思路并不是依靠行政手段阻碍经济的进一步集聚，而是通过进一步推动经济集聚、设计理想的机制在全国范围内共同分享经济集聚成果、为经济增长效率的空间溢出做好准备。

第 7 章

效率集聚、地区差距治理及
经济地理重塑

7.1 引　言

近年来，我国的地区差距依然在高位运行，并且在空间分布上呈现"块状集聚"特征；与此相对应，我国的经济增长效率也在空间分布上呈现"块状集聚"特征。由此而来的问题是：第一，地区差距与经济增长效率之间具有什么关系？第二，这种关系是长期还是短期的，以及两者的变迁方向如何？第三，既然地区差距与经济增长效率均呈现"块状集聚"特征，那么两者理应有着共同的作用因素和形成机制，然而该共同因素与形成机制是什么呢？具体来说，经济增长理论已表明，地区经济增长是资本、劳动力等要素投入及包括技术进步、效率改善为主要内容的全要素生产率所推动的，从而关于地区差距与经济增长效率之间的关系问题，也随之转换成为要素投入与经济增长效率两者，孰为推动地区差距形成的最主要原因？在该问题得到解答之后，便可以分析与解答其余两个问题。

在目前的研究中，关于要素投入与经济增长效率对地区差距的作用分析上，彭国华（2005）、郝睿（2006）、李静和孟令杰（2006）等人的研究结果均表明，经济增长效率解释了我国地区差距的主要部分，也是造成地区差距的主要原因。与此相反，赵伟和马瑞永（2006）、徐现祥和舒元（2005）的研究则发现，要素投入尤其是资本投入是导致我国经济发散的主要原因。对于相同问题和相同研究对象，研究结果产生明显分歧的原因除了样本时期不同之外，最主要的原因还在于测算方法的不同。具体来说，上述对我国地区差距成因的分析主要使用参数分析法，而该方法一则不能有效处理要素投入、效率提高和经济增长的内生性问题，再则是参数方法所固有的平均性质导致无法反映地区差距发展的动态性与长期趋势（吴建新，2008）。有鉴于此，奎（Quah，1993）所提倡的动态分布分析法不仅能够反映收敛过程和动态演化趋势，还能够避免内生性问题，从而能够较为客观、科学地反映出地区差距、要素投入与效率变化之间的关系。当然，动态分布分析法也有其不足之处，主要表现在它主要是通过地区差距、要素投入与效率变化各自分布状态的相似性来判断它们之间的关系，从而并不是对其进行直接检验。基于此，我们将在通过动态分布分析判断它们之间基本关系的基础上，再运用单位根检验、协整检验、误差修正模型等分析技术，直接检验地区差距与要素投入和效率变化的长短期关系。此外，在对地区差距与经济增长效率相互关系分析的基础上，若二者有着直接的关系，那么探究该关系产生的共同因素或者说形成机制便具有一定的必要性。

综上，该部分的具体研究思路为：其一，在介绍动态分布法的基础上，对要素投入、经济增长效率与地区差距进行动态分布检验，进而找出地区差距形成的主要原因；其二，在测算地区差距和经济增长效率的基础上，运用单位根检验、协整检验和误差修正模型等技术，直接检验地区差距与要素投入和效率变化的长短期关系；其三，对于地区差距与经济增长效率之间的关系，进一步分析二者形成的"根本性"因素，并检验这些因素的作用方式与作用强度；其四，基于对经济增长效率和地区差距相互关系的分析，结合第 5 章、第 6 章经济增长效率及地区差距经济地理格局的分析，将进一步给出我国经济地理格局重塑的设想。

7.2　动态分布分析

7.2.1　方法概述

奎（1993）首次提出用动态分布法来分析地区差距问题，该方法包括马尔可夫链（markov chain）方法和核密度估计法（kernel density estimation)，前者将变量序列作离散状态处理，后者将变量序列作连续状态处理。

7.2.1.1 马尔可夫链方法

马尔可夫链是一个随机过程，即 $\{X(t),\ t \in T\}$，L 为随机变量 X 的状态数，那么所有时期（t）、所有可能的状态 j，i 和 $i_k(k = 0,\ 1,\ 2,\ \cdots,\ t-2)$，具有式（7.1）所示的关系（何江、张馨之，2007）：

$$P\{X(t) = j \mid X(t-1) = i,\ X(t-2) = i_{t-2},\ L,\ X(0) = i_0\}$$
$$= P\{X(t) = j \mid X(t-1) = i\} \tag{7.1}$$

式（7.1）表明了一阶马尔可夫链的无后效性或马尔可夫性，即随机变量 X 在时期（t）所处状态（j）的概率仅取决于其在上一期，即（$t-1$）期的状态。

随机变量可从一种状态转变为另一种状态，假设从 i 状态转移到 j 状态的概率为 P_{ij}，那么状态转移概率矩阵 P 便是由所有 P_{ij} 组成的 $L \times L$ 维矩阵。

假设 F_i 为时期 t 衡量变量分布状况（亦即每一个状态出现的概率）的 $1 \times L$ 维行向量，那么（$t+1$）期的分布便可表示为式（7.2）：

$$F_{t+1} = F_t \cdot P \tag{7.2}$$

如果转移概率不随时间变化，即具有时间同质性（time homogeneous）或时间平稳性（time stationary），那么时期（$t+s$）的分布便可表示为式（7.3）：

$$F_{t+s} = F_t \cdot P^s \tag{7.3}$$

如果转移概率矩阵 P 是标准概率（standard）矩阵①，那么随着 s 趋向于无穷大，P^s 将收敛于一个秩为 1 的极限矩阵 P^*，同时也可得到 F_t 的稳态分布或遍历分布（ergodic distribution）F^*。

可见，一个时间稳定的马尔可夫链的性质完全由转移矩阵 P 和初始分布 F_0 决定，因此，马尔可夫链分析的主要任务便是估计转移矩阵（P）和计算初始概率分布（F_0）。P_{ij} 的最大似然估计如式（7.4）所示：

$$\widehat{P}_{ij} = \frac{n_{ij}}{n_i} \tag{7.4}$$

---

① 矩阵 A 是标准概率矩阵，则 $A^m (m = 1,\ 2,\ \cdots)$ 满足条件：$a_{ij} > 0$ 且 $\sum_{j=1}^{N} a_{ij} = 1$。

式（7.4）中，n_{ij} 为分析期内，第 i 种状态转换为第 j 种状态的次数，n_i 为第 i 种状态出现的总次数。一般地，初始状态的概率分布主要取决于状态划分，而变量时序演进分析中，一般通过恰当的状态划分使每一种状态的初始概率都相同。

7.2.1.2 核密度估计法

核密度估计法（kernel density estimation）是一种非参数估计法（陈强，2010），主要是估计随机变量的概率密度。概率密度最简单的非参数估计法是用频数分布直方图来估计，但直方图估计最大的缺陷在于它是非连续的阶梯函数。核密度函数法则通过一般的权重函数，并允许各组之间交叠，从而能更好地描述随机变量的分布形态。

假设随机变量 X 的密度函数为 $f(x)$，那么点 x_0 的概率密度可由式（7.5）估计：

$$\widehat{f}(x) = \frac{1}{Nh} \sum_{i=1}^{n} K\left(\frac{x_i - x_0}{h}\right) \quad (7.5)$$

式（7.5）中，N 为观测值的个数，h 为带宽（bandwidth），$K(*)$ 为核函数（本质上就是权重函数）。常用的核函数主要有均匀核（uniform）、三角核（triangular）、Epanechnikov 核、四次方核（quartic）、高斯（正态）核（gaussian or normal）等类型。一般的，带宽 h 越大，则在 x_0 附近邻域越大，而估计的密度函数 $\widehat{f}(x)$ 越光滑。

为保证密度函数 $f(x)$ 核估计的一致性与无偏性，我们按照式（7.6）所示最小化均方误差（MSE）（即估计量方差与偏差平方之和）来选择最优带宽：

$$\lim_{N \to \infty} h(N) = 0, \ \lim_{N \to \infty} Nh(N) = N \to \infty \quad (7.6)$$

此外，在核函数的选择上，我们采用高斯（Gaussian）核，具体如式（7.7）所示：

$$K(z) = \frac{1}{\sqrt{2\pi}} \exp\left\{-z^2/2\right\} \quad (7.7)$$

7.2.2 指标选择与数据说明

正如前面所述，本节的主要目标是分析要素投入与经济增长效率，二者孰为推动地区差距产生的最主要因素？因此，需要确定的变量应至少包括衡量地区差距的指标、衡量要素投入的指标与衡量经济增长效率的指标等三个综合性测度指标。

首先，对于衡量地区差距的指标，我们用各地区剔除物价影响的人均GDP 来衡量（1978 年＝1）。当然，在获取各地区实际人均 GDP 之后，用该实际人均 GDP 除以同期全国平均水平的人均实际 GDP（1978 年＝1），便可获得下面进一步分析所需的全国相对人均 GDP（country-relative per capita GDP）。

其次，对于衡量地区经济增长效率的指标。若运用前面基于 SML 指数及方向性距离函数所测算的经济增长效率，无疑时间期限较短，且难以满足分析需求，因此，在经济增长效率指标的计算上必须另辟蹊径。本书中我们使用基于常用的索洛模型所测算的全要素生产率（TFP）来表征经济增长效率[①]。

标准索洛模型的基本形式为式（7.8）：

$$Y_i = A_i \cdot K_i^{\alpha} \cdot H_i^{1-\alpha}(0 < \alpha < 1) \tag{7.8}$$

式（7.8）中，Y_i、K_i、H_i 分别为地区总产出、物质资本投入与人力资本投入（$H = h \times L$，h 为人力资本存量，L 为劳动力投入）；A_i 就是所谓的全要素生产率，不过该指标与我们所界定的经济增长效率的内涵一致，从而成为需要我们测算的部分；α 为资本产出弹性。

不过，式（7.8）的测算会将部分技术进步的贡献归因于物质资本投入，因此，我们使用式（7.9）所示的修正索洛模型进行测算（Klenow and Rodríguez – Clare，1997）：

$$Y_i = K_i^{\alpha} \cdot (A_i \cdot H_i)^{1-\alpha}(0 < \alpha < 1) \tag{7.9}$$

对式（7.9）两边同除以劳动力投入 L，则式（7.9）变为式（7.10）：

$$y_i = k_i^{\alpha} \cdot (A_i \cdot h_i^{'})^{1-\alpha} = A_i \cdot \left(\frac{K_i}{Y_i}\right)^{\frac{\alpha}{1-\alpha}} \cdot h_i(0 < \alpha < 1) \tag{7.10}$$

式（7.10）中，y_i 为人均产出。伊斯特利、莱文（Easterly and Levine，2001）等指出，式（7.10）所示的修正索洛模型能更好地反映禀赋、偏好、文化等因素对稳态经济的作用，比式（7.8）所示的索洛模型更适合研究国家或地区产出水平的差异，因此，我们可以运用式（7.10）测算相关年份我国各地区的经济增长效率。

---

① 正如第 1 章中本书对经济增长效率界定时的论述，由于我们界定的经济增长效率为动态效率，其中自然包含了技术进步因素，仅从该方面来看，我们用全要素生产率（TF）衡量经济增长效率是合适的。

在具体测算中，y_i 为各地区的人均 GDP；用单豪杰（2008）的方法计算评估期各地区的年均资本存量 K_i；Y_i 为各地区的 GDP 总量；h_i 用人均受教育年限来衡量；参考邓翔和李建平（2004）、彭国华（2005）的研究，取我国各地区的资本产出弹性同为 0.4，由此便可测算我国各地区的经济增长效率。当然，在获取各地区的经济增长效率之后，用地区的经济增长效率除以同期全国平均水平的经济增长效率，便可获得下面进一步分析所需的全国相对经济增长效率。

最后，对于衡量要素投入的指标，经济增长中的要素投入包括物质资本投入和人力资本投入，并考虑到要检验经济增长效率与要素投入孰为引起地区差距的主要因素，因此我们取式（7.10）中除经济增长效率（A_i）之外的内容为要素投入的衡量指标 $\left[\left(\dfrac{K_i}{Y_i}\right)^{\frac{\alpha}{1-\alpha}} \cdot h_i\right]$。当然，在获取各地区的要素投入之后，用地区的要素投入除以同期全国平均水平的要素投入，便可获得下面进一步分析所需的全国相对要素投入。

在上述指标的计算中，具体的数据来源主要有《新中国 60 年统计资料汇编》、相应年份的《中国统计年鉴》和国研网数据库。具体地，1978～2011 年我国 31 个省级单位的全国相对人均 GDP、全国相对经济增长效率及全国相对要素投入指标及其变化趋势如图 7.1 所示。

从图 7.1 所示的统计描述可以看出，我国大陆地区的 31 个省（市、区）中，与相对要素投入的变动相比，大多数省（市、区）的相对经济增长效率与相对地区差距人均 GDP 的变动趋势更为相近。基于此统计分析便可以得到简单的结论：在地区差距形成中，经济增长效率起着更为主要的作用。不过，要得出更为准确、客观的结论，还有待我们作更为细致、深入的定量分析。

7.2.3 实证测度与稳健性检验

在上述指标选择及测算的基础上，本节将分别运用马尔可夫链分析与核密度估计来比较全国相对人均 GDP 分布、全国相对经济增长效率分布与全国相对要素投入分布的相似性，来推断经济增长效率与要素投入孰为引起地区差距的最主要因素；随后，将进一步分析要素投入和经济增长效率的贡献份额并验证分析结果的稳健性。

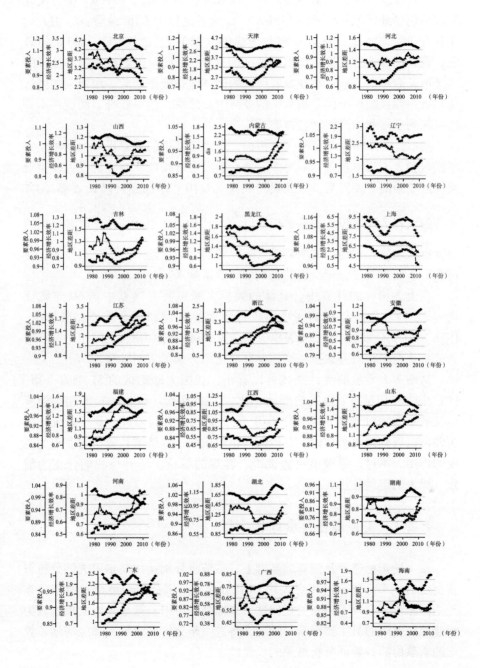

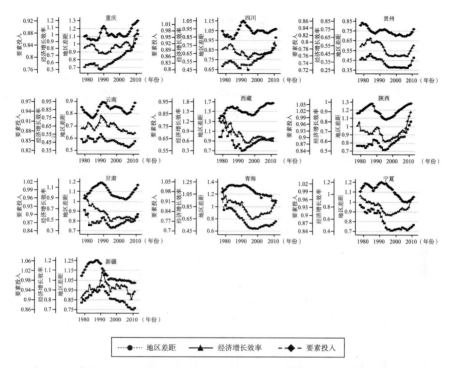

图 7.1　地区差距、经济增长效率及要素投入相对差异图示（1978～2011 年）

注：每幅图形中，从上至下的三条曲线及从左至右的三条纵轴分别对应着要素投入、经济增长效率和地区差距的相对差异。

7.2.3.1　马尔可夫链分析

我们沿用奎（1996）的分析框架，假设我国各省（市、区）的全国相对人均 GDP、全国相对经济增长效率、全国相对要素投入三者的分布状态演进均服从有限的一阶马尔可夫过程，亦即具有平稳的转移概率，由此通过比较初始分布与稳态分布，便可以分析相关变量分布演进的长期趋向。

第一，地区差距的马尔可夫链分析。根据我国各省（市、区）相对人均 GDP 的大小，我们在对该指标进行排序的基础上，按照每种状态初始概率相同的原则，将相应的收入状态划分为五种，并分别用 L_1、L_2、L_3、L_4、L_5 来表示，这五组收入状态的区间分别是（0，0.7093]、（0.7093，0.8292]、（0.8292，0.9705]、（0.9705，1.4745]、（1.4745，6.5184]。我国各省级单位全国相对人均 GDP 的转移概率矩阵及稳态分布结果如表 7.1 所示。

表 7.1   相对人均 GDP 的马尔可夫链分析结果

t+1 \ t	L_1	L_2	L_3	L_4	L_5	频数占比
L_1	0.9223	0.0777	0.0000	0.0000	0.0000	0.2014
L_2	0.0583	0.8495	0.0922	0.0000	0.0000	0.2014
L_3	0.0000	0.0631	0.8252	0.1117	0.0000	0.2014
L_4	0.0000	0.0000	0.0690	0.9015	0.0296	0.1984
L_5	0.0000	0.0000	0.0000	0.0248	0.9752	0.1975
频数占比	0.1975	0.1994	0.1984	0.2063	0.1984	—
初始分布	0.2000	0.2000	0.2000	0.2000	0.2000	—
稳态分布	0.0893	0.1190	0.1739	0.2816	0.3362	—

如表 7.1 所示，该马尔可夫链分析结果中，第一列表示 t 期人均 GDP 所处的状态，第一行则表示 $t+1$ 期样本所处的状态；中间为转换概率，主对角线上的元素表示从 t 期到 $t+1$ 期全国相对人均 GDP 在本组内保持不变的概率。从表 7.1 可以看出：其一，从主对角线上的转移概率来看，1978～2011 年我国各省（市、区）全国相对人均 GDP 在本组内保持不变的概率最低为 0.8252、最高为 0.9752、平均为 0.8945，这表明各省（市、区）相对人均 GDP 的组间流动性比较低、相对位置比较稳定、趋于固化。其二，将该指标的分组与转移概率的结合来看，处于较低与较高相对人均 GDP 分组的转移概率分别为 0.9223 和 0.9752，分别为次高和最高，这表明相对人均 GDP 最低和最高的地区，其在本组内保持不变的概率较高，一般不随时间发生变化。其三，从稳态分布来看，相对人均 GDP 最高的两组地区在稳态分布中的比例分别为 0.2816 和 0.3362，二者合计达到 61.78%，相对于初始 40% 的分布，这两组地区的比例得到了较大提高，而属于最低和次低两组的比例得到了明显下降，从而说明了我国人均 GDP 向高水平演进的事实。

第二，经济增长效率的马尔可夫链分析。根据我国各省（市、区）全国相对经济增长效率的大小，我们在对该指标进行排序的基础上，按照每种状态初始概率相同的原则，将相应的收入状态划分为五种，并分别用 L_1、L_2、L_3、L_4、L_5 来表示，这五组收入状态的区间分别是（0，0.6667]、（0.6667，0.7977]、（0.7977，0.9294]、（0.9294，1.3294]、

（1.3294，5.6162]。我国各省级单位全国相对经济增长效率的转移概率矩阵及稳态分布结果如表 7.2 所示。

表7.2　相对经济增长效率的马尔可夫链分析结果

t+1 \ t	L_1	L_2	L_3	L_4	L_5	频数占比
L_1	0.8976	0.1024	0.0000	0.0000	0.0000	0.2004
L_2	0.1063	0.8261	0.0676	0.0000	0.0000	0.2023
L_3	0.0000	0.0690	0.7931	0.1379	0.0000	0.1984
L_4	0.0000	0.0000	0.1220	0.8293	0.0488	0.2004
L_5	0.0000	0.0000	0.0000	0.0296	0.9704	0.1984
频数占比	0.2014	0.2014	0.1955	0.1994	0.2023	—
初始分布	0.2000	0.2000	0.2000	0.2000	0.2000	—
稳态分布	0.1741	0.1678	0.1646	0.1862	0.3073	—

　　如表 7.2 所示，1978～2011 年我国各省（市、区）全国相对经济增长效率的马尔可夫链分析结果表明：其一，从主对角线上的转移概率来看，连续两期中相对经济增长效率所处位置保持不变的概率最高为 0.9704、最低为 0.7931、平均为 0.8633，这表明各省（市、区）相对经济增长效率的组间流动性比较低、相对位置比较稳定、趋于固化。其二，将该指标的分组与转移概率的结合来看，四组中向更高水平转移的概率平均为 8.92%、四组中向更低水平转移的概率平均为 8.17%，并且最低组向次低组转移的概率为 0.1024，次低组、次高组分别向更低水平转移的概率均大于其向更高水平转移的概率，这在某种程度上表明该转移的不稳定性、地区之间竞争的激烈性。其三，从稳态分布来看，相对经济增长效率最高的两组地区在稳态分布中的比例分别为 0.1862 和 0.3073，二者合计达到 49.35%，相对于初始 40% 的分布，属于这两组地区的比例得到了较大提高；与此同时，属于最低和次低两组的比例分别为 0.1741 和 0.1678，二者合计达到 34.19%，属于这两组地区的比例得到了一定程度的下降，从而预示了我国各地区稳态经济增长效率"两头小、中间大""哑铃型"分布态势。

　　第三，要素投入的马尔可夫链分析。根据我国各省（市、区）全国相对要素投入的大小，我们在对该指标进行排序的基础上，按照每种状态初始概率相同的原则，将相应的收入状态划分为五种，并分别用 L_1、L_2、L_3、L_4、L_5 来表示，这五组收入状态的区间分别是（0，0.9556]、（0.9556，0.9924]、（0.9924，1.0221]、（1.0221，1.0441]、（1.0441，1.1816]。我国各省级单位全国相对要素投入的转移概率矩阵及稳态分布结果如表 7.3 所示。

表 7.3   相对要素投入的马尔可夫链分析结果

t ＼ $t+1$	L_1	L_2	L_3	L_4	L_5	频数占比
L_1	0.9357	0.0643	0.0000	0.0000	0.0000	0.1672
L_2	0.0539	0.8627	0.0833	0.0000	0.0000	0.1994
L_3	0.0000	0.0788	0.8177	0.1034	0.0000	0.1984
L_4	0.0000	0.0000	0.0966	0.8164	0.0870	0.2023
L_5	0.0000	0.0000	0.0000	0.0672	0.9328	0.2326
频数占比	0.1672	0.1984	0.1984	0.2014	0.2346	——
初始分布	0.2000	0.2000	0.2000	0.2000	0.2000	——
稳态分布	0.1526	0.1821	0.1925	0.2061	0.2666	——

如表 7.3 所示，1978～2011 年我国各省（市、区）全国相对要素投入的马尔可夫链分析结果表明：其一，从主对角线上的转移概率来看，连续两期中相对要素投入所处位置保持不变的概率最高为 0.9357、最低为 0.8164、平均为 0.8731，这表明各省（市、区）相对要素投入的组间流动性比较低、相对位置比较稳定、趋于固化。其二，从该指标的分组与转移概率的结合来看，四组中向更高水平转移的概率平均为 8.45%、四组中向更低水平转移的概率平均为 7.41%，并且相对要素投入较低的三组向更高水平转移的概率均大于其向更低水平转移的概率，但相对要素投入次高地区向更低水平转移的概率要略高于其向更高水平转移的概率，这在某种程度上反映了低要素投入地区有着通过增加要素投入来推动地区经济发展的思路，而更高要素投入地区开始注重通过其他方式推动经济发展的作法，从而也从总体上反映了我国总体上水平先依靠要素投入后依托其他方式推动经济发展的一般思路。其三，从稳态分布来看，相对要素投入最高

的两组地区在稳态分布中的比例分别为0.2061和0.2666，二者合计达到47.27%，相对于初始40%的分布，属于这两组地区的比例得到了较大提高；与此同时，属于最低和次低两组的比例分别为0.1526和0.1821，二者合计达到33.47%，属于这两组地区的比例得到了一定程度的下降，从而预示了我国各地区要素投入低投入水平和高投入水平在长期将并存的特征。

综上，从对我国各省（市、区）相对人均GDP、相对经济增长效率、相对要素投入的马尔可夫链测算结果来看，我们均得到了一个反映出了组间流动性较低、相对位置较为固定的转移概率矩阵，从而反映出了我国要素投入、经济增长效率提升与经济增长协同发展的一面。不过，马尔可夫链分析结果仅给出了稳态的具体分布，但不能反映出动态演进趋势，因此，对于我国地区差距、要素投入及经济增长效率的动态演进还需作更为细致的分析。

7.2.3.2　核密度估计

第一，地区差距的核密度估计。该部分根据1978～2011年全国相对人均GDP指标来考察我国省际地区差距的演进态势，我们选用常用的高斯核和最优带宽，利用核密度估计给出1978年、1992年和2011年全国相对人均GDP的概率密度曲线，具体如图7.2所示。

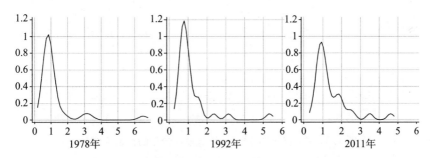

图7.2　中国省区相对人均GDP分布的核密度估计

图7.2中，若一个省区相对人均GDP为1则对应着图7.2中横轴上的1，这表明该省区的人均GDP与当年全国平均水平的人均GDP相等；若取值为2，则表明该地区的人均GDP为当年全国平均水平人均GDP的2倍；其余取值的含义可据此类推。从图7.2可以看出：其一，1978～2011年我国各省（市、区）的相对人均GDP在整体上呈现单峰分布形态，并且大

部分密集在 0.5~1.0 之间,从而表明我国有较多的省(市、区)处于贫困陷阱之中。其二,概率密度曲线中,波峰的提高(降低)主要表明相关省(市、区)人均 GDP 与全国平均水平人均 GDP 差距的扩大,1978 年、1992 年、2011 年我国人均 GDP 的波峰分别约为 1.0、1.2 和 0.9,从而说明我国地区差距至少经历了一次从扩大到降低的整体变动。其三,1978 年到 1992 年、再到 2011 年,相对人均 GDP 概率密度曲线图中,左半部分(即小于 1 的部分)所占的面积较为稳定,而右半部分(即大于 1 的部分)表现得较为陡峭且面积在逐步增大,这表明由人均 GDP 相对差异所表现出的我国"富裕俱乐部"和"贫穷俱乐部"在逐步形成。其四,概率密度曲线图中,大部分省(市、区)集中在"主峰"附近,除此之外,在较高的收入段还密集着几个小的波峰,尽管这些波峰远不及主峰,但其在考察期内均稳定地存在,这表明低经济水平与高经济水平均稳定存在,从而我国省区之间的地区差距具有稳定性。

  第二,经济增长效率的核密度估计。本部分根据 1978~2011 年全国相对经济增长效率指标来考察我国省际经济增长效率的演进态势,我们选用常用的高斯核和最优带宽,利用核密度估计给出 1978 年、1992 年和 2011 年全国相对经济增长效率的概率密度曲线,具体如图 7.3 所示。

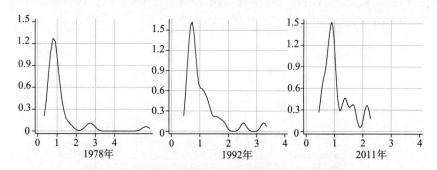

图 7.3 中国省区相对经济增长效率分布的核密度估计

  图 7.3 中,若一个省区相对经济增长效率为 1 则对应着图 7.3 中横轴上的 1,这表明该省区的经济增长效率与当年全国平均水平的经济增长效率相等;若取值为 2,则表明该地区的经济增长效率为当年全国平均水平经济增长效率的 2 倍;其余取值的含义可据此类推。从图 7.3 可以看出:其一,1978~2011 年我国各省(市、区)的相对经济增长效率在整体上呈现单峰分布形态,并且绝大部分密集在 0.5~1.0 之间,从而表明我国

有较多省（市、区）的经济增长效率较低。其二，从概率密度曲线波峰的变动来看，相对于 1978 年，1992 年我国经济增长效率概率密度曲线的"波峰"得到了明显提高，从而说明了我国全要素生产率总体水平的提升。其三，从概率密度曲线的位置变动来看，由于横轴的刻度相同，我们便可以通过直接比较概率密度曲线的位置来分析我国各省（市、区）经济增长效率的变化情况；具体来说，与 1978 年我国经济增长效率的概率密度曲线相比，1992 年的该曲线表现出整体左移和右半部分面积增大的特征，这表明我国经济发展中高经济增长效率地区的增加及技术溢出现象；与 1992 年相比，2011 年的该曲线则表现出整体右移和右半部分面积增大的特征，这进一步表明了我国经济发展中的经济增长效率的提升和技术溢出现象。其四，从概率密度曲线的形状的变化来看，1978 年、1992 年、2011 年相应概率密度曲线右半部分的波峰逐步增加，从而预示了我国各省（市、区）低、中、高经济增长效率的阶梯式分布。

第三，要素投入的核密度估计。本部分根据 1978～2011 年全国相对要素投入指标来考察我国省际要素投入的演进态势，我们选用常用的高斯核和最优带宽，利用核密度估计给出 1978 年、1992 年和 2011 年全国相对要素投入的概率密度曲线，具体如图 7.4 所示。

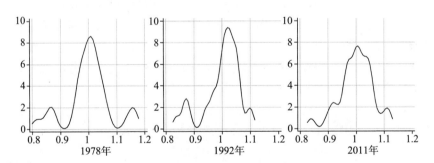

图 7.4　中国省区相对要素投入分布的核密度估计

图 7.4 中，我们对 1978 年、1992 年、2011 年三个年份各省（市、区）相对要素投入概率密度曲线的横轴与纵轴均取相同的刻度，从而能够更为直观地识别图形的变化。从图 7.4 可以看出：其一，1978～2011 年我国各省（市、区）的相对要素投入在整体上呈现多峰分布形态，并且绝大部分密集在 0.9～1.1 之间，从而表明我国各省（市、区）的相对要素投入有着较为均匀的分布，但也存在要素投入过低或过高的省（市、区）。

其二，从概率密度曲线波峰的变动来看，与 1978 年相比，1992 年的该概率密度曲线更为陡峭，这表明该期间内我国要素投入差距的扩大态势；与 1992 年相比，2011 年该概率密度曲线的波峰又有所下降，从而说明了该时期内各地区要素投入差距的缩小。其三，从概率密度曲线的位置变动来看，与 1978 年相比，1992 年该概率密度曲线表现出明显的右移，这表明该时期内一些省（市、区）较快、较多的要素投入；与 1992 年相比，2011 年该概率密度曲线又呈现较为对称的分布，这表明该期间并没有特别突出的、以要素投入拉动经济增长的省（市、区）。其四，从概率密度曲线的形状来看，三个年份的概率密度曲线图左半部分均表现出一个明显的"波峰"，这表明该时期内总有个别省份要素投入明显滞后。

结合图 7.2、图 7.3、图 7.4 来看，明显可以看出图 7.2 与图 7.3 有着类似的概率密度曲线图，这说明 1978 年、1992 年、2011 年我国的地区差距与经济增长效率有着相似的概率密度曲线，也就是说这两者有着相同的演进趋势。从而可以判断：相对于要素投入，经济增长效率是影响我国地区差距的重要因素。

7.2.3.3　稳健性检验

尽管上述统计分析与动态分布分析，能够通过比较相对人均 GDP、相对经济增长效率和相对要素投入等变量分布的相似性，来判断经济增长效率与要素投入孰为引起地区差距的主要原因，但却无法在数量上度量各自对地区差距的贡献份额。有鉴于此，我们将进一步通过方差分解技术来分析要素投入与经济增长效率对地区差距的贡献。

具体来说，为分析要素投入和经济增长效率分别对地区差距的贡献，我们将式（7.10）中要素投入部分定义为 F_i，即有式（7.11）：

$$F_i = \left(\frac{K_i}{Y_i}\right)^{\frac{\alpha}{1-\alpha}} \cdot h_i \tag{7.11}$$

将式（7.11）代入式（7.10），并对式（7.10）取对数得式（7.12）：

$$\ln y_i = \ln A_i + \ln F_i \tag{7.12}$$

对式（7.12）作方差分解得式（7.13）：

$$\mathrm{var}(\ln y_i) = \mathrm{cov}(\ln y_i, \ln A_i) + \mathrm{cov}(\ln y_i, \ln F_i) \tag{7.13}$$

亦即有式（7.14）：

$$\frac{\mathrm{var}(\ln y_i)}{\mathrm{var}(\ln y_i)} = \frac{\mathrm{cov}(\ln y_i, \ln A_i)}{\mathrm{var}(\ln y_i)} + \frac{\mathrm{cov}(\ln y_i, \ln F_i)}{\mathrm{var}(\ln y_i)} = 1 \tag{7.14}$$

式（7.14）中，var(*)、cov(*)分别为相关变量的方差与协方差。可以看出，式（7.14）将各地区劳均产出分为经济增长效率贡献和要素投入贡献两部分，从而可据此分析各部分贡献的大小（李静、孟令杰，2006）。

此外，地区差距也可能是经济增长效率与要素投入共同作用的结果，因此，为反映这两者的共同作用，还可参考伊斯特利、莱文（Easterly and Levine，2001）的分解方法，具体如式（7.15）所示：

$$\mathrm{var}(\ln y_i) = \mathrm{var}(\ln A_i) + \mathrm{var}(\ln F_i) + 2\mathrm{cov}(\ln A_i, \ln F_i) \quad (7.15)$$

亦即有式（7.16）：

$$\frac{\mathrm{var}(\ln y_i)}{\mathrm{var}(\ln y_i)} = \frac{\mathrm{var}(\ln A_i)}{\mathrm{var}(\ln y_i)} + \frac{\mathrm{var}(\ln F_i)}{\mathrm{var}(\ln y_i)} + \frac{2\mathrm{cov}(\ln A_i, \ln F_i)}{\mathrm{var}(\ln y_i)} = 1 \quad (7.16)$$

式（7.15）中，经济增长效率与要素投入对地区差距的共同作用可由$\mathrm{cov}(\ln A_i, \ln F_i)$来反映。至此，我们可用式（7.14）、式（7.16）来判断经济增长效率与要素投入对地区差距的贡献，具体如图7.5所示。

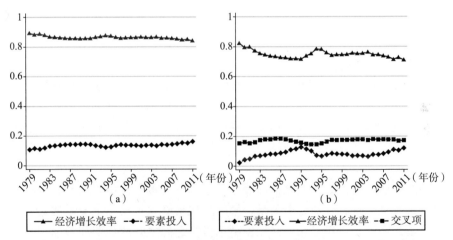

图7.5 要素投入与经济增长效率对中国地区差距的贡献（1978～2011年）

图7.5中，图7.5（a）是基于式（7.14）的分解结果，图7.5（b）为基于式（7.16）的分解结果。就图7.5（a）所示的基于式（7.14）的分解结果而言，经济增长效率对地区差距的贡献最低为83.98%、最高为89.29%、平均为86.40%，与此相对应，要素投入对地区差距的贡献最低为10.71%、最高为16.02%、平均为13.60%，由此可见，经济增长效率

在地区差距形成中具有主导性作用。就图 7.5 （b）所示的基于式（7.16）的分解结果而言，经济增长效率对地区差距的贡献最低为 71.02%、最高为 82.39%、平均为 74.90%，与此相对应，要素投入对地区差距的贡献最低为 2.30%、最高为 12.74%、平均为 8.18%，而经济增长效率与要素投入的交叉项对地区差距的贡献最低为 14.48%、最高为 18.51%、平均为 16.92%，从而总体上也说明了经济增长效率在地区差距中的主导性作用。总之，两种基于方差分解的结果均清晰表明，较之要素投入，经济增长效率在地区差距形成中具有更为重要的作用，该结论与李静、孟令杰（2006），李国璋、周彩云（2010）等学者的研究结论大致相同。

综上，该部分的统计描述、马尔可夫链分析和核密度估计均一致地反映出，较之要素投入的作用，经济增长效率在地区差距形成中具有更为重要的作用，基于方差分解的稳健性分析也验证了该结论。因此，统计描述、马尔可夫链分析、核密度估计和方差分解的稳健性分析均表明：在地区差距形成中，较之要素投入，经济增长效率的作用更为显著。

7.3 长短期关系分析

尽管上述分析已经表明地区差距形成中要素投入和经济增长效率孰为更重要的因素，但依然难以看出二者与地区差距的直接联系，因此，还有必要对这些因素的作用方式和作用强度作直接检验。基于此，我们主要分三步来检验 1978～2011 年我国各省（市、区）的地区差距、经济增长效率和要素投入是否存在长期均衡关系：第一，面板数据单位根检验，来判断数据的稳定性，为协整分析做铺垫；第二，面板数据协整检验，以判断它们之间是否具有长期均衡关系；第三，如果确立了这三个变量的长期均衡关系，将进一步建立误差修正模型来检验它们之间的长期和短期因果关系。至于衡量指标，我们用前面基于要素与经济不匹配视角，亦即第 5 章所构建的 mi 指数来作为地区差距的衡量指标；用 7.2 节所测算的全要素生产率作为经济增长效率的衡量指标；用本章式（7.10）中除经济增长效率（A_i）之外的内容为要素投入的衡量指标 $\left(\left(\dfrac{K_i}{Y_i} \right)^{\frac{\alpha}{1-\alpha}} \cdot h_i \right)$。

7.3.1 面板单位根检验

本书关于地区差距、经济增长效率和要素投入的指标皆为宏观经济指标，这些指标往往具有非平稳性特征，而面板数据的单位根检验综合了横截面和时间序列的特性，能够更为精确、直接地检验单位根的存在，并具有更多自由度、更少共线性从而具有更高的估计效率。目前，面板数据单位根检验的方法主要有 LLC（Levin - Lin - Chu test）检验、Breitung（Breitung test）检验、IPS（Im - Pesaran - Shin test）检验、ADF - Fisher 检验、PP - Fisher 检验和 Hadri（Hadri test）检验等，其中，LLC 检验、Breitung 检验和 Hadri 检验均假设含有相同单位根，而 IPS 检验、ADF - Fisher 检验、PP - Fisher 检验均假设含有不同单位根；LLC 检验、Breitung 检验、IPS 检验、ADF - Fisher 检验、PP - Fisher 检验的原假设均为含有单位根，而 Hadri 检验的原假设为不含有单位根。鉴于各方法的局限性，为了保证结论的稳健性，我们将同时使用这些方法，对取自然对数后的地区差距（$\ln mi$）、经济增长效率（$\ln eff$）和要素投入（$\ln fac$）进行单位根检验，具体结果如表 7.4 所示。

表 7.4　　　　　　　　　　　面板单位根检验结果

	LLC 检验	Breitung 检验	IPS 检验	ADF - Fisher 检验	PP - Fisher 检验	Hadri 检验
$\ln mi$	- 0. 8663 [0. 1932]	0. 1427 [0. 5567]	- 3. 2437 [0. 0006]	71. 3388 [0. 1951]	260. 9366 [0. 0000]	50. 2370 [0. 0000]
$\Delta \ln mi$	- 8. 5540 [0. 0000]	- 6. 1636 [0. 0000]	- 16. 9465 [0. 0000]	501. 1898 [0. 0000]	957. 2821 [0. 0000]	- 2. 4225 [0. 9923]
$\ln eff$	- 1. 6243 [0. 0522]	2. 6086 [0. 9955]	1. 5773 [0. 9426]	57. 5573 [0. 6363]	52. 3620 [0. 8035]	72. 4025 [0. 0000]
$\Delta \ln eff$	- 8. 4509 [0. 0000]	- 10. 3977 [0. 0000]	- 13. 7207 [0. 0000]	267. 7387 [0. 0000]	501. 5438 [0. 0000]	- 0. 7998 [1. 0000]
$\ln fac$	- 0. 5820 [0. 2803]	- 0. 3151 [0. 3764]	3. 6434 [0. 9999]	93. 4454 [0. 0060]	35. 4127 [0. 9974]	48. 5592 [0. 0000]
$\Delta \ln fac$	- 6. 8619 [0. 0000]	- 7. 3460 [0. 0000]	- 7. 8353 [0. 0000]	194. 3108 [0. 0000]	235. 0803 [0. 0000]	0. 2609 [1. 0000]

注：Δ 表示相关变量的一阶差分值；[*] 为相应统计检验的 P 值。

如表 7.4 所示，面板单位根检验结果表明：其一，在 1% 的显著性水平下，LLC 检验、Breitung 检验和 ADF – Fisher 检验均一致表明，不能完全拒绝 lnmi 的水平值"存在单位根"的原假设，从而变量是非平稳的；然而对 lnmi 的一阶差分进行检验时，前五种检验方法均显著地拒绝"存在单位根"的原假设；从而说明 lnmi 为一阶单整序列；与此同时，由于原假设不同，Hadri 检验也表明 lnmi 为一阶单整序列。其二，前五种检验方法一致表明，不能完全拒绝 lneff 的水平值"存在单位根"的原假设，从而该变量是非平稳的；而对 lneff 的一阶差分进行检验时，前五种检验均显著地拒绝"存在单位根"的原假设；从而说明 lneff 为一阶单整序列；当然，Hadri 检验也表明 lneff 为一阶单整序列。其三，对 lnfac 水平值及其一阶差分值的检验均表明，该变量为一阶单整序列。

7.3.2　面板协整检验

上述面板单位根检验表明我国地区差距（lnmi）、经济增长效率（lneff）和要素投入（lnfac）均为一阶单整，从而我们可以分别对地区差距（lnmi）和经济增长效率（lneff）、地区差距（lnmi）和要素投入（lnfac）这两组变量进行协整检验，以判断它们之间是否存在长期均衡关系。

目前，关于面板数据协整检验的方法主要有两类：一类是以最大似然比为基础的 Johanson Fisher 检验，另一类则是以 E – G 两步法的残差为基础的 Pedroni 和 Kao 检验（陈强，2010），我们将使用主要针对异质面板的 Pedroni 检验。具体地，Pedroni 检验的协整统计量有组内统计量和组间统计量两类，其中，组内统计量包括 Panel V、Panel Rho、Panel PP、Panel ADF 四个，组间统计量包括 Group Rho、Group PP、Group ADF 三个；这七个统计量中，Panel ADF 与 Group ADF 统计量使用 ADF 检验，其余五个统计量使用 Phillips 和 Perron 非参数检验；此外，七个统计量的原假设都是无协整关系，而组内统计量的备择假设要求各截面协整关系的系数一致，组间统计量的备择假设则允许变异的存在；一般地，这七个统计量经过均值和标准差调整之后都渐进服从标准正态分布，均可用来进行统计检验；在具体检验中，在具体备择假设下，Panel V 统计量趋向于正无穷，因此可用正态分布的右尾部分来拒绝原假设，亦即较大的、正的 Panel V 值则意味着可以拒绝原假设，与此同时，其他六个统计量趋向负无穷，因此可用正态分布的左尾部分来拒绝原假设，亦即较大的、负的取值则意味着可以拒绝原假设（Pedroni，2004）。我们对地区差距（lnmi）和经济增长效率（lneff）、地区差距（lnmi）和要素投入（lnfac）这两组变量进行协整检验，具体结果如表 7.5 所示。

表 7.5 　　　　　　　**面板数据 Pedroni 协整检验结果**

	模型 I	模型 II	模型 III
Panel V – Statistic	– 29. 62026 [1. 0000]	– 19. 53383 [1. 0000]	– 1105. 218 [1. 0000]
Panel Rho – Statistic	– 12. 69357 [0. 0000]	– 9. 698503 [0. 0000]	– 6. 740119 [0. 0000]
Panel PP – Statistic	– 10. 42007 [0. 0000]	– 8. 305100 [0. 0000]	– 11. 19054 [0. 0000]
Panel ADF – Statistic	– 7. 893957 [0. 0000]	– 6. 868133 [0. 0000]	– 8. 862253 [0. 0000]
Group Rho – Statistic	– 7. 954783 [0. 0000]	– 5. 219707 [0. 0000]	– 3. 941394 [0. 0000]
Group PP – Statistic	– 10. 81647 [0. 0000]	– 6. 274152 [0. 0000]	– 8. 827973 [0. 0000]
Group ADF – Statistic	– 11. 04146 [0. 0000]	– 3. 596117 [0. 0002]	– 6. 985172 [0. 0000]

注：（1）模型 I 为对 lnmi 与 lneff 两个变量组合进行协整检验，模型 II 为对 lnmi 与 lnfac 两个变量组合进行协整检验，模型 III 为对 lnmi、lneff 与 lnfac 三个变量组合进行协整检验的结果；（2）[＊]为相应统计检验的 P 值。

如表 7.5 所示的面板数据 Pedroni 协整检验结果表明，七个统计量对三组面板数据的协整检验反映出了不一致的结果，除 Panel V – Statistic 统计量之外，其余六个统计量均显著拒绝了三组数据不存在协整关系的原假设，在此情况下，仅据此还难以判断上述各变量之间是否存在长期关系。不过，彼卓里（Pedroni，1999）指出，当检验结果不一致的情况下，Panel ADF – Statistic、Group ADF – Statistic 的检验效果最好，Panel V – Statistic 与 Group Rho – Statistic 的检验效果最差，其他统计量的检验效果居中。基于此，在表 7.5 中 Panel V – Statistic 的检验结果与其余各检验方法存在不一致的情况下，可以认为上述三组变量之间存在长期均衡关系。这说明，经济增长效率与要素投入对地区差距具有促进作用，并且可以通过误差纠正机制来保证它们之间的长期协整关系。

7.3.3　面板误差修正模型

尽管上述协整检验已表明，lnmi 与 lneff、lnmi 与 lnfac、lnmi、lneff 与 lnfac 之间存在长期均衡的协整关系，但并不能表明它们之间因果关系的具体方向，因此，还需进一步对 lneff、lnfac 与 lnmi 之间的短期波动影响进行分析。具体地，我们将使用恩格尔和格兰杰（Engle and Granger，1987）提出的两步法来建立基于面板的误差修正模型（PVECM），我们所构建的面板误差模型如式（7.17）与式（7.18）所示：

$$\Delta \ln mi_{it} = \beta_1 + \sum_{j=1}^{k} \theta_{1j} \Delta \ln mi_{i,t-j} + \sum_{j=1}^{k} \gamma_{1j} \Delta \ln eff_{i,t-j} + \lambda_{1i} ECM_{i,t-j} + \mu_{1it}$$

$$(7.17)$$

$$\Delta \ln mi_{it} = \beta_2 + \sum_{j=1}^{k} \theta_{2j} \Delta \ln mi_{i,t-j} + \sum_{j=1}^{k} \gamma_{2j} \Delta \ln fac_{i,t-j} + \lambda_{2i} ECM_{i,t-j} + \mu_{2it}$$

$$(7.18)$$

$$\Delta \ln mi_{it} = \beta_3 + \sum_{j=1}^{k} \theta_{3j} \Delta \ln mi_{i,t-j} + \sum_{j=1}^{k} \gamma_{3j} \Delta \ln eff_{i,t-j} + \sum_{j=1}^{k} \gamma'_{3j} \Delta \ln fac_{i,t-j}$$
$$+ \lambda_{3i} ECM_{i,t-j} + \mu_{3it} \qquad (7.19)$$

式（7.17）、式（7.18）、式（7.19）中，Δ 表示一阶差分项，该项反映了短期波动的影响；$ECM_{i,t-j}$ 表示长期均衡误差。在误差修正模型中，被解释变量的短期波动可以分为两部分，一部分是短期波动的影响，另一部分是偏离长期均衡的影响。λ_{1i}、λ_{2i} 为误差修正系数，其值反映了对偏离长期均衡的调整力度；若拒绝 λ_{1i}、λ_{2i} 为零的原假设，说明误差修正机制产生，检验得到的 lneff、lnfac 与 lnmi 之间的关系是可靠的，反之是不可靠的。如果 γ_{1j}、γ_{2j} 为零的原假设被拒绝，则表明变量之间存在短期波动影响，反之则不存在短期波动影响。根据式（7.17）、式（7.18）、式（7.19）所检验的经济增长效率对地区差距短期波动的影响、要素投入对地区差距短期波动的影响、经济增长效率与要素投入对地区差距短期波动的影响，具体估计结果如表7.6所示。

表7.6 面板误差修正模型估计结果

	$\Delta\ln mi$					
	模型 I		模型 II		模型 III	
	pmg	*mg*	*pmg*	*mg*	*pmg*	*mg*
$\ln eff$	−2.0110 (0.1357) [0.000]	−1.3867 (0.6578) [0.035]	—	—	−1.9565 (0.1502) [0.000]	−1.7941 (0.7227) [0.013]
$\ln fac$	—	—	6.2538 (0.9581) [0.000]	11.9587 (9.8667) [0.225]	2.1148 (0.7615) [0.005]	10.5997 (9.9251) [0.286]
$\Delta\ln eff$	−0.4110 (0.6881) [0.550]	−0.3143 (0.6699) [0.639]	—	—	−0.4652 (0.7131) [0.514]	−0.1630 (0.6895) [0.813]
$\Delta\ln fac$	—	—	−0.7919 (3.3744) [0.814]	0.1478 (3.8703) [0.970]	0.2773 (3.5233) [0.937]	2.2860 (3.4591) [0.509]
ecm	−0.2195 (0.0352) [0.000]	−0.3330 (0.0399) [0.000]	−0.1989 (0.0335) [0.000]	−0.2384 (0.0345) [0.000]	−0.2222 (0.0362) [0.000]	−0.4093 (0.0452) [0.000]
常数项	−1.2760 (0.2307) [0.000]	−2.0650 (0.3097) [0.000]	−1.0989 (0.1966) [0.000]	−1.3462 (0.2087) [0.000]	−1.3038 (0.2378) [0.000]	−2.604 (0.3390) [0.000]
Hausman1	−1.3867	−2.0109	11.9587	6.2538	−1.7941	−1.9565
Hausman2	—	—	—	—	10.5997	−2.1148
chi2	0.66		0.31		1.09	
Prob > chi2	0.4182		0.5804		0.5806	

注:(1)模型 I 用于检验经济增长效率与地区差距之间的关系;模型 II 反映了要素投入与地区差距之间的关系;模型 III 用于检验地区差距形成中要素投入与经济增长效率各自的作用方式;(2)(∗)为相应的标准差,[∗]为相应的 P 值。

对于表 7.6 所示的面板误差修正模型估计结果有以下几点需要说明:其一,*pmg* 为 Pooled Mean - Group 形式的估计,*mg* 为 Mean - Group 形式的估计;其二,Hausman 为 *mg*、*pmg* 两种估计结果相似性的检验,该检验的原假设为:系数的差异不是系统性的,其中,三个模型中的 Hausman1 分别为 $\Delta\ln mi$ 与 $\Delta\ln eff$、$\Delta\ln mi$ 与 $\Delta\ln fac$、$\Delta\ln mi$ 与 $\Delta\ln eff$ 的检验结

果，Hausman2 为 $\Delta\ln mi$ 与 $\Delta\ln fac$ 的检验结果；其三，chi2 为 Hausman 检验结果对应的卡方值；其四，lneff 与 lnfac 反映了相应变量之间的长期均衡关系，Δlneff、Δlnfac 与 ecm 则反映了相应变量之间的短期动态影响；其五，Hausman 检验结果均表明 pmg 估计结果较为理想，因此，我们主要以 pmg 的估计结果为准进行分析。

从表 7.6 所示的面板误差修正模型估计结果可以发现：其一，从长期关系来看，模型Ⅰ反映了经济增长效率与地区差距之间的负向关系，模型Ⅱ反映了要素投入与地区差距之间的正向关系，而模型Ⅲ则反映了地区差距形成中要素投入的正向作用及经济增长效率的负向作用，因此，三个模型较为一致地反映了长期均衡中经济增长效率对地区差距的负向作用、要素投入对地区差距的正向作用；再者，从系数的含义及大小来看，由于我们对所有的变量均取自然对数，因此，对长期协整关系的估计系数可视作长期的投入产出弹性，从而模型Ⅲ所示的我国总体生产中，经济增长效率每提高 1% 地区差距则缩小约 1.96%，而要素投入每提高 1% 地区差距则扩大约 2.11%。其二，从短期关系来看，无论经济增长效率还是要素投入抑或二者的联合作用，所有的误差修正项在统计上非常显著，这表明均衡的长期调整对于解释地区差距的短期变动非常重要，并且经济增长效率与要素投入对地区差距影响的两个误差修正项的系数均为负值（-0.2195 与 -0.1989），从而说明了它们之间的负向反馈机制。其三，从调整力度来看，误差修正项系数的大小反映了被解释变量对解释变量短期波动的调整力度，从系数的估计值来看，模型Ⅲ的联合调整系数（-0.2222）最大、经济增长效率的调整系数（-0.2195）居中、要素投入的调整系数（-0.1989）最小，从而说明经济增长效率与要素投入结合时的调整速度最快，这为地区差距的治理提供了重要思路。其四，从解释变量自身的波动来看，三个模型一致表明，自变量本身的波动对因变量变动的反映并不显著，这反映了近年来我国经济平稳发展的一面。

综上，本节通过对 1978 ~ 2011 年我国 31 个省（市、区）地区差距、经济增长效率、要素投入的面板数据进行单位根检验、协整检验和误差修正模型等分析发现，地区差距、经济增长效率与要素投入之间具有长期协整关系，其中经济增长效率对地区差距的作用为负、要素投入对地区差距的作用为正，并且还通过误差修正机制保持了地区差距与经济增长效率、要素投入之间的长期协整关系。

7.4 产生原因检验

上述对 1978～2011 年我国 31 个省（市、区）面板数据的动态分布分析、面板单位根与面板协整分析已经表明，我国地区差距与经济增长效率具有长期均衡关系；而前两章的实证测度也表明，我国地区差距与经济增长效率均存在一定的空间集聚现象。由此而来的问题便是，既然二者有着长期均衡关系且均呈现一定的空间集聚，那么推动它们呈现此关系的原因究竟是什么？本节我们将结合我国各省（市、区）的面板数据进一步探讨该问题形成的根源。

7.4.1 理论基础与作用机制

在地区差距、经济增长效率及其相互作用形成的根源性机制上，我们拟主要从分工因素、市场因素与政府因素等几方面进行分析与检验，具体原因为：

第一，分工因素。在我们的第 5 章关于地区差距影响因素的分析中，我们提出了地区差距形成的原因在于要素与经济的非协同集聚，并重点从劳动力、资本、技术等要素视角检验了这些因素对地区差距的作用；要素投入与分布的差异的确对地区差距的形成与发展有一定作用，并且按照经济学的相关理论，如果劳动力、资本及技术等要素投入能够充分流动，那么区域经济的发展无疑将符合"一价定律"并不存在"套利"的可能性，从而地区差距也将不存在。然而，现实经济世界中，由于自然禀赋差异、制度安排差异等原因，上述要素投入的流动性受到了限制，从而在带来地区差距的同时也为分工的存在提供了"土壤"，基于此，区域差异成为分工存在的客观依据，而分工不能也不是影响要素投入进而影响地区差距的深层次因素之一。再者，第 6 章关于经济增长效率影响因素的分析中，我们重点关注了外部性、规模收益递增和交通运输条件等因素的作用，但分工是规模收益递增和外部性的源头已成为经济学理论中已达成的基本共识（何志星、叶航，2011），可见，分工也成为影响经济增长效率的深层次原因之一。对此，我们将在实证研究中检验分工对地区差距与经济增长效率的作用强度与作用方式。

　　第二，市场因素。新中国成立以来，我国地区差距的演化是在由计划经济向市场经济转变过程中显现与发展起来的，并且市场因素在配置包括要素投入在内的资源中起着重要作用，因此，市场因素不能不是影响我国地区差距的重要因素之一。再者，市场的作用意味着行政干预的减少，并进一步意味着微观非公有制企业的增加、原有公有制企业约束的"硬化"和政府管制的放松（方军雄，2006），从而预示着配置绩效的改善，由此可见，市场因素对经济增长效率也有着重要影响。在市场因素对地区差距与经济增长效率的影响上，市场化水平与市场范围都具有重要作用，在市场化水平的影响上，其无疑通过政府与市场关系、非公有经济、产品市场、要素市场、中间组织、法律环境的完善等方方面面来作用到实体经济的发展（樊纲、王小鲁，2011）；就市场范围的作用而言，其不仅包括地区经济开放程度所表征的市场"最大边界"，还包括因市场分割对地区经济增长的显著作用而形成的以邻为壑的"市场分割"（陈钊、陆铭，2009）。基于此，我们将重点检验市场化水平、经济开放程度和市场分割等三方面因素所衡量的市场因素对地区差距与经济增长效率的作用强度与作用方式。

　　第三，政策因素。在中国的具体国情下，政策因素无疑在经济发展中有着尤为重要的作用（陈建军、黄洁，2008）。具体来说，对我国地区差距与经济增长效率造成影响的因素可能包括以下几个方面：首先，经济体制便是最为重要的政策背景，一般地，计划经济会因资源分配的随机发散倾向而降低区域之间的空间相关性，而市场经济则会因邻近区域间具有较为相似的生产函数结构，从而导致较强的空间相关性；市场经济体制下，政府也会运用一些政策措施来完善区域经济布局、平衡区域经济发展。具体来说，20 世纪 80 年代以前的计划经济体制以及 80 年代初的沿海地区优先发展的政策倾斜、90 年代末以来的西部大开发、振兴东北老工业基地等政策措施，均对地区差距的缩小有着重要影响。其次，政府对经济的干预程度，改革开放以来中国经济的发展历程中，政府行为不仅影响着地区经济的发展，还具有通过调整投资方向等方式影响着经济增长和经济增长效率；尤其是 1978 年以来以财权下放、企业管辖权下放等为核心内容的财政分权措施，加强了地方政府干预经济的权力（林毅夫、刘培林，2003）；因此，政府的干预不得不是影响地区差距与经济增长效率的深层次因素之一。最后，经济国有化程度，在我国经济发展过程中，公有制经济一直起着十分重要的作用，同时，经济的国有化程度在某种程度上也表

征了地方政府对当地经济的控制与干预能力，因此我们也将检验该因素对
地区差距与经济增长效率的影响方式与影响程度。

7.4.2　模型设定与变量说明

7.4.2.1　模型设定

为了验证分工因素、市场因素和政策因策对地区差距及经济增长效率
的影响，同时考虑到面板数据的要求，我们设立式（7.20）、式（7.21）
所示的计量经济模型：

$$\ln mi_{it} = \beta_0 + \beta_1 \ln div_{it} + \beta_2 \ln mar_{it} + \beta_3 opn_{it} + \beta_4 seg_{it} + \beta_5 gin_{it} + \beta_6 soe_{it} + \mu_{it}$$

$$(7.20)$$

$$\ln eff_{it} = \beta_0 + \beta_1 \ln div_{it} + \beta_2 \ln mar_{it} + \beta_3 opn_{it} + \beta_4 seg_{it} + \beta_5 gin_{it} + \beta_6 soe_{it} + \mu_{it}$$

$$(7.21)$$

式（7.20）与式（7.21）中，mi 与 eff 分别为衡量地区差距与经济增
长效率的指标，i 和 t 分别表示 i 地区和 t 时期，β_0 为常数项，β_1、β_2、β_3、
β_4、β_5、β_6 分别为分工（div）、市场化水平（mar）、开放程度（opn）、市
场分割（seg）、政府干预（gin）及经济国有化程度（soe）等因素的系
数；μ_{it} 为随机误差项。

此外，考虑到地区差距与经济增长效率的变动速度较慢且当前水平取
决于过去水平，因此，在式（7.20）、式（7.21）所示的基本计量模型的
基础上，引入被解释变量的滞后项，将其扩展为可以防止基本计量模型设
定偏误和可以消除一些解释变量内生性偏误的动态面板模型（Dynamic
Panel Data）。对式（7.20）及式（7.21）引入被解释变量滞后项的动态一
阶自回归模型如式（7.22）、式（7.23）所示：

$$\ln mi_{it} = \beta_0 + \rho \ln mi_{i,t-1} + \beta_1 \ln div_{it} + \beta_2 \ln mar_{it} + \beta_3 opn_{it} + \beta_4 seg_{it} + \beta_5 gin_{it} + \beta_6 soe_{it} + \mu_{it}$$

$$(7.22)$$

$$\ln eff_{it} = \beta_0 + \rho \ln eff_{i,t-1} + \beta_1 \ln div_{it} + \beta_2 \ln mar_{it} + \beta_3 opn_{it} + \beta_4 seg_{it} + \beta_5 gin_{it} + \beta_6 soe_{it} + \mu_{it}$$

$$(7.23)$$

式（7.22）、式（7.23）中，$\ln mi_{i,t-1}$、$\ln eff_{i,t-1}$ 分别为地区差距与经
济增长效率的一阶滞后项，ρ 是衡量上一期被解释变量对当期被解释变量
影响的系数，α_{it} 为非观测的区域固定效应，μ_{it} 为随机误差项。

7.4.2.2 变量说明

根据式（7.22）、式（7.23）所示的计量模型，详细的变量设置如表7.7所示。

表7.7 变量定义

变量名称	变量含义	计算方法
mi	地区差距	地区产值份额与人口份额之差的绝对值
eff	经济增长效率	TFP 指数
div	分工	交易技术与交易费用的变化
mar	市场化	人均行政管理支出与私营经济投资标准化后的算术平均
opn	开放程度	进出口总额占 GDP 比重
seg	市场分割	各地区物价指数与全国平均水平物价指数之差的绝对值
gin	政府干预	政府消费支出占 GDP 比重
soe	国有化程度	国有经济固定资产投资份额

对于地区差距的衡量指标，我们依然借鉴第 5 章所使用的基于要素与经济不匹配程度视角所构建的衡量指标，其具体计算方法为地区的产值份额与人口份额之差的绝对值，其中产值份额为该地区 GDP 与全国 GDP 的比值，人口份额为相应年份该地区年末总人口与当年全国年末总人口的比值。

对于经济增长效率的衡量指标，尽管第 6 章所测算的环境技术效率蕴含更为深刻的经济社会意义，但该指标的测算需要较多的变量与数据，受统计数据的限制，测算年限仅为 1998～2011 年，时间期限较短，因此我们使用本章测算的 TFP 来表征各地区的经济增长效率。

对于分工的衡量指标，往往难以从正面直接测算，我们借鉴高帆（2004）的方法，从交易技术与交易费用角度度量分工程度，即从交通、信息、金融、教育等降低交易费用的方式来构造衡量指标。具体计算方法为：首先计算每平方公里土地面积公路里程数、单位 GDP 邮电业务量、金融保险占 GDP 的比重及人均文教科卫支出，再计算各地区、各指标的方差占四个指标总方差的比重为权重作加权平均，便可提取一个指标来衡量各地区的分工情况。

对于市场化的衡量指标，主要从政府行政管理支出与私营经济发展两方面构建衡量指标。樊纲、王小鲁（2011）的分析已给出了市场化水平的内容与测算思路，但其测算结果的时期较短，因此我们基于其给出的测算思路，主要从政府与市场关系和非公经济发展两方面构造市场化水平的衡量指标。具体计算方法为：其一，测算地区人均行政管理支出，并对该结果进行标准化；其二，测算全社会固定资产投资中私营经济投资所占的比重，并对结果进行标准化；其三，对两个标准化后的数据按各自方差占两者总方差的比重为权数进行加权平均。

对于开放程度的衡量指标，我们按照相关文献的通常做法，用地区进出口总额与地区生产总值之比来表示，该指标也在某种程度上反映了市场范围从区内向区外的拓展程度。

对于市场分割，我们拟用各地区物价指数与全国平均水平上物价指数之差的绝对值来表示，具体原因为：如果不存在市场分割，那么各地区物价水平的变动将保持一致，或者说与全国平均水平相同，但由于市场分割，地区物价指数与全国平均水平的物价指数之间往往会存在一定的差异，而该差异的绝对值就表征了市场分割程度。在本书中，我们用各地区的 GDP 平减指数（1985 年 =1）来表征该地区的物价水平，用全国平均水平的 GDP 平减指数（1985 年 =1）来表征全国平均水平的物价水平。

对于政府干预的衡量指标，我们用政府消费支出占地区生产总值的比重来表示，具体原因为：在财政分权措施下，为了获取用于提供公共服务的消费支出及免费或以较低价格向居民提供货物与服务的净支出，使各级政府干预经济发展有了内在的推动力。

对于国有化程度的衡量指标，我们用国有经济投资占地区全社会固定资产投资的比重来表示，具体原因为：按照登记注册类型来看，全社会固定资产投资在国有、集体、股份制、私营、个体等类型经济之间分配，从而全社会固定资产投资中地方政府对国有经济的投入比重可反映国有化程度。

至此，我们得到了用于计量检验的全部指标，具体数据来自《新中国60 年统计资料汇编》、相应年份的《中国统计年鉴》和国研网数据库。根据数据收集情况，面板数据的时间范围为 1985 ~ 2011 年，截面单元为我国大陆地区的 31 个省（市、区）①。对于上述各变量，我们对其作简单的

---

① 根据数据收集的实际情况，西藏 1985 ~ 2000 年的政府消费数据缺失，我们用全国政府消费支出的比重与西藏相应年份的 GDP 相乘，简单测算了该缺失值；此外，对于重庆少数年份行政管理费的缺失，我们也采用该方法进行了简单测算。

统计描述，结果如表 7.8 所示。

表 7.8   变量的描述性统计

变量	N	T	均值	标准差	最小值	最大值
lnmi	31	27	− 4. 8394	1. 2239	− 12. 8968	− 3. 1790
lneff	31	27	− 0. 0523	0. 4479	− 0. 8724	1. 3618
div	31	27	0. 0000	0. 9554	− 1. 1201	2. 5495
mar	31	27	0. 0000	0. 9819	− 1. 0623	3. 2434
lnopn	31	27	2. 4288	1. 5170	− 5. 3723	5. 9180
seg	31	27	− 1. 3566	1. 2520	− 5. 9723	1. 0429
lngin	31	27	2. 6026	0. 3218	1. 6669	3. 5885
lnsoe	31	27	3. 9426	0. 4107	2. 5566	4. 6876

对表 7.8 所列示的结果，我们又给出了全国平均水平上的各变量及其变化趋势，具体如图 7.6 所示。

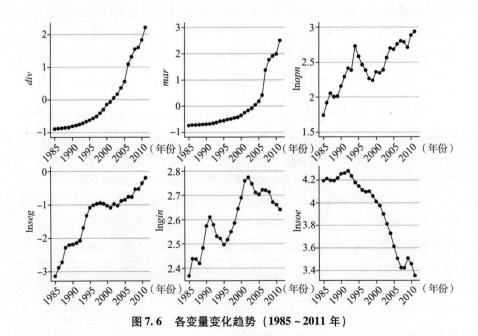

图 7.6　各变量变化趋势（1985 ~ 2011 年）

如表7.8与图7.6所示，1985～2011年，我们所提出的影响地区差距与经济增长效率各因素的变化趋势呈现以下特点：其一，在1985～2000年，我国分工程度与市场化水平的变化速度较慢，但进入21世纪以来，分工深化程度与市场化水平的提升速度较快；其二，我国的开放程度、市场分割程度与政府干预程度的指标，20世纪中的大多数年份提升速度较快，而21世纪以来，这些指标的提升速度有所减缓，政府干预水平也呈现一定程度的下降；其三，就国有化程度而言，该指标在1992年以前居于较高水平，而1992年以后，该指标以较快的速度下降。总体来说，影响我国地区差距与经济增长效率的各指标及其变化趋势，与我国经济发展与体制改革的进程较为相符，能够在一定程度上反映我们关注的因素，从而我们将基于这些指标和数据作进一步的分析。

7.4.3 计量方法与实证结果

7.4.3.1 计量方法

面板数据的时间维度（T）为1985～2011年，截面维度（N）为我国大陆地区的31个省（市、区），是"小时间维度、大截面维度"的短面板数据（T＜N）；此外，由于式（7.22）、式（7.23）所示的模型中引入了被解释变量的滞后项（$\ln mi_{i,t-1}$、$\ln eff_{i,t-1}$）并建立了动态一阶自回归模型，从而容易导致该滞后项与复合误差项中的非观测区域固定效应v_{it}存在自相关，基于此，我们选用能够有效用解决序列相关问题且能够很好地处理内生性问题的"动态广义矩估计法"（Guan and Lansink，2006），对影响地区差距及经济增长效率的深层次原因进行实证检验。具体地，动态广义矩估计法包括"差分广义矩估计法"（DIFF‑SYS）和"系统广义矩估计法"（SYS‑GMM）两种，但SYS‑GMM通过对模型的一阶差分，将弱外生变量的滞后项作为相应的工具变量，因此有利于获得较为一致的估计；此外，SYS‑GMM比DIFF‑SYS能够同时利用变量的水平变化和差分变化的信息且具有更好的有限样本性质（Roodman，2006），因此，我们将选用SYS‑GMM。再者，SYS‑GMM又分为一步估计和两步估计，在有限样本条件下，两步估计量的标准误会严重向下偏倚（布伦德尔，2000），但我们的样本期限较长，因此我们选用两步GMM估计法。

在SYS‑GMM估计中，对于动态模型的设定是否恰当和工具变量选择是否有效的问题的判定，具体标准为：其一，模型差分的残差是否序列相关；其二，工具变量是否过度识别。对于前者，我们将用差分转换方程的序列相关检验（Abond Test For AR（1）&AR（2））来判断；对于后者，我们将用过度识别检验（sargan test）来判断。

7.4.3.2　实证结果

基于式（7.22）、式（7.23）所示的动态一阶自回归模型及 1985 ~ 2011 年我国 31 个省（市、区）的面板数据，我们检验了分工因素、市场因素和政策因素对我国地区差距及经济增长效率的影响，具体检验思路为：其一，检验分工与市场因素的影响，即将分工、市场化水平、开放程度及市场分工等变量纳入模型，分析这些因素对地区差距及经济增长效率的影响，具体模型为模型（1）与模型（5）；其二，检验分工与政策因素的影响，即将分工、政府干预与国有化程度等变量纳入模型，分析这三个因素对地区差距及经济增长效率的影响，具体模型为模型（2）与模型（6）；其三，检验分工、市场因素与政策因素对地区差距的影响，选取分工因素、市场因素和政策因素中的一个变量来检验三方面的因素对地区差距及经济增长效率的影响，具体模型为模型（3）与模型（7）；其四，检验全部因素的影响，即将本书所设定的六个变量全部纳入模型，分析这些因素对地区差距及经济增长效率的影响，具体模型为模型（4）与模型（8）。根据这些设定，我们用 Stata12.0 对上述模型的估计结果如表 7.9 所示。

如表 7.9 所示，在上述建模过程中，序列相关的 AR（1）、AR（2）检验证明了上述模型一阶序列相关、二阶序列不相关，这符合模型的相关要求；采用 SYS – GMM 两步法估计后，工具变量过度识别检验（sargan test）的 P 值均为 1，从而接受"工具变量有效的原假设"。通过上述分析，主要结论有以下几方面。

第一，一阶滞后项。表 7.9 所示的检验结果表明，地区差距与经济增长效率的一阶滞后项均对自身有显著的正向作用，并且地区差距一阶滞后项的作用系数约为 0.8，经济增长效率一阶滞后项的作用系数约为 1.0，这表明，我国当期的地区差距与经济增长效率对下一期均有着显著正向作用。

第二，分工因素。在 5% 的显著水平下，表 7.9 所建立的 8 个模型中，分工对地区差距与经济增长效率均有着显著影响。从分工因素对地区差距的作用来看，模型（1）中分工因素与市场因素结合的视角下，分工对地区差距具有显著正向影响，这表明，现实经济中分工的深化与市场因素的

表 7.9　我国各地区经济增长效率影响因素的计量分析结果

被解释变量	lnmi					lneff		
解释变量	模型 (1)	模型 (2)	模型 (3)	模型 (4)	模型 (5)	模型 (6)	模型 (7)	模型 (8)
L_1	0.823831 (0.015511) [0.000]	0.790905 (0.009376) [0.000]	0.782112 (0.011051) [0.000]	0.814101 (0.023499) [0.000]	0.994381 (0.027569) [0.000]	0.984331 (0.025852) [0.000]	0.978435 (0.022404) [0.000]	1.004710 (0.004951) [0.000]
div	0.079821 (0.009667) [0.000]	-0.094256 (0.005928) [0.000]	-0.058827 (0.012969) [0.000]	-0.052164 (0.025009) [0.037]	0.007945 (0.003615) [0.028]	-0.025877 (0.005161) [0.000]	0.014680 (0.002372) [0.000]	0.006143 (0.002347) [0.009]
mar	0.093578 (0.007207) [0.000]	—	-0.057740 (0.006044) [0.000]	-0.061893 (0.011300) [0.000]	0.007619 (0.001260) [0.000]	—	-0.005344 (0.002538) [0.035]	0.001889 (0.003499) [0.589]
$lnopn$	0.026709 (0.010949) [0.015]	—	—	0.018314 (0.014021) [0.1910]	-0.024362 (0.003466) [0.000]	—	—	-0.015035 (0.001666) [0.000]
seg	-0.016510 (0.007623) [0.030]	—	—	-0.008984 (0.010072) [0.372]	0.006109 (0.001567) [0.000]	—	—	0.003599 (0.001270) [0.005]
$lngin$	—	0.053180 (0.016002) [0.001]		-0.032196 (0.038844) [0.407]		-0.008258 (0.009658) [0.393]	-0.033720 (0.005927) [0.000]	-0.019546 (0.005979) [0.001]

续表

被解释变量	lnmi				lneff			
解释变量	模型 (1)	模型 (2)	模型 (3)	模型 (4)	模型 (5)	模型 (6)	模型 (7)	模型 (8)
lnsoe	—	-0.227350 (0.0163968) [0.000]	-0.307258 (0.029227) [0.000]	-0.312513 (0.044982) [0.000]	—	0.006554 (0.003439) [0.047]		-0.011794 (0.006395) [0.065]
constant	-0.915703 (0.072900) [0.000]	-0.223829 (0.064589) [0.001]	0.180972 (0.086400) [0.036]	0.389757 (0.146037) [0.008]	0.068206 (0.009010) [0.000]	0.100490 (0.035542) [0.005]	0.088133 (0.015416) [0.000]	0.140547 (0.029671) [0.000]
AR(1)	0.0497	0.0478	0.0479	0.0489	0.0000	0.0000	0.0000	0.0114
AR(2)	0.0988	0.1145	0.1071	0.1029	0.0534	0.0571	0.0531	0.0729
sargan	1.0000	1.0000	1.0000	1.0000	1.0000	1.0000	1.0000	1.0000

注: (1) 各系数所对应的第一行数字为解释变量的估计系数, (*) 为标准差, [*] 为对应的 P 值; (2) L_1 指各被解释变量的一阶滞后项; (3) AR(1)、AR(2) 分别代表一阶、二阶序列相关的 P 值; (4) sargan 为工具变量过度识别检验的 P 值; (5) sig 为联合显著性, 原假设为 "$H_0 = \gamma = \delta = 0$", γ、δ 分别为虚拟变量和交互项的系数。

结合成为推动地区差距扩大的可能机制；在现有政策因素起作用的情况下，具体为模型（2）~模型（4）所示，分工对地区差距具有显著负向影响，这间接表明，政策因素的确对缩小地区差距具有一定的作用。从分工因素对经济增长效率的作用来看，模型（6）表明与政策作用相结合时分工对经济增长效率具有显著负向影响，从而说明政策干预在总体上不利于经济增长效率的提升；在市场因素起作用的情况下，具体为模型（5）、模型（7）、模型（8）所示，分工因素对经济增长效率具有显著正向影响，从而说明市场因素对经济增长效率提升中的重要作用。总体来看，分工对地区差距和经济增长效率具有显著影响，并且分工与市场因素、分工与政策因素的结合，表现了市场因素和政策因素在地区差距和经济增长效率的作用上存在一定矛盾，而该矛盾出现的原因可能在于发达地区与落后地区的发展基础（如分工程度）不同。

第三，市场化水平。表7.9所示的结果表明，市场化水平对地区差距均具有显著影响，但在不考虑政策因素作用的情况下，市场化水平对地区差距的作用方向为正；在有政策因素作用时，该因素的作用方向为负。市场化水平对经济增长效率的影响中，在5%的显著性水平下，在分工、市场、政策及其各内容对经济增长效率联合作用的模型（8）中，市场化水平的作用并不显著；在仅考虑市场因素的模型（5）中，市场化水平对经济增长效率具有显著正向作用；在分析分工、市场化水平与政府干预作用的模型（7）中，市场化水平对地区差距的作用显著为负，这说明了与政府干预结合时市场化水平并不利于经济增长效率的提高。

第四，开放程度。在5%的显著性水平下，在所有变量对地区差距综合作用方式分析的模型（4）中，开放程度对地区差距的作用为正，但并不显著；在仅考虑市场因素作用的模型（1）中，开放程度对地区差距的作用显著为正，这表明对外开放可能会导致地区差距的扩大。在开放程度对经济增长效率的作用中，模型（5）与模型（8）均表明，开放程度与经济增长效率之间呈现负向显著关系。

第五，市场分割。在5%的显著性水平下，在模型（1）中，即分工与市场因素结合时，市场分割对地区差距具有显著负向影响，并且市场分割因素与市场化水平、对外开放对地区差距的作用方式相反，该结果在一定程度上证实了地方保护主义在缩小地区差距中的作用；在多因素共同作用的模型（4）中，市场分割对地区差距的作用并不显著。在5%的显著性水平下，模型（5）与模型（8）均表明市场分割对经济增长效率的正向影响。

第六，政府干预。政府干预对地区差距的作用上，仅考虑分工与政策因素作用的模型（2）中，政府干预对地区差距的作用显著为正，在所有因素共同作用的模型（4）中，政府干预对地区差距的作用为负，但显著性水平并不在可接受的范围内，从而难以确定政府干预对地区差距的作用方向，其原因可能在于原始指标中的政府消费，既包括了用以缩小地区差距的公共服务的因素，还包括了政府的企业支出。在政府干预对经济增长效率的作用上，包含该因素的模型（6）、模型（7）、模型（8）中，政府干预对经济增长效率的作用均显著为负，这表明政府干预并不利于经济增长效率的提升。

第七，国有化程度。国有化程度对地区差距的作用上，模型（2）、模型（3）、模型（4）均反映了国有化程度与地区差距之间存在负向关系，亦即地方政府全社会固定资产投资中对国有经济投资的比重较高，那么该地区将有着较大的地区差距，从而仅从缩小地区差距的视角来看，也应当推动多种所有制经济共同发展。国有化程度对经济增长效率的作用上，在5%的显著性水平下，模型（6）反映了国有化程度与经济增长效率的显著正向关系，这可能是国有企业在技术研发等方面具有更为雄厚的基础所致。

7.5 中国经济地理格局重塑及研究启示

本章首先在总生产函数框架下，基于动态分布分析法，用马尔可夫链分析与核密度估计法分析了经济地区差距、经济增长效率与地区差距的稳态分布与动态演进趋势，并检验了相关结果的稳健性；其次，在动态分布分析的基础上，又运用面板单位根检验、面板协整检验、面板误差修正模型等方法，实证检验了地区差距、经济增长效率与要素投入之间的长短期关系；最后，在长短期关系分析的基础上，结合相关理论与中国的实际情况，又分别从分工因素、市场因素、政策因素三方面提出了影响地区差距与经济增长效率的"根源性"因素，并检验了这些因素的具体作用方式。本节将基于这些分析给出我国经济地理结构重塑的设计，并总结相应的研究启示。

7.5.1　中国经济地理格局的重塑

正如前面的相关研究所示：经济增长效率及其集聚对我国的地区差距有着更为重要的影响。基于此，结合第 5 章、第 6 章对我国地区差距及经济增长效率经济地理分解的结果，我们将在对我国经济地理格局重塑可行性分析的基础上，给出对我国大陆地区经济地理格局重塑的设想。

7.5.1.1　经济地理格局重塑的可行性分析

从对我国地区差距及经济增长效率的经济地理分解来看，地区差距和经济增长效率在空间上均具有空间集聚和梯次分布特征。基于此，缩小地区差距、促进区域协调发展的思路也由此延伸为如何"再发现"我国的第一自然和"再创造"第二自然。事实上，从我国经济的空间分布来看，第一自然的再发现与第二自然的再创造是完全有可能的：其一，全面对外开放格局为第一自然的再发现提供了可能性。就我国的对外开放格局而言，东部沿海地区是通过传统海运向美国、日本等国家开放的前沿（向东开放），与此同时，云南省、广西壮族自治区则是向南亚和东南亚国家开放的窗口（向南开放），广袤的西部地区则是向中亚和中东等国家开放的"桥头堡"（向西开放），而向南和向西开放则有助于改善中西部内陆地区的传统区位劣势。其二，内陆地区的开发与开放为第二自然的再创造提供了重要平台。近年来，随着经济形势的变化，我国中西部内陆地区扩大开放与经济快速发展的平台不断成熟，如河南省、宁夏回族自治区、山西省等省区的铁路网密度和重庆市、河南省等省市的高速公路网密度均居于全国前列①，而国家对中西部内陆地区提供的一系列国家综合保税区和保税港区也成为这些地区第二自然再创造的典范。其三，内陆地区中心城市的崛起为经济地理格局重塑提供了重要"增长极"。倪鹏飞（2012）《中国城市竞争力报告》表明，我国中西部地区的成都、鄂尔多斯、包头、重庆、西安等城市已分别跻身于全国百强城市的第 17、第 23、第 26、第 34、第 36 位，这些综合实力较强的城市无疑将成为推动我国内陆地区发展和经济地理格局重塑的重要推动力量。

---

①　铁路密度和高速公路密度为相应的铁路里程与高速公路里程与区域面积的比值，具体数据来自《中国统计年鉴 2012》。

7.5.1.2 中国经济地理格局重塑的设想

根据第 5 章、第 6 章对我国地区差距及经济增长效率经济地理分解的结果，结合"十二五"规划中我国区域发展的战略布局，以及上述我国经济地理格局重塑可行性的分析，我们所给出的我国大陆地区经济地理格局主要划分为以下五类地区：

第一，A 类地区。首先，包括经济水平和环境技术效率经济地理分解结果均处于 A 类地区的北京、天津、山东、江苏、上海、浙江、福建、广东、辽宁等东部沿海地区；其次，考虑到河北省优越的地理位置及相对靠前的经济水平，我们亦将其纳入经济地理重塑中的 A 类地区；再其次，考虑到海南省的环境技术效率处于 A 类地区且经济水平也较为靠前，以及良好的地理位置条件，我们亦将其纳入经济地理重塑中的 A 类地区；最后，考虑到近年来打造向东盟开放前沿阵地时广西壮族自治区的重要作用，以及和广东省等我国经济发达省区接壤的独特地理条件，我们亦将其划分至经济地理重塑中的 A 类地区。基于上述考虑，我国大陆地区经济地理重塑中的 A 类地区主要包括 12 个省（市、区）。

第二，B 类地区。首先，结合经济水平和环境技术效率的经济地理分解结果，我们将山西省、河南省、湖南省划入经济地理重塑中的 B 类地区；其次，尽管安徽省的人口集聚指数较为靠后，但考虑到较高的环境技术效率以及较为靠前的经济水平，我们亦将其划入经济地理重塑中的 B 类地区；再其次，尽管江西省的环境技术效率较为有限，但该地区的经济水平较为靠前，且与发达地区接壤从而具备承接效率溢出的有利条件，我们将其划入经济地理重塑中的 B 类地区；最后，考虑到经济水平、环境技术效率状态及发达地区的辐射带动的地理条件等因素，我们将吉林省也划入经济地理重塑中的 B 类地区。基于上述考虑，我国大陆地区经济地理重塑中的 B 类地区主要包括上述 6 个省。

第三，C 类地区。在由东部沿海依次向中部地区溢出进而辐射带动西部地区的发展模式下，各地区协调发展的进程势必较为有限，因此可考虑采取"双增长极"带动的经济发展思路。从现实来看，我国西部地区的陕西、重庆、四川以及中部地区的湖北省，这四个省区不仅有着较好的经济发展基础，在环境技术效率状态上也具备一定的优势，并且在地理上集中连片，因此可考虑将这四个省（市）的集中连片区打造成辐射中西部的内陆发达连片区。

第四，D 类地区。首先，从发展基础来看，云南、贵州、黑龙江、宁夏、甘肃这五省（区）的经济集聚指数与人口集聚指数较为接近于原点，这表明尽管这些省区的经济与人口集聚程度均较为靠后，但两者较为协调，进而并没有出现严重的不足；其次，从环境技术效率来看，贵州和甘肃两省的环境技术效率较差、宁夏和黑龙江两省的环境技术效率居中、云南省的环境技术效率较好，尽管这五个省区的环境技术效率有着较大的差距，但相对于 E 类地区，这些省区的发展辐射带动全域的能力较强。鉴于上述两点原因，我们将这五个省区划分为 D 类地区。

第五，E 类地区。就我国实际情况而言，内蒙古、新疆、西藏、青海四省区所具有的共同特点是地域广袤、人口稀少、发展基础较为薄弱，尽管这些省区中也有部分地区的经济发展水平较高，但受自然条件等多方面因素的限制，这些地区的发展一则难以覆盖全域、再则难以形成更高水平的集聚中心。有鉴于此，我们将这四个省区划分为 E 类地区。

综上，鉴于经济增长效率及其集聚对我国地区差距的显著作用，我们结合地区差距及经济增长效率的空间格局，通过再发现第一自然和再创造第二自然，给出了我国经济地理格局重塑的设想，为了地区差距的缩小和区域经济的协调发展，有必要通过整合各方面的因素推动该经济地理格局的落实。

7.5.2　研究启示

根据上述分析，我们可以得到以下结论与启示：

第一，相对于要素投入，经济增长效率是影响我国地区差距的重要因素。基于我国 1978～2011 年 31 个省（市、区）全国相对人均 GDP、全国相对经济增长效率与全国相对要素投入的动态分布分析表明，全国相对人均 GDP 与全国相对经济增长效率有着更为相似的动态分布，但与全国相对要素投入的动态分布的差异较大，从而可以推断经济增长效率是影响我国地区差距的最主要原因，而方差分解分析也证实了该结论，也验证了动态分布分析结果的稳健性。基于此结论，为了缩小地区差距，相对落后地区应在适当增加要素投入的同时，更要重视引进国内外的先进技术与管理经验，并要加强教育和科技投入力度以提高其科技实力，进而提高经济增长效率和缩小与发达地区之间的差距。

第二，要素投入、经济增长效率与地区差距之间具有长期协整关系。

我们基于面板单位根检验、面板协整检验与面板误差修正模型的分析表明，地区差距与经济增长效率和要素投入之间具有长期协整关系，并且经济增长效率与地区差距之间的关系为负，从而进一步验证了第5章分析中经济增长效率及其溢出成为缩小地区差距的结论；而要素投入与地区差距之间的长期正向关系则说明了发达地区与落后地区分别进入了"路径依赖"，而面板误差修正模型中自变量本身的波动对因变量变动的反应并不显著也验证了该结论，因此，需要以向落后地区的转移支付、财政倾斜等政策措施来打破该"路径依赖"。此外，误差修正模型的短期关系则表明，短期内经济增长效率与要素投入结合时的调整速度最快，从而说明应从经济增长效率及其各组成部分协调发展并与要素投入相结合来治理我国的地区差距。

第三，分工与市场因素的结合成为提升经济增长效率和缩小地区差距的可能路径。我们关于分工因素对地区差距与经济增长效率作用方式的检验表明，分工与市场因素结合与经济增长效率之间具有显著正向关系，但分工与政策因素的结合与经济增长效率之间具有显著负向关系，从而仅从经济增长效率提升的角度来看，应减少直接的行政干预、按照市场需求来进一步深化分工进而提升经济增长效率。当然，在经济增长效率与地区差距之间具有负向关系时，经济增长效率的提升也成为缩小地区差距的路径。不过，分工因素与地区差距之间关系的直接检验则又说明了市场因素与政策因素的不同作用方式，从而也出现了分工因素与市场因素、政策因素结合时，对地区差距和经济增长效率作用方式的矛盾，这进一步说明了以缩小地区差距为目标的政策措施必须基于地方的实际情况。

第四，正确处理市场化水平提高、对外开放与市场分割三者共同组成的市场因素的作用。从初始变量设置来看，市场化水平、对外开放与市场分割三者分别从总体水平、市场边界与相互关系三个方面分析市场因素对地区差距及经济增长效率的影响与作用。从检验结果来看，市场分割有助于地区经济增长效率的提升和地区差距的缩小，但这势必又意味着"以邻为壑"的政策需求和市场化水平的降低。事实上，由于我国各地区地理区位和经济发展水平不一，经济发展水平高的地区往往有着更高的对外开放条件和更高的开放程度，从而对外开放视角缩小地区差距的切入点还在于推动落后地区的开放，并在对外开放过程中注意引进国外先进方法与技术和提高自身产品的质量。

第五，妥善发挥国有企业的作用并以切合实际的政策措施推动经济增长效率的提升和地区差距的缩小。实证检验表明，国有化程度与经济增长效率之间呈正向关系，这说明国有企业在经济社会发展中还具有一定的重要作用，应利用其在规模、组织、技术等方面的优势，研发一批能够满足当地经济社会发展需要的新产品与新技术。此外，各种经济形式在地区经济发展中具有不同层次的功能，有关固定资产投资在分配稀缺的资金资源时，应适当调整该资金在多种形式经济之间的分配比例以推动中小企业的发展。再者，过多的政府干预并不利于经济增长效率的提升和地区差距的缩小，从而政府在履行其职能的同时要有效约束其行为。

第 8 章

主要结论、政策建议与研究展望

8.1 主 要 结 论

本书以近年来我国经济发展过程中动态形成、在空间中明显存在的地区差距扩大、区域经济"块状"分布和经济增长效率地理集中等现象为基本研究对象，在回顾有关地区差距、经济增长效率及经济集聚等方面文献的基础上，在空间经济学框架下分析了经济增长效率集聚形成的一般机制及其与地区差距的相互作用渠道，并用数理模型证明了该一般机制与作用渠道的形成逻辑。基于对相关文献的回顾与理论分析，结合中国相关年份与地区的面板数据，实证描述了我国地区差距的时空演进情况，基于要素与经济非协同集聚的视角检验了我国地区差距的影响因素，并对这些因素的影响方式与我国地区差距的时空分布作了经济地理上的分解。随后，在跟进经济增长效率测算方法的基础上，结合我国相关年份与省级单位的面板数据，根据 SML 生产率指数测算了我国相关省级单位的 SML 生产率指数及环境技术效率情况，并在空间经济学视角下提出了可能影响经济增长效率及其空间分布的因素，实证检验了这些因素的影响方向与影响强度，并基于此对我国相关年份的 SML 生产率指数与环境技术效率作了经济地理上的分解。最后，基于马尔可夫链分析法和核密度估计法，分析了我国地区差距、经济增长效率与要素投入的动态分布，以检验要素投入与经济增长效率孰对地区差距的形成具有更为重要的作用? 在该动态分布分析的基础上，又根据面板单位根检验、面板协整检验与面板误差修正模型，检验了要素投入与经济增长效率对地区差距的直接关系；在这些分析的基础上，又从分工因素、市场因素、政策因素三个方面提出了可能导致地区差距与经济增长效率形成和集聚的深层次原因，并结合相关面板数据检验了这些因素的具体作用方式与作用强度。根据这些分析，我们可以得出以下结论：

（1）分工是经济增长效率集聚及地区差距形成的根源。本书从微观基础出发对经济增长效率集聚的起源、形成机制和经济影响的研究，建立了"分工—关联—外部性—收益递增—效率集聚—经济增长和地区差距—分工"的综合分析框架，在该框架下，分工成为经济增长效率集聚的根源，而地区差距成为经济增长效率集聚的经济影响，从而经济增长效率集聚与地区差距形成的共同根源在于区域分工的差异。

（2）知识溢出、交通成本对经济增长效率集聚和地区差距具有重要影响。本书从熟练劳动力与非熟练劳动力划分及其具体分工在经济增长效率提升及其在区域经济增长中具体作用的分析表明，知识溢出强度影响着整个经济体的经济增长效率水平，交通成本影响着熟练劳动力集聚的时间、进而影响着知识的溢出和地区差距。正是由于劳动力分工、知识溢出和交通成本的不同，即使初始条件相同，核心区和边缘区也将形成，而核心区、边缘区的形成对不同类型劳动力的福利也具有深刻影响。

（3）要素与经济的非协同集聚是地区差距形成的直接原因。本书在空间经济学视角下的分析表明，在空间中，地区差距的直观表现是要素与经济的非协同集聚，这也成为地区差距形成的直观原因。对劳动力流动壁垒、资本边际产出、技术吸收能力和非农劳动生产率等因素对地区差距总体影响的实证检验表明，前三者成为推动地区差距扩大的原因，而非农生产率成为缓解地区差距的原因，我国地区差距随着经济发展表现出了先扩大再缩小的趋势，但仍具有明显的空间自相关性（亦即地理集中性）。

（4）我国各地区经济增长效率的空间分布具有明显的地理集中性。本书基于非径向非角度的序列 DEA 方法对 1998 年以来我国环境技术效率及 SML 生产率指数的测算表明，大多数具有较高经济增长效率的地区集中在我国东部地区，大多数经济增长效率较低的地区集中在我国西部地区，而中部地区则承担了经济增长效率从东部向西部地区过渡的"中间地带"，从而经济增长效率具有明显的空间集聚特征。再者，SML 指数及其分解结果表明，近年来我国省域经济增长效率提升主要是由技术进步所推动的，而技术效率已明显成为"短板"。最后，经济增长效率影响因素的分析表明，经济关联、交通运输条件及产业结构等因素成为提升技术效率的"切入点",FDI和资本密集型禀赋结构在经济增长效率提升中的作用具有"两面性",我国省域经济增长效率表现出一定的趋同和溢出现象。

(5)相对于要素投入,经济增长效率是影响我国地区差距的更为主要的因素。首先,本书基于动态分布分析法的分析表明,相对于要素投入,经济增长效率对地区差距有着更为重要的影响,并且该关系是稳健的。其次,对要素投入、经济增长效率及地区差距的直接检验表明,要素投入、经济增长效率与地区差距之间的上述关系具有长期性,并且经济增长效率及其溢出成为缩小地区差距的重要力量。再其次,关于经济增长效率与地区差距形成根源性因素的分析表明,分工与市场因素的结合成为提升经济增长效率和缩小地区差距的可能路径,市场因素、政策因素对经济增长效率与地区差距的作用均具有"两面性"。最后,鉴于经济增长效率在我国地区差距形成中的重要作用,我们还在论证我国大陆地区经济地理重构可行性的基础上,结合有关地区差距和经济增长效率经济地理分解结果,给出了我国大陆地区经济地理重塑的设想。

8.2 政策建议

8.2.1 总体思路

地区差距是我国经济地理中存在的明显事实,地区差距缩小应从以下几方面来进行顶层设计:

第一,我国地区差距形成与发展过程中的一个典型事实是:经济向东部地区的集聚成为推动我国经济快速发展的重要"引擎",那么中国地区差距产生的根源是否在于经济向东部地区的集聚?我们基于要素与经济非协同集聚视角的地区差距分析结果表明,劳动力流动壁垒、资本边际产出、技术吸收能力成为推动地区差距扩大的重要原因,而这三个因素中,劳动力流动壁垒才是更为本质的因素(陈钊、陆铭,2009),因为若劳动力能够更为自由地流动,那么一则地区差距扩大的速度不会太快,再则若流出的劳动力能够在大城市定居,那么未流出的劳动力可以分享更多的土地等资源,进而实现适度规模经营并最终实现地区差距的缩小;由此可见,地区差距扩大的根本原因并不在于经济向东部地区的集聚。

第二，经济集聚意味着东部地区经济的快速增长及其与中部、西部地区差距的扩大，据此逻辑，地区差距扩大是经济集聚的必然结果，从而为缩小地区差距，将不得不放弃经济集聚，然而事实是否如此呢？藤田昌久、莫里（2004）及路江涌、陶志刚（2006）等对中国城市规模、城市化水平及大都市集聚效应的比较表明了我国经济集聚程度并不高，而法国、日本等发达国家的经济向大城市集聚的步伐并没有停止，从而仅从该视角来看，放弃集聚就是放弃进一步的发展。

第三，地区差距不仅是经济问题，还是关乎稳定与和谐的重大社会问题（金相郁、武鹏，2010），从而过大的地区差距无疑成为影响社会稳定与和谐的重要因素，不过从空间经济学视角来看，随着经济的进一步集聚，受交通成本、生活成本效应等因素与机制的作用，经济活动向内地的扩散将是必然结果，由此来看，必须做好经济活动向内地扩散的准备。

第四，党的十九大报告指出，新时代中国社会的主要矛盾已经转化为人民日益增长的美好生活需要和不平衡不充分的发展之间的矛盾。从区域层面来看，发展的不充分表现为区域经济效率有待提升；发展的不平衡表现为地区之间存在较大的地区差距。对此，2009 年，世界银行在《世界发展报告》中提出建议，要以区域一体化机制来提高地方的供给能力，以全球一体化来扩大需求。因此，要从经济全球化和区域一体化的视角来统筹，以便在更大的范围内寻求资源的优化配置，拓展进一步发展的战略空间，重塑经济地理格局。

总体来说，关于地区差距缓解与缩小的思路必定包括推动经济活动进一步集聚、做好经济区际溢出的准备、经济地理格局重塑和以开放视角寻求新突破四个方面。

8.2.2　经济集聚

鉴于经济的进一步集聚对我国经济发展及地区差距缓解中的重要性，可以考虑从以下几方面入手推动我国经济的进一步集聚。

第一，进一步深化分工，建立完善的区域产业体系。我们的分析已经表明，经济集聚并非资源在空间上的随机"堆砌"，而是基于分工的价值链上纵横交错联结的有机整合（何雄浪，2006），因此，并非将有关产业随机堆砌在地理空间上便可形成经济集聚，而是要基于企业与产业之间的相互分工与合作关系来建立有机整合的产业体系。不过，在现实经济世界中，劳动力的技能水平不同，工作岗位的技术要求也不尽相同，应通过加强技能培训、教育转型等多种方式，来深化分工水平，提高劳动技能与工作任务的匹配水平，进而以经济增长效率集聚的方式推动经济增长与地区差距的缩小。

第二，进一步改善市场环境，为经济集聚提供良好的外部条件。尽管分工是经济集聚的根源，但我们的分析也表明外部性、规模收益递增、交通运输条件等其他条件对经济集聚也有着重要影响。有鉴于此，应通过进一步改善中西部地区市场软环境和提高基础设施水平，大力吸引能够提供技术型工作岗位的内外资企业投资落户，以减少与东部地区在技术发展水平上的差距，才能从根本上缩小地区经济差距。当中西部地区在技术发展水平上与东部地区逐步缩小直至齐平时，也就是中西部与东部地区都能够提供同样技术含量的工作岗位时，地区差距才会减少乃至最终消除。

第三，进一步深化改革，推动劳动、资本、技术等要素的空间集聚。在上述分工体系与外部条件的基础上，经济集聚的微观基础要在于要素的集聚，因此，应深化对限制劳动力流动的户籍制度、土地产权制度的改革，这不仅有利于促进人口、资本等要素向东部沿海地区的进一步集中，也有利于西部地区自身的发展和区域之间差距的缩小。

8.2.3 区际溢出

在上述经济集聚推动经济快速增长的同时，推进经济的区际溢出则有利于社会的稳定和谐，可考虑从以下几方面入手做好区际经济溢出的准备。

第一，进一步改善基础设施，促进区际的知识与技术溢出。从我国各省级单位的实际来看，由于各地区的资源禀赋和地理位置优势有较大的差异，具有经济优势的省份更容易获得劳动、人力资本和科学技术等生产要素，导致经济强省与经济弱省的差距进一步加大，经济发展极不平衡。有鉴于此，政府在出台经济政策时应向中部和西部也即处于相对经济弱势的省份倾斜，打破生产要素的不平衡，加速生产要素的流动性。另外，空间经济学及相关理论表明，知识关联具有较强的交流外部性（Charlot and Duranton，2004），从而应该积极改善通信基础设施，鼓励企业的跨区域经营，从而降低技术和知识的交易成本，加快知识与技术的区际溢出。

第二，进一步降低区际贸易壁垒，鼓励地区之间的经济合作。短期来看，市场分割可能有利于当地的经济增长，但从长期来看，市场分割却使整体水平的经济发展进入了著名的"囚徒困境"（付强、乔岳，2011），因此，为了整体经济的长期发展，应当谨慎选用"以邻为壑"的区域发展政策；当然，为了减小经济过于集中的诸多不利影响，应有效促进我国东部地区产业向中西部地区的转移，进而带动欠发达地区的发展。

第三，进一步调整平衡发展战略，切实改善欠发达地区的公共服务水平。近年来，中央政府平衡区域发展战略的主要表现就是对落后地区财政转移支付力度的加大，但与发达地区相比，欠发达地区更为落后的还在于教育、医疗和社会保障等方面，因此，中央政府的财政转移支付应避免投放在缺乏比较优势的生产领域，而应更多地投向公共服务领域，以减少追逐更好公共服务的劳动力要素流动，也为区际经济溢出做好铺垫；当然，还要在收入分配、社会保障和基本公共服务水平等制度层面进行改革，使已经流向发达地区的劳动力和当地居民一样能够享受发达地区的发展成果。

8.2.4　经济地理重塑

正如本书第 7 章基于对经济增长效率及地区差距经济地理分解结果的分析，以及对我国大陆地区经济地理重塑的可行性分析和具体格局的设想，要实现该设想还需在"双增长极"的打造、交通设施的保障和对外开放格局的完善等方面入手。

第一，"双增长极"的打造。考虑到我国现有经济地理格局，在自东向西梯次演进的经济溢出格局下，西部地区与东部地区之间经济差距的缩小无疑有赖于东部地区向中部地区以及中部地区进一步向西部地区的经济溢出，但在我国经济快速发展的背景下，该溢出以及由此带来的地区差距缩小的速度值得商榷；当然，我们对现有经济地理架构下的分析表明，由陕西、湖北、四川、重庆四省份所构成的中西部内陆地区的经济发展势头较好，这为打造内陆地区的"增长极"提供了有利条件；东部沿海"增长极"和内陆地区"双增长极"的打造，不仅具有现实基础，还对地区差距缩小的步伐提升具有重要现实意义。

第二，交通等基础设施的保障。考虑到我国经济发展和经济增长效率的"块状"分布，应进一步由陕西、湖北、四川、重庆四省份所构成的内陆地区之间的交通设施，为该"增长极"的形成提供交通保障；鉴于东部沿海"增长极"主要为我国向东开放的前沿窗口，而该区域内相应"经济圈"的建设已显现"雏形"，而现在所需要的是打通东部沿海地区之间的交通枢纽，以便利这些地区之间的联系和该"增长极"的形成。总之，在上述"双增长极"下，集聚区内交通设施的完善和重要战略通道的完善则是必然选择。

第三，区域经济溢出渠道的建立。随着"一带一路"倡议的推进与落实，国内落后地区与发达地区之间的联系日益紧密，我国与"一带一路"沿线国家的合作日益深入，这深刻影响了我国的经济地理格局。因此，应该以"一带一路"倡议的推进与实施为契机，应通过人才和产业、城镇化和产业化多维度交叉匹配，解决中国经济发展中的动力不足问题，建立区域经济溢出的机制与渠道，实现产业空间均衡布局和区域经济协调发展。

第四，对外开放格局的完善。本书的相关分析已经表明，我国现有的对外开放格局并不完善，应进一步通过财税金融政策、重大平台（综合保税区、综合改革试验区等）建设支持、重大项目支持等措施，进一步推进内陆地区的开放步伐。同时，美国次贷危机以来全球治理模式发生了重要变化，新兴经济体快速崛起，应以开放视角和积极姿态融入全球价值链（GVC），并尽早规划从全球价值链（GVC）向全球创新链（GIC）战略转变的路径。

8.3 研究展望

本书从经济增长的空间分布和效率的地理集中有在空间上明显交叉的基本现象出发，按照从理论到现实的一般思路，论述了经济增长效率集聚的起源、形成机制与经济影响，根据中国省级单位的面板数据进行了实证检验并揭示了相关政策含义。总体来看，该研究还存在一些不足，以下几方面可能成为今后进一步研究的方向：

第一，对效率集聚机制的研究有待进一步细化。本书建立了从效率集聚起源到地区差距最终形成的理论线条，然而该线条仅给出了关键环节和主要过程，而对各关键因素的具体作用方式和作用机制还有待进一步论述。另外，本书主要以我国为例说明了各地区的效率集聚情况，因而缺乏对国际视角下各国经济增长效率集聚情况的分析与论证。最后，本书第4章的数理分析过程中，仅在"匀质"空间假设下建立了从经济增长效率集聚的起源、形成机制到经济影响的分析框架，但资源禀赋和经济社会发展"非匀质"才是更为常见也更为符合现实，因此，在"非匀质"情境下推导经济增长效率集聚的起源、形成机制到经济影响的分析框架，成为后续进一步研究的问题。

第二，地区差距出现"拐点"的原因及具体机制。第 5 章的统计分析与实证检验均表明近年来我国地区差距的确已经出现了拐点，我们也给出了简要的基于现实的解释，但目前尚未探明的问题是究竟人均 GDP 为多少时地区差距能够出现拐点？以及究竟是什么因素的作用使我国的地区差距出现了拐点？党的十九大以来，更加重视对发展不充分、不平衡问题的纠正，完善区域发展政策，促进各地区协调发展、协同发展和共同发展成为必然出路，在此背景下，政策的力量和经济社会演进的力量势必会相互交织，进而对我国经济地理布局产生深刻影响，在此深刻影响下，经济地理格局将走向何处，不得不是需要关注的重要命题。

第三，经济增长效率集聚"临界点"的测算和集聚机制的实证检验。第 6 章的实证测度表明，我国各省级单位经济增长效率的确存在集聚现象，而实证检验则表明该集聚并不会一直持续下去，而是存在"临界点"。但是，受各方面条件的限制，我们并没有测算该"临界点"大致在什么时候？当然，也没有检验该临界点形成的具体机制。有鉴于此，还有必要建立经济增长效率集聚与经济发展水平或者时间之间的关系，具体测算该临界点并分析该临界点形成的具体机制。

第四，"一带一路"倡议影响下的经济地理格局重塑思路。"一带一路"倡议的提出源于对经济地理的深刻认识，而"一带一路"倡议的推进与实施也更离不开对经济地理格局的深入分析与思考。随着"一带一路"倡议的推进，中国乃至世界的经济地理格局将发生重大变化，这给本书的经济增长效率集聚机制带来了强烈的外生冲击，也势必将深刻影响到中国各地区的经济增长状况。不过，由于"一带一路"倡议提出的时间还比较短，所涉及的国家与地区较多，并且涉及经济、社会、文化、外交等众多纷繁复杂的关系，其对经济增长效率集聚的影响机制及影响结果同样在短期之内难以完全预见，因此，甚至国内有学者专门提出了"一带一路经济学"的概念。有鉴于此，需要进一步跟踪国内外关于"一带一路"倡议理论与现实研究的进展，进一步重点探讨"一带一路"倡议对经济增长效率集聚与地区差距的影响。

参考文献

[1] ［英］斯诺登·B.、霍华德·R.V.：《现代宏观经济学：起源、发展和现状》，江苏人民出版社 2009 年版。

[2] ［英］亚当·斯密，唐日松译：《国富论》，华夏出版社 2005 年版。

[3] ［日］速水佑次郎、神门善久，李周译：《发展经济学——从贫困到富裕》，社会科学文献出版社 2009 年版。

[4] ［日］藤田昌久、［比］蒂斯·J.F.，刘峰等译：《集聚经济学》，西南财经大学出版社 2004 年版。

[5] ［美］巴罗·R.J.、萨拉-伊-马丁：《经济增长》（第二版），格致出版社 2010 年版。

[6] ［美］波特·M.，陈小悦译：《竞争优势》，华夏出版社 2005 年版。

[7] ［美］胡佛·E.M.，王翼龙译：《区域经济学导论》，商务印书馆 1990 年版。

[8] ［美］康芒斯·J.R.，赵睿译：《制度经济学》，华夏出版社 2009 年版。

[9] ［美］克鲁格曼·P.，朱文晖译：《萧条经济学的回归》，中国人民大学出版社 1999 年版。

[10] ［美］库姆斯·P.P.、迈耶·T.、蒂斯·J.F.，安虎森等译：《经济地理学：区域和国家一体化》，中国人民大学出版社 2011 年版。

[11] ［美］罗默·D.，王根蓓译：《高级宏观经济学》（第三版），上海财经大学出版社 2009 年版。

[12] ［美］尼科尔森·W.，朱友为译：《微观经济理论基本原理与扩展》，北京大学出版社 2008 年版。

[13] ［美］萨缪尔森·P.、诺德豪斯·W.D. 萧琛译：《经济学》，人民邮电出版社 2008 年版。

[14] ［日］藤田昌久、［美］克鲁格曼、［英］维纳布尔斯，梁琦

译：《空间经济学——城市、区域与国际贸易》，中国人民大学出版社2011年版。

[15] [美] 韦尔·D. N. 王劲峰译：《经济增长》（第二版），中国人民大学出版社2011年版。

[16] [美] 沃尔什·P.，曹蓓等译：《知识与国家财富——经济学说探索的历程》，中国人民大学出版社2010年版。

[17] [德] 韦伯·A.，李刚剑等译：《工业区位论》，商务印书馆2010年版。

[18] [澳] 杨小凯、黄有光著，张玉纲译：《专业化与经济组织——一种新兴古典微观经济学框架》，经济科学出版社2000年版。

[19] 安虎森等编著：《新经济地理学原理》，经济科学出版社2009年版。

[20] 陈铭仁：《金融机构集聚论——金融中心形成过程的新视角》，中国金融出版社2010年版。

[21] 陈强编著：《高级计量经济学及STATA应用》，高等教育出版社2010年版。

[22] 陈钊、陆铭编著：《在集聚中走向平衡——中国城乡与区域经济协调发展的实证研究》，北京大学出版社2009年版。

[23] 樊纲、张曙光主编：《公有制宏观经济理论大纲》，经济管理出版社2007年版。

[24] 葛扬、李晓蓉编著：《西方经济学说史》，南京大学出版社2003年版。

[25] 郝寿义：《区域经济学原理》，上海人民出版社2007年版。

[26] 胡蓓：《产业集群的人才集聚效应理论与实证研究》，科学出版社2009年版。

[27] 李映照、龙志和：《要素流动与企业集聚形成》，中国经济出版社2007年版。

[28] 梁琦：《产业集聚论》，商务印书馆2004年版。

[29] 陆铭、陈钊：《中国区域经济发展中的市场整合与工业集聚》，上海人民出版社2006年版。

[30] 倪鹏飞主编：《中国城市竞争力报告》，社会科学文献出版社2012年版。

[31] 盛垒：《跨国公司在华R&D空间集聚及知识溢出研究》，华东

师范大学出版社 2012 年版。

[32] 谭成文：《经济增长与集聚——新经济增长和新经济地理的理论探索》，商务印书馆 2009 年版。

[33] 王奋：《中国科技人力资源区域集聚的理论与实证研究》，北京理工大学出版社 2008 年版。

[34] 王远飞、何洪林编著：《空间数据分析方法》，科学出版社 2007 年版。

[35] 徐康宁：《产业集聚形成的源泉》，人民出版社 2006 年版。

[36] 杨小凯：《劳动分工网络的超边际分析》，北京大学出版社 2002 年版。

[37] 殷广卫编著：《新经济地理学视角下的产业集聚机制研究——兼论近十多年我国区域经济差异的成因》，上海世纪出版集团 2011 年版。

[38] 袁庆明：《新制度经济学教程》，中国发展出版社 2011 年版。

[39] 张钢、徐乾等：《知识集聚与区域创新网络》，科学出版社 2010 年版。

[40] 张世晓：《区域金融集聚演化机制实证研究》，湖北人民出版社 2011 年版。

[41] 张樨樨：《中国人才集聚的理论分析与实证研究——基于 IMSA 分析范式》，首都经济贸易大学出版社 2010 年版。

[42] 赵果庆：《基于 FDI 集聚的中国产业竞争力研究》，中国经济出版社 2009 年版。

[43] 李琮主编：《世界经济学大辞典》，经济科学出版社 2000 年版。

[44] 高帆：《交易效率、分工演进与二元经济结构转化》，上海三联书店 2007 年版。

[45] 彭国华：《技术能力匹配、劳动力流动与中国地区差距》，载《经济研究》2015 年第 1 期。

[46] 盖庆恩、朱喜、程名望、史清华：《要素市场扭曲、垄断势力与全要素生产率》，载《经济研究》2015 年第 5 期。

[47] 姚从容：《人口空间集聚与公共治理的绩效：基于城市权利的视角》，载《人口学刊》2016 年第 3 期。

[48] 王宇、郭新强、干春晖：《关于金融集聚与国际金融中心建设的理论研究——基于动态随机一般均衡系统和消息冲击的视角》，载《经济学》（季刊）2015 年第 1 期。

[49] 张可云、王裕瑾:《区域经济 β 趋同的空间计量检验》,载《南开学报》(哲学社会科学版) 2016 年第 1 期。

[50] 毛艳华、李敬子:《中国服务业出口的本地市场效应研究》,载《经济研究》2015 年第 8 期。

[51] 阿林·杨格:《报酬递增与经济进步》,载《经济社会体制比较》1996 年第 2 期。

[52] 安虎森、李锦:《适度的"政策梯度"是实现区域协调发展的战略选项》,载《学术月刊》2010 年第 1 期。

[53] 陈建军、黄洁:《集聚视角下中国的产业、城市和区域——国内空间经济学最新进展综述》,载《浙江大学学报》(人文社会科学版) 2008 年第 4 期。

[54] 陈诗一:《中国的绿色工业革命:基于环境全要素生产率视角的解释》,载《经济研究》2010 年第 11 期。

[55] 程丹润、李静:《环境约束下的中国省区效率差异研究: 1990—2006》,载《财贸研究》2009 年第 1 期。

[56] 程永宏:《改革以来全国总体基尼系数的演变及其城乡分解》,载《中国社会科学》2007 年第 5 期。

[57] 程云鹤、齐晓安、汪克亮:《低碳约束下中国全要素生产率的时空演变》,载《技术经济》2012 年第 9 期。

[58] 单豪杰:《中国资本存量 K 的再估算:1952～2006 年》,载《数量经济技术经济研究》2008 年第 10 期。

[59] 邓翔、李建平:《中国区域经济增长的动力分析》,载《管理世界》2004 年第 11 期。

[60] 董林辉、段文斌:《技术进步的原因和性质——基于分工和报酬递增的研究》,载《南开经济研究》2006 年第 6 期。

[61] 樊纲、王小鲁、马光荣:《中国市场化进程对经济增长的贡献》,载《经济研究》2011 年第 9 期。

[62] 范剑勇、朱国林:《中国地区差距演变及其结构分解》,载《管理世界》2002 年第 7 期。

[63] 范剑勇、谢强强:《地区间产业分布的本地市场效应及其对区域协调发展的启示》,载《经济研究》2010 年第 4 期。

[64] 方军雄:《市场化进程与资本配置效率的改善》,载《经济研究》2006 年第 5 期。

[65] 付强、乔岳:《政府竞争如何促进了中国经济快速增长:市场分割与经济增长关系再探讨》,载《世界经济》2011 年第 7 期。

[66] 傅晓霞、吴利学:《技术效率、资本深化与地区差异——基于随机前沿模型的中国地区收敛分析》,载《经济研究》2006 年第 10 期。

[67] 傅晓霞、吴利学:《全要素生产率在中国地区差异中的贡献:兼与彭国华、李静等商榷》,载《世界经济》2006 年第 9 期。

[68] 傅晓霞、吴利学:《前沿分析方法在中国经济增长核算中的适用性》,载《世界经济》2007 年第 7 期。

[69] 傅晓霞、吴利学:《中国地区差异的动态演进及其决定机制:基于随机前沿模型和反事实收入分布方法的分析》,载《世界经济》2009 年第 5 期。

[70] 郝睿:《经济效率与地区平等:中国省际经济增长与差距的实证分析(1978—2003)》,载《世界经济文汇》2006 年第 2 期。

[71] 何江、张馨之:《中国省区收入分布演进的空间—时间分析》,载《南方经济》2007 年第 1 期。

[72] 贺胜兵、周华蓉、刘友金:《环境约束下地区工业生产率增长的异质性研究》,载《南方经济》2011 年第 11 期。

[73] 何雄浪、杨继瑞:《企业异质、产业集聚与区域发展差异》,载《学术月刊》2012 年第 7 期。

[74] 何志星、叶航、汪丁丁:《报酬递增、互补性与经济组织》,载《财经研究》2011 年第 1 期。

[75] 洪兴建:《中国地区差距、极化与流动性》,载《经济研究》2010 年第 12 期。

[76] 胡鞍钢、郑京海、高宇宁、张宁、许海萍:《考虑环境因素的省级技术效率排名(1999–2005)》,载《经济学》(季刊)2008 年第 3 期。

[77] 胡鞍钢:《中国地区差距的变迁情况》,载《人民论坛》2011 年第 3 期。

[78] 胡晨光、程惠芳:《要素优势与集聚经济圈的产业集聚》,载《学术月刊》2012 年第 5 期。

[79] 贾男、甘犁:《生产函数异质性与地区差距》,载《南开经济研究》2010 年第 1 期。

[80] 金相郁、武鹏:《中国区域经济发展差距的趋势及其特征——基于 GDP 修正后的数据》,载《南开经济研究》2010 年第 1 期。

[81] 李国璋、王双：《资源约束、技术效率与地区差异——基于中国省际数据的随机前沿模型分析》，载《经济学动态》2008 年第 4 期。

[82] 李国璋、周彩云、江金荣：《区域全要素生产率的估算及其对地区差距的贡献》，载《数量经济技术经济研究》2010 年第 5 期。

[83] 李杰：《基于空间内生增长理论的区域差异成因探析》，载《南开经济研究》2009 年第 3 期。

[84] 李敬、冉光和、万广华：《中国区域金融发展差异的解释》，载《经济研究》2007 年第 5 期。

[85] 李静、孟令杰、吴福象：《中国地区发展差异的再检验：要素积累抑或 TFP》，载《世界经济》2006 年第 1 期。

[86] 李静：《中国区域环境效率的差异与影响因素研究》，载《南方经济》2009 年第 12 期。

[87] 李胜会：《基于空间经济学视角的地区差距及影响因素研究》，载《产业经济研究》2008 年第 5 期。

[88] 李胜文、李新春、杨学儒：《中国的环境效率与环境管制》，载《财经研究》2010 年第 2 期。

[89] 梁琦、李晓萍、吕大国：《市场一体化、企业异质性与地区补贴——一个解释中国地区差距的新视角》，载《中国工业经济》2012 年第 2 期。

[90] 林光平、龙志和、吴梅：《中国地区经济 σ - 收敛的空间计量实证分析》，载《数量经济技术经济研究》2006 年第 4 期。

[91] 林毅夫、蔡昉、李周：《中国经济转型时期的地区差距分析》，载《经济研究》1998 年第 3 期。

[92] 林毅夫、刘培林：《中国的经济发展战略与地区收入差距》，载《经济研究》2003 年第 3 期。

[93] 刘朝明：《新空间经济学：21 世纪经济学研究的主题》，载《中国软科学》2002 年第 3 期。

[94] 刘夏明、魏英琪、李国平：《收敛还是发散？——中国区域经济发展争论的文献综述》，载《经济研究》2004 年第 7 期。

[95] 路江涌、陶志刚：《中国制造业区域聚集及国际比较》，载《经济研究》2006 年第 3 期。

[96] 庞瑞芝、李鹏、路永刚：《转型期间我国新型工业化增长绩效及其影响因素研究》，载《中国工业经济》2011 年第 4 期。

[97] 彭国华：《中国地区收入差距、全要素生产率及其收敛分析》，载《经济研究》2005 年第 9 期。

[98] 彭国华：《我国地区经济的"俱乐部"收敛性》，载《数量经济技术经济研究》2008 年第 12 期。

[99] 齐讴歌、赵勇、王满仓：《城市集聚经济微观机制及其超越：从劳动分工到知识分工》，载《中国工业经济》2012 年第 1 期。

[100] 钱学锋、梁琦：《本地市场效应：理论和经验研究的新进展》，载《经济学》（季刊）2007 年第 3 期。

[101] 石风光、李宗植：《要素投入、全要素生产率与地区经济差距》，载《数量经济技术经济研究》2009 年第 12 期。

[102] 石风光、何雄浪：《全要素生产率、要素投入与中国地区经济差距的动态分布分析》，载《南京社会科学》2010 年第 2 期。

[103] 石磊、高帆：《地区经济差距：一个基于经济结构转变的实证研究》，载《管理世界》2006 年第 5 期。

[104] 覃成林、张华、张技辉：《中国区域发展不平衡的新趋势及成因》，载《中国工业经济》2011 年第 10 期。

[105] 唐清泉、卢博科、袁莹翔：《工业行业的资源投入与创新效率》，载《数量经济技术经济研究》2009 年第 2 期。

[106] 陶长琪、齐亚伟：《中国全要素生产率的空间差异及其成因分析》，载《数量经济技术经济研究》2010 年第 1 期。

[107] 田银华、何胜兵、胡石琪：《环境约束下地区全要素生产率增长的再估算：1998—2008》，载《中国工业经济》2011 年第 1 期。

[108] 涂正革、肖耿：《中国经济的高增长能否持续：基于企业生产率动态变化的分析》，载《世界经济》2006 年第 9 期。

[109] 涂正革、刘磊珂：《考虑能源、环境因素的中国工业效率评价》，载《经济评论》2011 年第 2 期。

[110] 万广华、陆铭、陈钊：《全球化与地区间收入差距：来自中国的证据》，载《中国社会科学》2005 年第 3 期。

[111] 汪斌、董赟：《从古典到新兴古典经济学的专业化分工理论与当代产业集群的演进》，载《学术月刊》2005 年第 2 期。

[112] 王兵、王丽：《环境约束下中国区域工业技术效率与生产率及其影响因素实证研究》，载《南方经济》2010 年第 11 期。

[113] 王兵、吴延瑞、颜鹏飞：《中国区域环境效率与环境全要素生

产率增长》，载《经济研究》2010 年第 5 期。

[114] 王兵、张技辉、张华：《环境约束下中国省级全要素能源效率实证研究》，载《经济评论》2011 年第 4 期。

[115] 王志刚、龚六堂、陈玉宇：《地区间生产效率与全要素生产率增长分解（1978—2003）》，载《中国社会科学》2006 年第 2 期。

[116] 魏楚、沈满洪：《能源效率及其影响因素：基于 DEA 的实证分析》，载《管理世界》2007 年第 8 期。

[117] 吴建峰、符育明：《经济集聚中马歇尔外部性的识别——基于中国制造业数据的研究》，载《经济学》（季刊）2012 年第 11 卷第 2 期。

[118] 吴建新：《资本积累，全要素生产率与中国地区发展差异》，载《统计研究》2008 年第 11 期。

[119] 吴军、笪凤媛、张建华：《环境管制与中国区域生产率增长》，载《统计研究》2010 年第 1 期。

[120] 吴延瑞：《生产率对中国增长的贡献》，载《经济学》（季刊）2008 年第 3 期。

[121] 武鹏、金相郁、马丽：《数值分布、空间分布视角下的中国区域经济发展差距（1952—2008）》，载《经济科学》2010 年第 5 期。

[122] 徐现祥、李郇：《中国城市经济增长的趋同分析》，载《经济研究》2004 年第 5 期。

[123] 徐现祥、舒元：《物质资本、人力资本与中国地区双峰趋同》，载《世界经济》2005 年第 1 期。

[124] 许召元、李善同：《近年来中国地区差距的变化趋势》，载《经济研究》2006 年第 7 期。

[125] 许政、陈钊、陆铭：《中国城市体系的"中心—外围模式"》，载《世界经济》2010 年第 7 期。

[126] 杨万平：《能源消费与污染排放双重约束下的中国绿色经济增长》，载《当代经济科学》2011 年第 2 期。

[127] 杨文举、龙睿赟：《中国地区工业绿色全要素生产率增长：——基于方向性距离函数的经验分析》，载《上海经济研究》2012 年第 7 期。

[128] 袁立科：《区域外部性、对外开放与中国经济增长条件收敛》，载《当代经济科学》2010 年第 4 期。

[129] 袁晓玲、张宝山、杨万平：《污染的中国全要素能源效率研

究》，载《中国工业经济》2009 年第 2 期。

[130] 岳书敬、刘朝明：《人力资本与区域全要素生产率分析》，载《经济研究》2006 年第 4 期。

[131] 张帆、潘佐红：《本地市场效应及其对中国省间生产和贸易的影响》，载《经济学》（季刊）2006 年第 5 卷第 2 期。

[132] 张海峰、姚先国：《经济集聚、外部性与企业劳动生产率——来自浙江省的证据》，载《管理世界》2010 年第 12 期。

[133] 张卉、詹宇波、周凯：《集聚、多样性和地区经济增长：来自中国制造业的实证研究》，载《世界经济文汇》2007 年第 3 期。

[134] 张茹：《中国经济增长地区差异的动态演进：1978—2005》，载《世界经济文汇》2008 年第 2 期。

[135] 张军：《资本形成、工业化与经济增长：中国的转轨特征》，载《经济研究》2002 年第 6 期。

[136] 张军、施少华：《中国经济全要素生产率变动》，载《世界经济文汇》2003 年第 2 期。

[137] 张军、金煜：《政府间财政改革、金融深化与中国的地区差距：脱落的环节》，载《中国社会科学》2006 年第 1 期。

[138] 张宗益、邹畅：《中国地区差距时空演变的特点及启示》，载《当代经济研究》2006 年第 1 期。

[139] 赵伟、马瑞永：《中国经济增长收敛性的再认识——基于增长收敛微观机制的分析》，载《管理世界》2006 年第 11 期。

[140] 郑飞虎、史潇潇：《新经济地理学视角下的 R&D 投资集聚与创新研究——来自北京地区的经验数据》，载《国际贸易问题》2010 年第 8 期。

[141] 郑京海、胡鞍钢：《中国改革时期省际生产率增长变化的实证分析（1979～2001 年）》，载《经济学》（季刊）2005 年第 2 期。

[142] 钟若愚：《中国资源生产率和全要素生产率研究》，载《经济学动态》2010 年第 7 期。

[143] 周晓艳、韩朝华：《中国各地区生产效率与全要素生产率增长率分解（1990—2006）》，载《南开经济研究》2009 年第 5 期。

[144] 朱承亮、岳宏志、师萍：《环境约束下的中国经济增长效率研究》，载《数量经济技术经济研究》2011 年第 5 期。

[145] 朱希伟、陶永亮：《经济集聚与区域协调》，载《世界经济文

汇》2011 年第 3 期。

[146] 邹薇、周浩：《经济趋同的计量分析与收入分布动态学研究》，载《世界经济》2007 年第 6 期。

[147] 范剑勇：《产业结构失衡、空间集聚与中国地区差距变化》，载《上海经济研究》2008 年第 2 期。

[148] Baldwin R., Forslid R., Martin P., *Economic geography and public policy*, Princeton University Press, 2011.

[149] Capello R., *Beyond Optimal City Size: Theory and Evidence Reconsidered*, Emerald Group Publishing Limited, 2004.

[150] Cooper W. W., Seiford L. M., Tone K., *Dataenvelopment analysis: a comprehensive text with models, applications, references and DEA – solver software*, Springer, 2006.

[151] Denison E. F., *The sources of economic growth in the United States and the alternatives before us*, Committee for Economic Development New York, 1962.

[152] Ekelund R. B., Hébert R. F., *Secret origins of modern microeconomics: Dupuit and the engineers*, University of Chicago Press, 1999.

[153] Färe R., Grosskopf S., Lovell C. A. K., *Production frontiers*, Cambridge University Press, 1994.

[154] Ischer M. M., *Knowledge, complexity, and innovation systems*, Springer Verlag, 2001.

[155] Fujita M., Thisse J. F., *Economics of agglomeration: Cities, industrial location, and regional growth*, Cambridge University Press, 2002.

[156] Helpman E., *The mystery of economic growth*, Harvard University Press, 2004.

[157] Hulten C. R., *Total Factor Productivity: A Short Biography*, Chicago: University of Chicago Press, 2001.

[158] Porter M. E., *The competitive advantage of nations: with a new introduction*, New York: Free Press, 1990.

[159] Abramovitz M., "Catching up, forging ahead, and falling behind", *Journal of Economic history*, Vol. 46, No. 2, 1986, pp. 385 – 406.

[160] Aigner D., Lovell C., Schmidt P., "Formulation and estimation of stochastic frontier production function models", *Journal of Econometrics*,

Vol. 6, No. 1, 1977, pp. 21 - 37.

[161] Aigner D. J. , Chu S. , "On estimating the industry production function", *The American Economic Review*, Vol. 58, No. 4, 1968, pp. 826 - 839.

[162] Amiti M. , Pissarides C. A. , "Trade and industrial location with heterogeneous labor", *Journal of International Economics*, Vol. 67, No. 2, 2005, pp. 392 - 412.

[163] Anselin L. , "Computing environments for spatial data analysis", *Journal of Geographical Systems*, Vol. 2, No. 3, 2000, pp. 201 - 220.

[164] Arbia, "Does Spatial Concertration Foster Economic Growth? Emperical Evidence on EU Regions", *Conference Paper of First Seminar of Spatial Econometrics*, 2004.

[165] Arellano M. , Bond S. , "Some tests of specification for panel data: Monte Carlo evidence and an application to employment equations", *The Review of Economic Studies*, Vol. 58, No. 2, 1991, pp. 277 - 297.

[166] Arellano M. , Bover O. , "Another look at the instrumental variable estimation of error-components models", *Journal of Econometrics*, Vol. 68, No. 1, 1995, pp. 29 - 51.

[167] Au C. - C. , Henderson J. V. , "How migration restrictions limit agglomeration and productivity in China", *Journal of Development Economics*, Vol. 80, No. 2, 2006, pp. 350 - 388.

[168] Autant - Bernard C. , Guironnet J. - P. , "Massard N. Agglomeration and social return to R&D: Evidence from French plant productivity changes", *International Journal of Production Economics*, Vol. 132, No. 1, 2011, pp. 34 - 42.

[169] Baldwin R. E. , "Agglomeration and endogenous capital", *European Economic Review*, Vol. 43, No. 2, 1999, pp. 253 - 280.

[170] Baldwin R. E. , Forslid E. R. , "The Core Periphery Model and Endogenous Growth: Stabilizing and Destabilizing Integration", *Economics*, Vol. 67, 2000, pp. 307 - 324.

[171] Baldwin R. E. , "Core-periphery model with forward-looking expectations", *Regional Science and Urban Economics*, Vol. 31, No. 1, 2001, pp. 21 - 49.

[172] Baldwin R. E. , Martin P. , "Ottaviano G. I. P. Global Income Divergence, Trade, and Industrialization: The Geography of Growth Take – Offs", *Journal of Economic Growth*, Vol. 6, No. 1, 2001, pp. 5 – 37.

[173] Baldwin R. E. , Martin P. , "Agglomeration and Regional Growth", *CEPR Discussion Paper*, No. 3960, 2003.

[174] Balk B. M. , Althin R. , "A new, transitive productivity index", *Journal of Productivity Analysis*, Vol. 7, No. 1, 1996, pp. 19 – 27.

[175] Bao S. , Chang G. H. , Sachs J. D. , Woo W. T. , "Geographic factors and China's regional development under market reforms, 1978 – 1998", *China Economic Review*, Vol. 13, No. 1, 2002, pp. 89 – 111.

[176] Barry F. , Görg H. , Strobl E. , "Foreign direct investment, agglomerations, and demonstration effects: an empirical investigation", *Review of World Economics*, Vol. 139, No. 4, 2003, pp. 583 – 600.

[177] Basu S. , Weil D. N. , "Appropriate technology and growth", *The Quarterly Journal of Economics*, Vol. 113, No. 4, 1998, pp. 1025 – 1054.

[178] Battese G. E. , Coelli T. J. , "Frontier production functions, technical efficiency and panel data: with application to paddy farmers in India", *Journal of Productivity Analysis*, Vol. 3, No. 1, 1992, pp. 153 – 169.

[179] Battese G. E. , Coelli T. J. , "A model for technical inefficiency effects in a stochastic frontier production function for panel data", *Empirical Economics*, Vol. 20, No. 2, 1995, pp. 325 – 332.

[180] Bauer P. W. , "Decomposing TFP growth in the presence of cost inefficiency, nonconstant returns to scale, and technological progress", *Journal of Productivity Analysis*, Vol. 1, No. 4, 1990, pp. 287 – 299.

[181] Baumol W. J. , "Productivity growth, convergence, and welfare: what the long-run data show", *The American Economic Review*, 1986, pp. 1072 – 1085.

[182] Becker G. S. , Murphy K. M. , "The division of labor, coordination costs, and knowledge", *The Quarterly Journal of Economics*, Vol. 107, No. 4, 1992, pp. 1137 – 1160.

[183] Behrens K. , Gaigné C. , Thisse J. – F. , "Industry location and welfare when transport costs are endogenous", *Journal of Urban Economics*, Vol. 65, No. 2, 2009, pp. 195 – 208.

[184] Berliant M. , Reed R. R. , Wang P. , "Knowledge exchange, matching, and agglomeration", *Journal of Urban Economics*, Vol. 60, No. 1, 2006b, pp. 69 – 95.

[185] Berliant M. , Fujita M, "Knowledge Creation As A Square Dance On The Hilbert Cube", *International Economic Review*, Vol. 49, No. 4, 2008, pp. 1251 – 1295.

[186] Bils M. , Klenow P. J. , "Does schooling cause growth", *American Economic Review*, 2000, pp. 1160 – 1183.

[187] Blundell R. , Bond S. , "Initial Conditions and Moment Restriction in Dynamic Panel Data Models", *Journal of Econometrics*, No. 87, 1998, pp. 115 – 143.

[188] Blundell R. , Bond S. , "GMM estimation with persistent panel data: an application to production functions", *Econometric Reviews*, Vol. 19, No. 3, 2000, pp. 321 – 340.

[189] Brülhart M. , Trionfetti F. , "Public expenditure, international specialisation and agglomeration", *European Economic Review*, Vol. 48, No. 4, 2004, pp. 851 – 881.

[190] Brülhart M. , Sbergami F. , "Agglomeration and growth: Cross-country evidence", *Journal of Urban Economics*, Vol. 65, No. 1, 2009, pp. 48 – 63.

[191] Cai F. , Wang D. , Du Y. , "Regional disparity and economic growth in China: the impact of labor market distortions", *China Economic Review*, Vol. 13, No. 2, 2002, pp. 197 – 212.

[192] Caselli F. , Feyrer J. , "The Marginal Product of Capital", *The Quarterly Journal of Economics*, Vol. 122, No. 2, 2007, pp. 535 – 568.

[193] Charlot S. , Duranton G. , "Communication Externalities in Cities", *Journal of Urban Economics*, Vol. 56, No. 3, 2004.

[194] Charnes A. , Cooper W. W. , "Rhodes E. Measuring the efficiency of decision making units", *European Journal of Operational Research*, Vol. 2, No. 6, 1978, pp. 429 – 444.

[195] Chow G. , Lin A. , "Accounting for economic growth in Taiwan and mainland China: a comparative analysis", *Journal of Comparative Economics*, Vol. 30, No. 3, 2002, pp. 507 – 530.

[196] Chung Y. H. , Färe R. , Grosskopf S. , "Productivity and undesirable outputs: a directional distance function approach", *Journal of Environmental Management*, Vol. 51, 1997, pp. 229 – 240.

[197] Ciccone A. , Hall R. E. , "Productivity and the Density of Economic Activity", *American Economic Review*, Vol. 86, 1996, pp. 54 – 70.

[198] Copeland B. R. , "International trade and the environment: policy reform in a polluted small open economy", *Journal of Environmental Economics and Management*, Vol. 26, No. 1, 1994, pp. 44 – 65.

[199] Crozet M. , Trionfetti F. , "Trade costs and the home market effect", *Journal of International Economics*, Vol. 76, No. 2, 2008, pp. 309 – 321.

[200] Crozet M. , "Do Migrants Follow Market Potentials? An Estimation of a New Economic Geography Model", *Journal of Economic Geography*, Vol. 4, No. 4, 2004, pp. 439 – 458.

[201] Démurger S. , "Infrastructure development and economic growth: an explanation for regional disparities in China?", *Journal of Comparative Economics*, Vol. 29, No. 1, 2001, pp. 95 – 117.

[202] Démurger S. , Sachs J. D. , Woo W. T. , Bao S. , "Chang G. The relative contributions of location and preferential policies in China's regional development: being in the right place and having the right incentives", *China Economic Review*, Vol. 13, No. 4, 2002a, pp. 444 – 465.

[203] Démurger S. , Sachs J. D. , Woo W. T. , Bao S. , Chang G. , Mellinger A. , "Geography, Economic Policy, and Regional Development in China", *Asian Economic Papers*, Vol. 1, No. 1, 2002b, pp. 146 – 197.

[204] Davis D. R. , Weinstein D. E. , "Market access, economic geography and comparative advantage: an empirical test", *Journal of International Economics*, Vol. 59, 2003, pp. 1 – 23.

[205] Domazlicky B. R. , Weber W. L. , "Does environmental protection lead to slower productivity growth in the chemical industry?", *Environmental and Resource Economics*, Vol. 28, No. 3, 2004, pp. 301 – 324.

[206] Donghyun O. , Almas H. , "A sequential Malmquist – Luenberger productivity index: Environmentally sensitive productivity growth considering the progressive nature of technology", *Energy Economics*, Vol. 32, No. 6, 2010,

pp. 1345 – 1355.

[207] Dixit A. K. , Stiglitz J. E. , "Monopolistic competition and optimum product diversity", *The American Economic Review*, Vol. 67, No. 3, 1977, pp. 297 – 308.

[208] Drucker J. , Feser E. , "Regional industrial structure and agglomeration economies: An analysis of productivity in three manufacturing industries", *Regional Science and Urban Economics*, Vol. 42, No. 1 – 2, 2012, pp. 1 – 14.

[209] Duranton G. , Puga D. , "Nursery Cities: Urban Diversity, Process Innovation, and the Life Cycle of Product", *The American Economic Review*, Vol. 91, No. 5, 2001, pp. 1454 – 1477.

[210] Duranton G. , Puga D. , "From sectoral to functional urban specialisation", *Journal of Urban Economics*, Vol. 57, No. 2, 2005, pp. 343 – 370.

[211] Easterly W. , "The ghost of financing gap: testing the growth model used in the international financial institutions", *Journal of Development Economics*, Vol. 60, No. 2, 1999, pp. 423 – 438.

[212] Easterly W. , Levine R. , "What have we learned from a decade of empirical research on growth? It's Not Factor Accumulation: Stylized Facts and Growth Models", *The World Bank Economic Review*, Vol. 15, No. 2, 2001, pp. 177 – 219.

[213] Engle R. F. , Granger C. W. J. , "Co-integration and error correction: representation, estimation, and testing", *Econometrica: Journal of the Econometric Society*, 1987, pp. 251 – 276.

[214] Färe R. , Grosskopf S. , "Norris M. Productivity growth, technical progress, and efficiency change in industrialized countries: reply", *The American Economic Review*, Vol. 87, No. 5, 1997, pp. 1040 – 1044.

[215] Färe R. , Grosskopf S. , Pasurka C. A. , "Environmental production functions and environmental directional distance functions", *Energy*, Vol. 32, No. 7, 2007, pp. 1055 – 1066.

[216] Färe R. , Grosskopf S. , "Directional distance functions and slacks-based measures of efficiency", *European Journal of Operational Research*, Vol. 200, No. 1, 2010, pp. 320 – 322.

[217] Faggian A. , McCann P. , "Human capital and regional develop-

ment", *Handbook of regional growth and development theories*, 2009, pp. 131 – 151.

[218] Fan C. S. , Stark O. , "Rural-to-urban migration, human capital, and agglomeration", *Journal of Economic Behavior & amp; Organization*, Vol. 68, No. 1, 2008, pp. 234 – 247.

[219] Fare R. , Grosskopf S. , "Norris M. Productivity growth, technical progress, and efficiency change in industrialized countries", *American Economic Review*, Vol. 84, No. 1, 1994, pp. 66 – 83.

[220] Farrell M. J. , "The measurement of productive efficiency", *Journal of the Royal Statistical Society. Series A (General)*, Vol. 120, No. 3, 1957, pp. 253 – 290.

[221] Felipe J. , "Total factor productivity growth in East Asia: a critical survey", *The Journal of Development Studies*, Vol. 35, No. 4, 1999, pp. 1 – 41.

[222] Fenge R. , von Ehrlich M. , Wrede M. , "Public input competition and agglomeration", *Regional Science and Urban Economics*, Vol. 39, No. 5, 2009, pp. 621 – 631.

[223] Fleisher B. , Li H. , Zhao M. Q. , "Human capital, economic growth, and regional inequality in China", *Journal of Development Economics*, Vol. 92, No. 2, 2010, pp. 215 – 231.

[224] Fu Y. , Gabriel S. A. , "Labor migration, human capital agglomeration and regional development in China", *Regional Science and Urban Economics*, Vol. 42, No. 3, 2012, pp. 473 – 484.

[225] Fujita M. , Mori T. , Henderson J. V. , "Spatial distribution of economic activities in Japan and China", *Handbook of regional and urban economics*, Vol. 4, 2004, pp. 2911 – 2977.

[226] Fujita M. , Thisse J. F. , "Does Geographical Agglomeration Foster Economic Growth? And Who Gains and Loses from it?", *The Japaneses Economic Review*, Vol. 54, 2003, pp. 121 – 145.

[227] Fujita M. , "Towards the new economic geography in the brain power society", *Regional Science and Urban Economics*, Vol. 37, No. 4, 2007, pp. 482 – 490.

[228] Fukuyama H. , Weber W. L. , "A directional slacks-based meas-

ure of technical inefficiency", *Socio - Economic Planning Sciences*, Vol. 43, No. 4, 2009, pp. 274 - 287.

[229] Gersbach H. , Schmutzler A. , "Declining costs of communication and transportation: What are the effects on agglomerations?", *European Economic Review*, Vol. 44, No. 9, 2000, pp. 1745 - 1761.

[230] Glaeser E. L. , Kallal H. D. , Scheinkman J. A. , Shleifer A. , "Growth in Cities", *Journal of political Economy*, Vol. 100, No. 6, 1992, pp. 1126 - 1152.

[231] Greenstone M. , Hornbeck R. , Moretti E. , "Identifying agglomeration spillovers: Evidence from winners and losers of large plant openings", *Journal of political Economy*, Vol. 118, No. 3, 2010, pp. 536 - 598.

[232] Guan. Z. , Lansink A. O. , "The source of productivity growth in Dutch agriculture: A perspective from finance", *American Journal of Agricultural Economics*, Vol. 88, No. 3, 2006, pp. 644 - 656.

[233] Hailu A. , Veeman T. S. , "Environmentally sensitive productivity analysis of the Canadian pulp and paper industry, 1959 - 1994: an input distance function approach", *Journal of Environmental Economics and Management*, Vol. 40, No. 3, 2000, pp. 251 - 274.

[234] Hanson G. H. , " Agglomeration, Dispersion, and the Pioneer Firm", *Journal of Urban Economics*, Vol. 39, No. 3, 1996, pp. 255 - 281.

[235] Harris C. D. , "The Market as a Factor in the Localization of Industry in the United States", *Annals of the association of American geographers*, Vol. 44, No. 4, 1954, pp. 315 - 348.

[236] Heckman J. J. , Krueger A. B. , "Inequality in America: What role for human capital policies?", *MIT Press Books*, No. 1, 2005.

[237] Henderson J. V. , "Marshall's scale economies", *Journal of Urban Economics*, Vol. 53, No. 1, 2003, pp. 1 - 28.

[238] Ikeda K. , Akamatsu T. , Kono T. , "Spatial period-doubling agglomeration of a core-periphery model with a system of cities", *Journal of Economic Dynamics and Control*, Vol. 36, No. 5, 2012, pp. 754 - 778.

[239] Jorgenson D. W. , Grilliches Z. , "The Exploration of Productivity Change", *Review of Economic Studies*, Vol. 34, 1967, pp. 249 - 283.

[240] Kögel T. , " Youth dependency and total factor productivity",

Journal of Development Economics, Vol. 76, No. 1, 2005, pp. 147 – 173.

[241] Kanbur R. , Zhang X. , "Fifty years of regional inequality in China: a journey through central planning, reform, and openness", *Review of Development Economics*, Vol. 9, No. 1, 2005, pp. 87 – 106.

[242] Kawai H. , "International comparative analysis of economic growth: trade liberalization and productivity", *The Developing Economies*, Vol. 32, No. 4, 1994, pp. 373 – 397.

[243] Kim J. I. , Lau L. J. , "The sources of economic growth of the East Asian newly industrialized countries", *Journal of the Japanese and International Economies*, Vol. 8, No. 3, 1994, pp. 235 – 271.

[244] Klenow P. J. , Rodríguez – Clare A. , "The Neoclassical Revival in Growth Economics: Has It Gone Too Far", *NBER Macroeconomics Annual*, 1997, pp. 73 – 103.

[245] Kranich J. , "Agglomeration, innovation and international research mobility", *Economic Modelling*, Vol. 26, No. 5, 2009, pp. 817 – 830.

[246] Krugman P. , "Scale economies, product differentiation, and the pattern of trade", *The American Economic Review*, Vol. 70, No. 5, 1980, pp. 950 – 959.

[247] Krugman P. , "Increasing returns and economic geography", *The Journal of Political Economy*, Vol. 99, No. 3, 1991, pp. 483 – 499.

[248] Kuo C. – C. , Yang C. – H. , "Knowledge capital and spillover on regional economic growth: Evidence from China", *China Economic Review*, Vol. 19, No. 4, 2008, pp. 594 – 604.

[249] Kumar S. , "Environmentally sensitive productivity growth: a global analysis using Malmquist – Luenberger index", *Ecological Economics*, Vol. 56, No. 2, 2006, pp. 280 – 293.

[250] Lovely M. E. , Rosenthal S. S. , Sharma S. , "nformation, agglomeration, and the headquarters of U. S. exporters", *Regional Science and Urban Economics*, Vol. 35, No. 2, 2005, pp. 167 – 191.

[251] Lucas R. E. , "On the mechanics of economic development", *Journal of Monetary Economics*, Vol. 22, No. 1, 1988, pp. 3 – 42.

[252] Martin P. , I. P. Ottaviano G. , "Growing locations: Industry location in a model of endogenous growth", *European Economic Review*, Vol. 43,

No. 2, 1999, pp. 281 – 302.

[253] Martin P., Ottaviano G. I. P., "Growth and agglomeration", *International Economic Review*, Vol. 42, No. 4, 2001, pp. 947 – 968.

[254] Meeusen W., van Den Broeck J., "Efficiency estimation from Cobb – Douglas production functions with composed error", *International Economic Review*, Vol. 18, No. 2, 1977, pp. 435 – 444.

[255] Mitra A., Sato H., "Agglomeration Economies in Japan Technical Efficiency, Growth and Uemployment", *Review of Urban and Regional Development Studies*, Vol. 19, 2007, pp. 197 – 209.

[256] Mori T., Turrini A., "Skills, agglomeration and segmentation", *European Economic Review*, Vol. 49, No. 1, 2005, pp. 201 – 225.

[257] Ott I., Soretz S., "Productive public input, integration and agglomeration", *Regional Science and Urban Economics*, Vol. 40, No. 6, 2010, pp. 538 – 549.

[258] Ottaviano G. I. P., Thisse J. – F., "Integration, agglomeration and the political economics of factor mobility", *Journal of Public Economics*, Vol. 83, No. 3, 2002, pp. 429 – 456.

[259] Oyama D., "Agglomeration under forward-looking expectations: Potentials and global stability", *Regional Science and Urban Economics*, Vol. 39, No. 6, 2009, pp. 696 – 713.

[260] Pedroni P., "Critical values for cointegration tests in heterogeneous panels with multiple regressors", *Oxford Bulletin of Economics and statistics*, Vol. 61, No. S1, 1999, pp. 653 – 670.

[261] Pedroni P., "Panel cointegration: asymptotic and finite sample properties of pooled time series tests with an application to the PPP hypothesis", *Econometric theory*, 2004, pp. 597 – 625.

[262] Peng S. – K., Thisse J. – F., Wang P., "Economic integration and agglomeration in a middle product economy", *Journal of Economic Theory*, Vol. 131, No. 1, 2006, pp. 1 – 25.

[263] Peri G., "Young workers, learning, and agglomerations", *Journal of Urban Economics*, Vol. 52, No. 3, 2002, pp. 582 – 607.

[264] Pittman R. W., "Multilateral productivity comparisons with undesirable outputs", *The Economic Journal*, 1983, pp. 883 – 891.

［265］Prescott E. C. , Lawrence R. Klein, "lecture 1997: Needed: A theory of total factor productivity", *International Economic Review*, 1998, pp. 525 – 551.

［266］Pritchett L. , "Where has all the education gone?", *The World Bank Economic Review*, Vol. 15, No. 3, 2001, pp. 367 – 391.

［267］Quah D. , "Empirical cross-section dynamics in economic growth", *European Economic Review*, Vol. 37, 1993, pp. 426 – 434.

［268］Quah D. T. , "Twin peaks: growth and convergence in models of distribution dynamics", *The Economic Journal*, 1996, pp. 1045 – 1055.

［269］Quigley J. M. , "Urban diversity and economic growth", *The Journal of Economic Perspectives*, Vol. 12, No. 2, 1998, pp. 127 – 138.

［270］Roberts M. , Deichmann U. , Fingleton B. , Shi T. , "Evaluating China's road to prosperity: A new economic geography approach", *Regional Science and Urban Economics*, Vol. 42, No. 4, 2012, pp. 580 – 594.

［271］Roodman D. , "How to do xtabond2: An introduction to difference and system GMM in Stata", "Center for Global Development Working Paper", No. 103, 2006.

［272］Roos M. W. M. , "Agglomeration and the public sector", *Regional Science and Urban Economics*, Vol. 34, No. 4, 2004, pp. 411 – 427.

［273］Scheel H. , "Undesirable Outputs in Efficiency Evaluations", *European Journal of Operational Research*, Vol. 132, 2001, pp. 400 – 410.

［274］Schmidt P. , Sickles R. C. , "Production frontiers and panel data", *Journal of Business & Economic Statistics*, Vol. 2, No. 4, 1984, pp. 367 – 374.

［275］Schmutzler A. , "The new economic geography", *Journal of Economic Surveys*, Vol. 13, No. 4, 1999, pp. 355 – 379.

［276］Schumacher D. , "Home Market and Traditional Effects on comparative advantage in a Gravity Approach", *Discussion Papers of DIW Berlin*, 2003.

［277］Scitovsky T. , "Two concepts of external economies", *The Journal of Political Economy*, Vol. 62, No. 2, 1954, pp. 143 – 151.

［278］Scotchmer S. , Thisse J. F. , "Space and competition", *The Annals of Regional Science*, Vol. 26, No. 3, 1992, pp. 269 – 286.

［279］Seiford L. M. , Zhu J. , "Modeling undesirable factors in efficiency evaluation", *European Journal of Operational Research*, Vol. 142, No. 1, 2002, pp. 16 – 20.

[280] Solow R. M. , "Technical change and the aggregate production function", *The review of Economics and Statistics*, Vol. 39, No. 3, 1957, pp. 312 – 320.

[281] Strange W. , Hejazi W. , Tang J. , "The uncertain city: Competitive instability, skills, innovation and the strategy of agglomeration", *Journal of Urban Economics*, Vol. 59, No. 3, 2006, pp. 331 – 351.

[282] Timmer M. P. , Los B. , "Localized innovation and productivity growth in Asia: an intertemporal DEA approach", *Journal of Productivity Analysis*, Vol. 23, No. 1, 2005, pp. 47 – 64.

[283] Tone K. , "A slacks-based measure of efficiency in data envelopment analysis", *European Journal of Operational Research*, Vol. 130, No. 3, 2001, pp. 498 – 509.

[284] Tone K. , "Dealing with Undesirable Outputs in DEA: a Slacks-based Measure (SBM) Approach", The Operation Research of Japan, 2004, pp. 44 – 45.

[285] Toulemonde E. , "Acquisition of skills, labor subsidies, and agglomeration of firms", *Journal of Urban Economics*, Vol. 53, No. 3, 2006, pp. 420 – 439.

[286] Tropeano J. – P. , "Information asymmetry as a source of spatial agglomeration", *Economics Letters*, Vol. 70, No. 2, 2001, pp. 273 – 281.

[287] Ulltveit – Moe K. H. , "Regional policy design: An analysis of relocation, efficiency and equity", *European Economic Review*, Vol. 51, No. 6, 2007, pp. 1443 – 1467.

[288] Verhoef E. T. , Nijkamp P. , "Externalities in urban sustainability: Environmental versus localization-type agglomeration externalities in a general spatial equilibrium model of a single-sector monocentric industrial city", *Ecological Economics*, Vol. 40, No. 2, 2002, pp. 157 – 179.

[289] Von Hayek F. A. , "Economics and knowledge", Economica, Vol. 4, No. 13, 1937, pp. 33 – 54.

[290] Watanabe M. , Tanaka K. , "Efficiency analysis of Chinese industry: A directional distance function approach", *Energy Policy*, Vol. 35, No.

12, 2007, pp. 6323 – 6331.

[291] Yamamoto K. , "Agglomeration and growth with innovation in the intermediate goods sector", *Regional Science and Urban Economics*, Vol. 33, No. 3, 2003, pp. 335 – 360.

[292] Zeng D. – Z. , Zhao L. , "Pollution havens and industrial agglomeration", *Journal of Environmental Economics and Management*, Vol. 58, No. 2, 2009, pp. 141 – 153.

后　记

　　2012 年以来，中国宏观经济增长出现了较大的变化，以中高速增长、经济结构不断优化升级以及从要素、投资驱动转向创新驱动为核心特征的"新常态"也于 2014 年 5 月被正式提出，自此之后，又随着"供给侧结构性改革"的不断推进，中国宏观经济增长质量和经济增长效率均进入逐步改善的轨道上。再从经济空间布局来看，2013 年 9 月，"一带一路"建设作为我国主动应对全球形势深刻变化、统筹国际国内两个大局作出的重大事项，为受地理区位、资源禀赋、发展基础等因素约束的西部地区加快发展打开了另一扇机遇之门，也为西部地区实现跨越式发展和缩小与东部地区的差距提供了新的契机。此外，"十三五"时期是我国打赢脱贫攻坚战和精准扶贫、精准脱贫的决胜时期，而贫困群体规模仍然较大的西部地区也成为脱贫攻坚的重要区域。可以预计，"供给侧结构性改革""一带一路"倡议和"脱贫攻坚"战略等一系列重大事件，势必将深刻影响到我国经济的空间布局。

　　正是在经济增长效率逐步改观和我国空间经济布局不断优化的背景下，笔者对作为本书初稿的同名博士学位论文作了进一步修改与完善，最终形成了本书稿。在书稿形成中，笔者对博士学位论文的修改主要有：第一，对空间经济学框架下相关建模技术作进一步整理，建立了从经济增长效率集聚的起源、形成机制到经济影响的数理分析框架，并最终作为本书第 4 章的内容；第二，对相关数据和政策启示作了进一步修正；第三，对全书中的疏漏与不足作了进一步的修正。书稿完成后，在经济科学出版社的鼎力支持和精心编校下，本书也终于能够付梓印刷了。此时此刻，我愿意将自己攻读博士学位期间和任教 4 年多来的生活、学习、科研及工作的万千感慨如实记录下来，并将深深的谢意传送给所有关心、支持我的亲人、师长和朋友！

在我博士学习阶段，我的导师曹钢教授言传身教，他"著人世中真言，扬天地间正气"（引曹先生语）的为学精神、渊博深厚的学术功底和鞭辟入里的学术观点都使我受益匪浅，尤其是在三次调研活动中，曹先生不避寒暑、连续作战、深入基层、了解实情的治学风范着实令我等后学之辈感佩！在我博士学习阶段，我的导师赵景峰教授不仅为我的研究指明了方向，更在学业上对我严格要求、精心指导，并全力为我创造优越的学习条件，从不以日常琐碎事务干扰我的学业，这些都为研究的如期完成提供了有力保障。当然，在书稿撰写过程中，从选题、提纲拟订到修改和定稿，曹先生和赵先生两位导师的关心和悉心指导都能令我茅塞顿开，颇具恍然大悟之感。我相信，曹先生与赵先生的这些教导不论现在还是将来都将对我产生深刻影响。

在博士学习阶段，正是有了和吴建树博士、白云朴博士、李勃昕博士、李娟伟博士、张钊博士、朱承亮博士、李辉博士、李辽宁博士一起的学习和交流，才使我能够暂时卸下繁重的学习与科研压力，得以享受片刻的轻松、惬意与愉悦，并使我的学习与生活更加充实与快乐。当然，每一次与他们的学术交流与探讨也都让我深受启发、收获颇丰，在此特表谢意并致以永远的祝福！

2013 年 8 月到宁夏大学经济管理学院任教以来，得到了学校及学院领导、同事与学生的关心与支持，在此表示感谢！本书出版过程中，得到了"宁夏高等学校理论经济学西部一流学科建设项目（项目编号：NXYLXK2017B04）""宁夏高校优秀青年教师培育基金项目（项目编号：NGY2016070）""宁夏大学优秀学术著作出版基金"和"开放战略与区域经济自治区人文社会科学重点研究基地"的资助，在此表示感谢！本书出版过程中，经济科学出版社王娟女士及其团队精心策划、认真编校，在此向她们表示感谢！

论文写作和书稿完成过程中，无数次畅想完成之后的喜悦与轻松，但在真正完成之后，心中不仅没有丝毫轻松之感，反而增添了更多的惶恐、不安与思索。回想 10 余年来，从开始接触经济学到接受经济学的规范训练，该过程不仅让我领略了经济学思想的博大精深，也使我对该"经世济民"之学产生了难以名状的痴迷，但时至今日，碰壁太多而收获甚少，更让我深深感觉到这是天资有限的我难以一蹴而就的，从而使我妄念全无但痴心不改，深感唯有夯实理论、立足现实、勤于思考与创新，或许方能获得"一孔之见"。

仇娟东

2017 年 9 月